집일 경론소기
輯逸 經論疏記

동국대학교 불교기록문화유산아카이브사업단(ABC)
본서는 문화체육관광부 지원으로 동국대학교 불교학술원에서 간행하였습니다.

한글본 한국불교전서 신라 28
집일 경론소기

2022년 2월 10일 초판 1쇄 인쇄
2022년 2월 20일 초판 1쇄 발행

지은이 원효
옮긴이 원과 외
발행인 박기련
발행처 동국대학교출판부

출판등록 제2020-000110호(2020. 7. 9)
주소 04626 서울시 중구 퇴계로36길2 신관1층 105호
전화 02-2264-4714
팩스 02-2268-7851
Homepage http://dgpress.dongguk.edu
E-mail abook@jeongjincorp.com

편집디자인 동국대학교출판부
인쇄처 네오프린텍(주)

ⓒ 2022, 동국대학교(불교학술원)

ISBN 978-89-7801-018-4 93220

값 22,000원

이 책의 무단 전재나 복제 행위는 저작권법 제98조에 따라 처벌받게 됩니다.

한글본 한국불교전서 신라 28

집일 경론소기
輯逸 經論疏記

원효元曉
원과 외 옮김

동국대학교 불교학술원

동국대학교출판부

차례

집일 승만경소勝鬘經疏 7

집일 능가경소楞伽經疏 183

집일 능가경종요楞伽經宗要 199

집일 겁장劫章 221

집일 보살영락본업경소菩薩瓔珞本業經疏 상권 239

집일 인왕경소仁王經疏 263

집일 일도의一道義 273

집일 해심밀경소解深密經疏 281

집일 삼론현의三論玄義 295

집일 대승기신론요간大乘起信論料簡 303

집일 인명입정리론기因明入正理論記 311

찾아보기 / 357

집일 승만경소
| 勝鬘經疏* |

원효 元曉
원과 옮김

---

* ㉭ 현재 원효 『勝鬘經疏』의 원전은 온전한 형태로 남아 있지 않고 산일문을 통해 확인할 수 있다. 즉 텍스트의 정식 제목이나 전체 규모를 정확하게 알기 어렵다. 의천義天의 『新編諸宗敎藏總錄』(H4, 687a)에 따르면, "勝鬘經疏二卷"이라고 하였다. 한편 『勝鬘師子吼一乘大方便方廣經』(이하 『勝鬘經』으로 약칭)의 원문은 『大正新脩大藏經』 수록 자료(T12, 217a1~223b15)를 저본으로 한다. 이것은 구나발타라求那跋陀羅 Ⓢ Guṇabhadra)가 436년 한역한 것이다. 이 밖에도 당의 보리류지菩提流支가 개역한 것으로서 『大寶積經』 권119 「勝鬘夫人會」 제48(T11, 672c14~678c4)이라는 이역본이 현존한다. 하지만 원효의 『勝鬘經疏』(이하 원효 소로 약칭)뿐만 아니라 현존하는 대부분의 주석서에서 의거하고 있는 경문은 구나발타라 한역본이다.

집일 승만경소勝鬘經疏 해제

원 과
동국대학교 외래강사

1. 개요

    원효元曉(617~686)의 『승만경소勝鬘經疏』는 구나발타라(⒮ Guṇabhadra : 349~468)가 한역한 『승만사자후일승대방편방광경勝鬘師子吼一乘大方便方廣經』(이하 『승만경』으로 약칭)에 대한 주석서이다. 하지만 이 텍스트는 온전한 형태로 현존하지 않는다. 여기에서 번역을 시도한 『승만경소』는 최징最澄(762~822)의 『수호국계장守護國界章』 등 일본인이 저술한 11개 텍스트들에서 직간접적으로 인용된 구문들을 발췌하여 새롭게 편집한 것이다. 이 새로운 편집본에 포함된 『승만경』에 대한 원효의 주석 관련 구문은 총 123개이고, 시대적으로 인용문을 활용한 저술가들은 8세기에서부터 18세기에 걸쳐 있다. 이를테면 원저작자의 원본이 산일된 상태에서 다른 사람들에 의해 인용된 내용들만으로 편집한 것이라는 뜻이다. 이런 특징 때문에 편집 과정에서 기본적으로 고려해야 할 사항은 원본의 전후 문맥을 어떻게 보충할 것인가의 문제였다. 태생적으로 노출된 이와 같은 한계를 극복하기 위한 노력으로서 새로 편집된 원효의 『승만경소』에서 시도한 것은, 원효가 주석한 것으로 확인된 술어나 구문에 대응하는 『승만경』 문장을 함께 배대하는 것이다. 물론 원효의 『승만경소』에서 어떤 체재 아래 해당 경문을 다루고 있었는지에 대해 확인할 수는 없다. 그럼에도 그 유무를 고려하지 않고 단락별로 배대한 다음, 그 각각에 대해 한글 번역문을 소개한 것이다.

2. 저자

『승만경소』와 인용된 문장에서 이 주석서의 저자는 구룡丘龍, 원효, 효효曉, 구丘, 해동구룡海東丘龍 등으로 명명된다. 원효의 행장을 검토할 수 있는 자료는 시대순으로 「고선사서당화상비高仙寺誓幢和上碑」, 『송고승전宋高僧傳』 권4의 의해義解에 수록된 「당신라국황룡사원효전대안唐新羅國黃龍寺元曉傳大安」, 『삼국유사三國遺事』 권4 「원효불기元曉不羈」, 『동사열전東師列傳』 권1 「원효국사전」 등이 있다.

이 자료들에서 공통적으로 나타난 특징은 대체로 신이한 설화와 역사적 사실들이 뒤섞여 있다는 것이다. 예를 들면 태몽, 성선사의 화재 진압, 소반을 던져 대중을 구제, 『금강삼매경』에 대한 주석서를 찬술하고 강의하게 된 근거 등의 신이한 설화적 묘사로 원효의 특별한 능력이 부각되어 있고, 심지어 『삼국유사』에서는 원효가 탄생한 장소까지 신이함으로 가득한 설화로 민중들 사이에서 전해지고 있다고 기록하고 있다. 그만큼 13세기 후반까지 민중들에게 원효는 평범한 인간을 넘어선 신이한 이적을 나타내는 스승으로 받아들여지고 있었다고 할 수 있다. 하지만 여기에서 살펴보려는 원효의 행장은 『승만경소』의 저술가적 면모이다.

원효의 속성은 설薛 씨이고 어릴 때 이름은 서당誓幢이다. 그의 조부는 잉피공仍皮公 또는 적대공赤大公이고 아버지는 담날談捺 내말乃末이며 진평왕 39년(大業 13년, 617)에 압량군押梁君(현 경산군)에서 태어나 신문왕 6년 (686)에 혈사穴寺에서 입적하였다. 그의 출가 시기에 대해서는 『송고승전』의 "관채의 나이에 입법入法했다."라는 서술 이외 다른 자료들에서는 침묵하고 있다. 따라서 대략 15세 이후에 출가한 것으로 유추된다. 원효가 활동했던 신라는 7세기이다. 그 당시 신라는 고구려, 백제와 치열하게 통일전쟁을 치르는 상황이었다. 『삼국사기』에 의하면 7세기에만 신라에서 치른 전쟁의 숫자가 150회라고 한다. 한마디로 민중들은 전쟁과 그 부역에 늘상 시달리는 긴박한 생계를 이어 가고 국가는 존망마저 위태로운 상황이 빈번했다는 것이다. 이러한 상황에서 원효의 눈에 비치는 것은 전쟁의 참상, 민중들의 고통이었을 것이고, 그들을 재난에서 구제하려는 자비심이 어떤 방식으로든지 원효의 출가와 수행의 원동력을 제공하였을 것이라 생각한다. 「서당화상비문」에서 "뜻으로는……혼란한 거리에서 고통을 뿌리 뽑고 재난에서 구제하고자 이미 승나의 서원을 일으켰다."라고 서술되기 때문이다.

  출가 이후 원효에 대한 묘사는 크게 두 가지로 서술되는데, 하나는 태어날 때부터 도를 알았다 혹은 그 뛰어남이 남달랐다는 것이고, 다른 하나는 배움에 일정한 스승을 따르지 않았다는 것이다.(『서당화상비문』, 「원효불기」) 여기에서 후자는 문자 그대로 스승이 없다는 뜻이 아니라 어떤 특정한 스승을 정하거나 매이지 않고 자유롭게 배우러 다녔다는 의미일 것이다. 하지만 『송고승전』에서는 이와 달리, 스승을 따라 수업했다는 기술이 나타난다. 실제로 원효가 낭지朗智에게 『법화경』을, 보덕普德에게 『열반경』과 『유마경』을 배웠고, 혜공惠空에게 여러 주석서를 지으면서 도움을 받았다는 기록이 있다. 또한 출가 이후 배움을 추구하던 시기에 그의 행장에서 주목할 만한 것은 의상義湘(625~702)과 함께 두 차례 입당을 시도했다는 부분이다. 『송고승전』에 따르면 "현장 삼장의 자은의 문을 사모하여 일찍이 의상 법사와 더불어 입당하려 했으나 그 인연이 이윽고 어긋나자 마음을 내려놓고 유행하였다."라는 서술이 있다. 이 구절에 나타나듯이 그의 입당 목적은 현장의 문하에서 신유식학을 배우기 위한 것이었다. 하지만 원효는 입당을 포기한다. 이와 관련된 기사는 『송고승전』 권4 「당신라국의상전唐新羅國義湘傳」, 『종경록宗鏡錄』, 『임간록林間錄』, 『동사열전』에서 다룰 정도로 널리 알려진 스토리이다. 그것을 대략 요약하면, 의상과 원효는 당나라로 가는 도중 궂은비를 만나 길가의 토굴에서 비바람을 피해 편안하게 잤다. 이튿날 아침 햇살에 주변을 살펴보니 그들이 편안하게 밤을 지냈던 곳은 오래된 무덤이었고 더욱이 해골까지 옆에 뒹굴고 있었다. 그럼에도 비는 여전히 그치지 않고 길도 진흙탕이어서 그들은 출발하지 못하고 무덤 벽에 기대어 또 하룻밤을 더 머물게 되었는데 전날 밤과 달리 깊은 밤에 갑자기 귀신이 나타났다는 것이다. 이와 같이 비바람을 피할 수 있는 안식처로 생각한 밤에는 편안하게 잠들 수 있었는데 해골이 뒹구는 무덤이라 알게 된 밤에는 귀신까지 목격하고 나서, 원효는 삼계가 유심이고 만법이 유식임을 깨닫게 된다. 이에 원효는 마음 밖에 법이 없거늘 어찌 별도로 구할 필요가 있겠는가라고 하면서 입당을 포기하고 신라로 되돌아온다.

  이후 원효의 실천은 평범한 사람들이 이해할 수 없을 정도로 일정한 단속 없이 인연 따라 걸림 없는 무애행을 보여 준다. 예를 들면 거친 말과 비뚤어진 행동으로 거사들처럼 주막이나 기생집을 드나들기도 하고, 주석서를 저술하여 강의하기도 하고, 거문고를 켜면서 사당에서 노래하기도 하고, 여염집에서 숙박하거나 산과 강가에서 좌선하기도 하고, 요석궁에 들어가 공주와 인연을 맺어 설총이라는 아들을 얻기도 하고, 요석궁에서 나온 이후 환속하여 소성거사라 자칭하기도 하고, 무애박을 두드리면서 '나무아미타불'을 집집마다 알리기도 하는 등 그만의 독특한 방식으로 대중 교화에 매진한다. 이 과정에서 원효의 많은 저술이 찬술되는데, 저술가로서 그의 탁월한 면모에 대해 『송고승전』에서는 의미 범주에 대해 용맹하게 마주 대하고, 문장 진술에 용감하게 가로지르고, 의미를 정밀하게 분석함에 있어서 신의 경지에 들어간 것 같았다고 묘사하고 있다. 신의 경지에 들어간 것 같다는 그의 뛰어남을 엿볼 수 있는 결과물에 대한 기록은 「서당화상비」에서는 『십문화쟁론十門和諍論』, 『화엄종요華嚴宗要』로 제시되지만 대부분 나머지 자료들에서는 왕비의 병과 용왕의 위임이라는 에피소드가 얽힌 『금강삼매경론』으로 나타난다.

신문왕 6년(686) 원효는 혈사에서 70세를 일기로 입적하였다. 그의 아들인 설총이 유해를 빻아 소상을 만든 다음 분황사에 봉안하였으며, 그의 사후 120년이 지나 일본에 미친 원효의 영향력을 직접 목격한 그의 후손 설중업의 발기와 김언승金彦昇의 후원으로 애장왕(800~808) 때 「고선사서당화상비」가 건립되었다.

그러면 원효의 『승만경소』는 언제 찬술되었을까? 그 찬술 시기를 추정하기 위해 검토한 것은 두 가지 측면이다. 첫째는 『승만경소』에서 인용된 텍스트들의 한역 시기를 검토하는 것이고, 둘째는 원효가 찬술한 텍스트들에서 사용된 어떤 특정한 단어의 용례를 살펴보는 것이다. 현재까지 집일된 『승만경소』에서 나타난 인용 텍스트들은 『현겁경』, 『보살영락본업경』, 『유가사지론』, 『묘법연화경』, 『대살차니건자소설경』, 『대법고경』, 『법화론』, 『대비바사론』, 『대승기신론』, 『입능가경』, 『대승아비달마잡집론』, 『무상의경』, 『대지도론』, 『대반열반경』, 『인왕경』이다. 이 가운데 한역 연대가 가장 늦은 것은 현장(602?~664)의 번역물이며, 『유가사지론』, 『대비바사론』, 『대승아비달마잡집론』이 그것들이다. 인도에서 돌아온 현장의 역경은 645년 3월 홍복사에서부터 시작되어 664년 1월 그의 임종 직전까지 진행된다. 『유가사지론』의 한문 완역 연도가 648년 5월이고, 그것이 신라에 도입된 시기는 649년 5월 이후이다. 이 사실을 고려한다면 원효의 『승만경소』는 적어도 649년 이후 찬술이어야 한다. 한편 원효의 2차 입당 시도가 650년 이후이고, 태종무열왕의 재위 기간이 654년~661년이므로 요석궁에서 원효의 기행은 그 시기에 일어났을 것이다. 그렇다면 『승만경소』는 650년~654년 사이 찬술되었거나 혹은 661년 이후 소성거사로 자칭하여 무애박을 두드리면서 대중 교화할 때 저술되었을 가능성이 있다. 둘째 『승만경소』에서 활용된 '정체지正體智(혹은 正體知)'라는 단어를 다른 저서에서 검색해 보면 현존하는 원효 저술 가운데 『열반종요』, 『금강삼매경론』, 『기신론소』에 나타나고 있다. 최근 해주 등이 역주한 텍스트에서 소개한 원효의 현존 저술의 선후관계, 즉 『기신론별기』 → 『이장의』 → 『기신론소』 → 『미륵상생경종요』 → 『중변분별론소』·『대혜도경종요』·『판비량론』(671년) → 『무량수경종요』 → 『열반종요』·『금강삼매경론』의 도식을 참조하고, 또한 『금강삼매경론』의 찬술 시기가 대략 661년 6월부터 681년 7월 사이임을 감안하면 원효의 『승만경소』는 661년 이후, 그의 나이 45세 이후에 찬술되었을 가능성이 있다. 다시 말하면 원효가 무애박을 두드리면서 대중 교화하던 시기에 찬술되었을 것이라는 뜻이다.

3. 서지 사항

『승만경』이 신라에 전해진 것은 진흥왕 37년(576) 안홍安弘에 의해서이다. 『신편제종교장총록新編諸宗敎藏總錄』에 따르면 신라에서 『승만경』을 주석한 사람은 둔륜遁倫(?~?)과 원효 둘뿐이다. 두 주석서 모두 현존하지 않지만 원효의 『승만경소』는 상하 2권으로 기록되어 있는데, 8세기 이후 신라뿐만 아니라 당나라, 일본 등에도 널리 유통되었다고 전해진다. 하지만 『신편제종교장총록』 이후 구체적 간행이나 유통에 대한 언급은 찾아보기 어려우며 국내의 다른 저술가에 의해 인용된 사례도 좀처럼 나타나지 않고 있다. 말하자면 한국 불교사에서 원효의 『승만경소』는 대중의 기억에서 사라진 것이다.

다시금 이 텍스트에 대한 관심이 촉발된 것은 1990년대 이후로, 그 선두 주자가 김상현과 후쿠시 지닌(福士慈稔)이다. 1993년 김상현이 응연凝然 (1240~1321)의 『승만경소상현기勝鬘經疏詳玄記』 등에 인용된 내용들을 집일 편집하여 「집일승만경소輯逸勝鬘經疏」라는 표제 아래 발표한 것과 2013년 후쿠시 지닌이 '일본불교 각 종의 신라·고려·조선불교 인식에 관한 연구'의 일환으로 편집한 내용의 일부이다. 한편 후자의 경우 그 연구 제목에서 알 수 있듯이 원효의 『승만경소』에 대한 독자적 연구가 아니다. 이를테면 일본 저술가에 의해 인용되었던 신라, 고려, 조선의 거의 모든 저술 자료를 편집하는 과정에서 자연스럽게 원효의 『승만경소』 내용도 포함되었다는 것이다. 이 두 가지 집일을 토대로 한 편집 자료가 지금 새롭게 편집된 원효 소의 골격을 이루고 있다. 하지만 이 두 편집 자료를 그대로 채택하기에는 여러 문제가 있다. 김상현이 편집한 체재는 응연의 저술을 중심으로 직접 인용문만 발췌하고 그 인용문에 대응하는 경문을 배치한 것임에 비해, 후쿠시 지닌의 자료는 직접 인용문뿐 아니라 간접 인용문, 심지어 '원효' 등의 명칭이 포함된 문장까지 모두 발췌하여 모은 것이기 때문이다. 더욱이 1차 자료인 원문과 대조하는 과정에서 김상현, 후쿠시 지닌의 편집본에서 빠뜨린 문장도 발견되었다. 따라서 한글 번역 이전에 우선 새로운 구성 체재에 입각한 한문 편집본이 필요했다. 동시에 인용문의 모음집이라는 산일문의 한계성을 극복하기 위한 보완책도 강구해야 했다. 원전이 발견되지 않은 산일문은 인용하기 이전 원 텍스트의 전후 문맥과 전체 구성을 원천적으로 파악하기 어려운 특징을 지니고 있다. 그 자체가 인용한 저자의 의도에 의해 재구성된 토막글이기 때문이다. 이 문제를 해결하기 위해 새로운 편집본에서는 김상현본의 체재대로 『승만경』의 경문과 그에 대응하는 원효의 주석문을 함께 배치했다. 그리고 김상현, 후쿠시 지닌의 두 편집본 내용 중에서 불필요하게 전후에 첨가되거나 빠뜨린 부분을 1차 자료와 비교 검토하여 재차 교정하고, 두 편집본에서 아예 빠진 부분은 경문과 대조하여 각기 대응되는 위치에 포함시켰다. 이러한 방식으로 원효 소에 대한 새로운 편집본을 작성한 후, 그것을 토대로 한글로 번역한 것이다. 다음은 원효의 『승만경소』가 발견된 1차 자료이다.

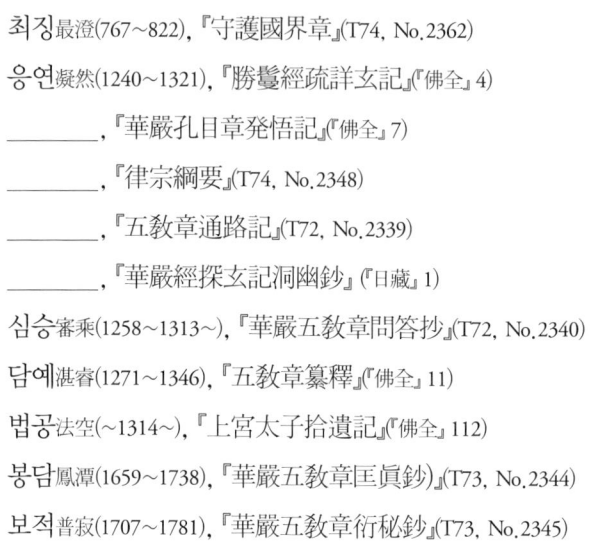

최징最澄(767~822), 『守護國界章』(T74, No.2362)
응연凝然(1240~1321), 『勝鬘經疏詳玄記』(『佛全』4)
_____, 『華嚴孔目章発悟記』(『佛全』7)
_____, 『律宗綱要』(T74, No.2348)
_____, 『五教章通路記』(T72, No.2339)
_____, 『華嚴經探玄記洞幽鈔』(『日藏』1)
심승審乘(1258~1313~), 『華嚴五教章問答抄』(T72, No.2340)
담예湛睿(1271~1346), 『五教章纂釋』(『佛全』11)
법공法空(~1314~), 『上宮太子拾遺記』(『佛全』112)
봉담鳳潭(1659~1738), 『華嚴五教章匡眞鈔』(T73, No.2344)
보적普寂(1707~1781), 『華嚴五教章衍秘鈔』(T73, No.2345)

11개 텍스트 모두 일본 승려의 저술이다. 그들이 살았던 시기가 8세기에서부터 18세기까지 걸쳐 있다는 것을 알 수 있다. 이 가운데 원효의 인용문을 가장 많이 활용하고 있는 인물은 응연이다. 그는 자신의 5개 저술에서 『승만경』에 대한 원효 소를 인용하고 있다. 응연의 저술들 중에 『승만경소』가 가장 많이 발견된 것은 『상현기』이다. 그리고 거기에서 가장 많은 분량을 차지하고 있는 것은 제5 일승장이며, 심지어 일승장의 어떤 문장들은 다른 텍스트들에서 재인용되고 있다. 이러한 『상현기』를 제외하면 원효 소는 『수호국계장』, 『오교장찬석』에서 각기 4개소, 『오교장통로기』에서 3개소 발견되고, 나머지 텍스트들에서는 모두 한 단락만 발견되고 있다. 그러나 『상현기』는 『승만경』에 대한 직접 주석서라기보다 쇼토쿠(聖德,

573~621) 태자의 『승만경의소勝鬘經義疏』에 대한 해설서이다. 또한 현존본이 전체 18권에서 앞의 5권까지가 결락된 상태이기 때문에 내용 전체가 현존하는 것도 아니다. 그럼에도 집일된 원효 소 123개소에서 『상현기』에서 발견된 인용문이 100개 이상이기 때문에 이 텍스트에 대한 의존도가 가장 높다고 할 수 있다.

4. 내용과 성격

Śrīmālādevī-Siṃhanāda-Sūtra에 대한 현존하는 한문 번역은 두 가지이다. 하나는 이미 언급한 구나발타라 역이고 다른 하나는 보리류지 역인 『대보적경大寶積經』「승만부인회勝鬘夫人會」이다. 이 가운데 구나발타라 번역에만 15장의 과단이 나타나는데, 원래 범본에는 없지만 유통분인 승만장의 내용을 참고하여 번역자인 구나발타라가 내용별로 나누었다고 한다. 구체적으로는 여래진실의공덕장如來眞實義功德章, 십수장十受章, 삼원장三願章, 섭수정법장攝受正法章, 일승장一乘章, 무변성제장無邊聖諦章, 여래장장如來藏章, 법신장法身章, 공의은복진실장空義隱覆眞實章, 일제장一諦章, 일의장一依章, 전도진실장顚倒眞實章, 자성청정장自性淸淨章, 진자장眞子章, 승만장勝鬘章이다. 원효 소가 구나발타라 번역을 기준으로 주석한 것임을 감안한다면 현시점에서 정확하게 확인할 수 없을지라도 원효 소 역시 15장에 대응하여 주석하는 체제일 것이다. 전체 15장에서 현재 인용문이 발견되지 않는 장은 제1 여래진실의공덕장, 제10 일제장, 제11 일의장이다. 제10장, 제11장의 경문 분량이 전체 내용에서 비교적 짧은 두 단락에 해당하고, 『상현기』가 앞 5권이 결락되어 있다는 점을 고려한다면 충분하지는 않더라도 전체적인 원효 소의 면면은 엿볼 수 있을 것이다. 다음은 인용문이 발견된 현황이다.

장	제2	제3	제4	제5	제6	제7	제8	제9	제12	제13	제14	제15
직접 인용	2	0	5	63	5	1	5	2	2	5	0	0
간접 인용	1	1	2	21	1	0	1	0	0	2	3	1

위 표에서 보듯이 산일된 『승만경소』의 내용 가운데 현재 가장 많이 남아 있는 것은 제5 일승장이다. 언급했듯이 이것들이 가장 많이 발견된 텍스트는 『상현기』이다. 다시 말하면 응연의 관심 주제에 따라 인용된 내용만 확인 가능하다는 것이다. 또한 직접 인용문이든 응연의 이해를 토대로 요약되거나 부분적으로 기술된 간접 인용문이든 모두 인용자의 시선 안에서 자유로울 수 없다는 한계가 있을 것이다. 한마디로 비록 새로운 편집본일지라도 이 자료만으로는 원효 소에 대한 전체적 구성을 파악할 수 없다는 것이다. 물론 그 전후 문맥도 확인할 수 없다. 따라서 원효의 『승만경소』에 대한 요약적 내용 소개는 제5 일승장을 중심으로 나타난 몇 가지 특징을 제시하는 것으로 대체한다.

『승만경』에 대한 원효의 해설은 기본적으로 동아시아 주석 전통에 나타난 정형적 형식을 취하고 있는 것으로 보인다. 대체로 자구를 해석하는 경우 한 글자, 한 어구의 의미를 해석한 다음, 그 단어가 포함된 구절이나 문장으로 확장하여 해설하고, 그 확장된 의미를 전후 문맥에 따라 『승만경』 원문의 본래 취지에 맞게 사상적으로 통합하고 있기 때문이다. 이때 원효는 사전적 정의에만 국집하지 않고 동의어나 반의어를 사용하는 등 다양한 방법을 통해 경문에서 설명하고자 하는 취지나 사상을 해명하고 있다. 그 몇 가지를 예로 들면 다음과 같다.

'허위중생'이라 한 것은 이를테면 범부들에게 여러 공덕이 없기 때문에 '허虛'라고 하고, 많은 번뇌를 지니기 때문에 '위僞'라고 하는 것이다. 비록 성스러움을 지닌 사람이더라도 다분多分으로부터 설한 것이다.

'루漏(Ⓢ āsrava)'는 곧바로 세 가지 루이다. 마음에서 연속적으로 물을 대어 흐르게 하면서 흩어져 끊어지지 않도록 하므로 유루有漏라고 하고, 루에 의해 따라서 속박되어 삼계에서 태어날 수 있기 때문에 유루라고 한다.

'세 가지 의생신意生身'이란 곧 앞에서 (설명한) 삼승의 변역생사에서 태어난 몸으로서 『능가경』의 세 가지 의생신과 동일하지 않다. 거기에서 세 가지는 삼매 등에 의거하여 마음에 따라 자유자재한 것을 의생신이라 하고 도제에 포함된 것이다. 여기에서 세 가지는 무명의 힘에 의거하여 이숙식이 일어나는 것을 의생신이라 하고 고제에 포함된 것이다.

또한 원효의 『승만경소』에는 경문에 대한 자신의 해석적 관점이 타당함을 입증하기 위해 다른 정통한 해설가의 주장을 소개하거나 여러 경론을 그 논증으로 삼아 자연스럽게 결론으로 이끄는 서술 구조가 나타난다.

혹 어떤 설자는 "견도見道에서 끊어져야 할 번뇌를 '견일처'라 하고, 수도修道에서 끊어져야 할 번뇌를 세 가지 '애愛'라 하고, 법집분별을 무명이라 한다. 이 다섯 가지의 기번뇌는 육식에 있는데, 그 다섯 가지 종자를 다섯 주지의 혹惑이라 한다."라고 한다. 혹 어떤 설자는 "다섯 가지 예리한 번뇌를 '견일처'라 하고, 욕계의 단계에서 무명주지와 견일처를 제외한 일체 번뇌를 '욕애'라 하고, 무명과 견일처를 제외한 색계 번뇌를 '색애'라 하고, 무명과 견일처를 제외한 무색계 번뇌를 '유애'라 한다. …(중략)… 혹 어떤 설자는 "근본식에서 생득주지生得住地를 '견일처'라 하고, 작득주지作得住地는 세 가지 밀密로 나누면 삼유三有에서 '애'이다. 근본이 되기 때문에 이 네 가지 종류를 합하여 무시의 무명주지라고 설명하고, 마음에서 알아차리지 못하므로 '상응하지 않는다'고 한다. …(중략)… 『보살영락본업경』에서는 "일체중생의 식은…(중략)… 오직 부처님만 처음과 끝을 알 뿐이다."라고 한다. 그러므로 이와 같이 세 분의 해설이 모두 그 까닭이 있다. 이제 이 경전에 의거하여 재차 하나의 의미를 도출할 것이다. 전체적으로 설명하면 번뇌는 세 종류가 있다. …(중략)…"『대승기신론』에서는 '아리야식에 의거해 무명이 있고, …(중략)…망념이 홀연히 일어나는 것을 무명이라 한다.'"라고 설하는데, 이 문장에서 (무명이) 제8식에 있지만 현기하는 것임을 분명하게 밝히고 있다. 『보살영락본업경』에서는 "제일의제를 등져 일어난 것을 혹이라고 하나니, 이것들이 주지가 되기 때문이다.……주지 이전에 더 이상 어떤 법도 일어남이 없다. 그러므로 무시의 무명주지라 한다."라고 하고 있다. 이 문장들에 의거하여 무명주지는 오직 현기일 뿐, 종자가 아니라고 알아야 할 것이다.

여기에서 원효는 식을 기준으로 세 명의 혹자, 즉 자은과 정영 등이 주장한 다섯 가지 주지번뇌를 소개한 후, 『보살영락본업경』 등의 경론에 의거하여 해당 경문에 대한 자신의 해석적 관점, 즉 '무명주지번뇌는 오직 현기일 뿐 종자가 아니다'라는 결론을 도출하고 있다.

그리고 원효는 대화체로 이루어진 느슨한 경전 서술 형태로 인해 그 맥락을 파악하기 어려운 문장이나 헷갈리기 쉬운 비유적 묘사를 알기 쉽게 정리하여 독자의 이해를 돕고 있다.

① 첫 번째 비유에 대해 통틀어 두 가지 의미로 나타내면, 순서대로 아라한에게는 공포가 있기 때문에 곧 귀의처를 구한다는 비유는 동일하다는 비유이고, 그 반대로 여래에게는 공포가 없기 때문에 귀의처를 추구하지 않는다고 나타낸 것은 다르다는 비유이다.

② '열반을 얻는다고 하는 것은 붓다의 방편이다'라는 구문은 앞의 첫 구절로 돌이켜야 한다. 표제임에도 거기에 닿지 못한 것은 거듭 옛 가르침을 열기 위해서이고 이것은 임시방편이다.…(중략)…이후의 3번의 문

장도 모두 동일하게 판단해야 할 것이다.

③ 간략하게 11가지로 예시한 것이다. 처음, 중간, 마지막으로 포섭하면 처음 한 가지는 시작을 장애한 것이고, 그 다음 여섯 가지는 중간을 장애한 것이고 마지막 네 가지는 끝을 장애한 것이다. 이 세 가지 분류로 제시한 것은 모두 갠지스강의 모래알보다 많은 번뇌를 포함시키기 위해서이다.

①은 경문에 나타난 비유를 해설한 것으로서 사형집행인이 자신을 해치려고 다가오는 것과 같다는 비유는 귀의처를 추구한다는 측면에서 아라한과 같은 비유이고, 귀의처가 없어 언제나 공포를 지닌 중생들과 달리 여래는 귀의처를 추구하지 않으므로 그 반대의 비유라는 것이다. ②는 한 단락에서 네 번이나 반복되고 있는 '열반을 얻는다는 것은 붓다의 방편이다'라는 구절이 전후문맥으로 볼 때 앞의 '何以故。唯有如來應正等覺' 구절 사이에도 들어가야 한다는 해설이고, ③은 경문에 나열된 무명주지번뇌의 축적으로 일체 도道를 수습할 때 끊어야 할 11가지 상번뇌上煩惱에 대해 재차 세 가지 장애, 즉 도의 수습에서 처음, 중간, 마지막을 장애하는 것으로 재분류한 것이다.

5. 가치

원효의 『승만경소』의 가치는 그 주석 대상인 『승만경』의 한역 수준과 비교하여 어느 정도 평가를 내릴 여지가 있다. 왜냐하면 구나발타라가 한역한 『승만경』에서 몇 가지 난문이 나타나기 때문이다. 이 경전의 한역 과정을 기록한 『출삼장기집』에 의하면 그 역주자인 구나발타라가 중국어에 대해 거의 알지 못해 범음만 낭송하고 실제 번역은 전역자인 보운에 의해 이루어지며, 혜엄 등 100여 명의 승려들이 소리와 의미를 검토했다고 한다. 따라서 현재 학자들은 이역본인 보리류지 한역과 대조하여 이 텍스트를 교정하여 이해하거나 알렉스 웨이먼(Alex Wayman, Hideko Wayman, 1974)처럼 티베트 역인 *lha mo dpal phreng gi seng ge'i sgra zhes bya ba theg pa chen po'i mdo*와 비교 분석을 통해 그 내용을 파악하고 있다. 이것은 비단 현재만의 문제는 아닐 것이다. 그만큼 초보자에게 주석서에 대한 필요성이 제기되었을 것이고 그 의존도도 높았을 것이다.

현존하는 『승만경』의 주석서로는 정영사淨影寺 혜원慧遠(523~592)의 『승만경의기勝鬘經義記』 2권(하권은 산실), 길장吉藏(549~623)의 『승만보굴勝鬘寶窟』 3권, 규기窺基(632~682)가 설하고 의령義令이 기록한 것으로 알려진 『승만경술기勝鬘經述記』 2권, 일본의 쇼토쿠(聖德, 6세기 말~622) 태자의 『승만경의소』 1권, 돈황에서 출토된 『승만경기勝鬘經記』·『승만경소勝鬘經疏』·『협주승만경挾注勝鬘經』이 있다. 원효의 『승만경소』가 가장 많이 발견된 『상현기』의 서술을 참조하면, "세간과 출세간의 선법에 대한 원효의 주석이 있었던 것 같다. 왜냐하면 여기에서 『보굴』의 인용을 소개하고서 정영, 원효의 해설이 『보굴』과 같다."라고 설명하거나 "자은과 구룡의 주해에서도 동일하다."라고 평가하는 등 혜원, 길장, 자은의 것과 거의 비슷한 비중으로 원효의 『승만경소』가 언급되어 그것들과 동등한 위상을 차지하고 있다.

새롭게 편집된 『승만경소』에서 가장 많은 분량이 남아 있는 것은 제5 일승장이다. 일승이라는 술어는 경전의 제목과 다섯 번째 장에서 전면적으로 등장하고 있다. 즉 일승의 큰 방편에 대해 승만 왕비가 사자후한 것을 붓다가 증명하는 문답으로 이루어진 여래장 계열의 경전이 『승만경』이고, 이것에 대해 구체적으로 설명한 것이 다섯 번째 장이라는 것이다. 여기에서 일승은 전통적으로 아라한의 해탈적 통찰이라 알려진 "나의 태어남은 끝났고, 범행은 이미 세워졌으며, 지어야 할 것은 이미 갖추었고, 후유를 받지 않는다."라는 사자후와 직접적으로 관련된 것이다. 승만은 이 네 가지 지혜를 해탈에 직접 영향을 끼치는 통찰로 분류하면서 특히 마지막 구절인 '후유를 받지 않는다'는 지혜를 재차 여래와 이승이라는 두 관점에서 설명한 다음, 이러한 관점에서 성문승과 연각승이 모두 대승에 들어가고, 그 대승은 곧 불승이기 때문에 삼승이 곧 일승이라고 선언한다. 이와 같이 두 관점으로 분류하여 승만이 설명한 까닭은 아라한·벽지불·대력보살에게는 마음과 상응하지 않는 무명주지번뇌로 인해 무루업을 조건으로 한 의생신으로 태어남이 남아 있기 때문이다. 물론 여기에서 대승은 섭수정법이다. 마치 일체 씨앗이 땅을 의지하여 성장하는 것처럼 일체 이승의 세간·출세간의 선법이 대승을 의지하여 증장하므로 대승에 머물면서 대승을 섭수하는 것과 이승에 머물면서 이승의 세간·출세간의 선법을 섭수하는 것이 같게 된다는 구조인 것이다. 따라서 '후유를 받지 않는다'에 대한 지혜를 통해 이승은 대승으로 들어가고, 그 대승이 여래의 법신과 같은 아뇩다라삼먁삼보리를 성취한다는 불승이므로, 아뇩다라삼먁삼보리를 얻는 것은 일승을 얻는 것이 된다. 이런 측면에서 성문승·연각승·보살승이라는 삼승이 곧바로 일승인 것이다.

현시점에서는 이 내용에 대해 남아 있는 원효 주석의 전체 문맥은 파악할 수 없다. 하지만 원효가 주석한 몇 개의 술어에 대한 의미, 단편적이나마 그 전후 문맥을 엿볼 수 있는 몇 단락들은 남아 있다. 이것을 요약해 보면 '걸림 없는 지혜', '다른 사람으로 말미암지 않는다는 것', '소식', '부정종성' 등의 자구에 대한 원효의 해설을 살펴볼 수 있고, '후유를 받지 않는다'는 관찰과 무여열반을 얻을 때를 연관 지은 해설, '그들은 이전에 증득했던 지위에서 법에 대해 미혹하지 않는 것'이라는 의미에 대해 초발심자 등의 수행자들과 연계선상에서 유여와 무여의 단계로 해설하는 문장도 나타난다. 그리고 "이것은 보살의 대승적 수행과 공덕이 여래의 수행과 공덕 밖으로 나가지 않는다는 것을 밝힌 것이다. 이 도리로 인해 삼승의 수행과 공덕이 일승에 들어가지 못함이 없다. 그러므로 삼승이 곧 일승이라 한 것이다."라고 직접 해설한 것도 있다.

원 텍스트가 산일된 상태에서 다른 저술가들에 의해 인용된 문장들만 모은 편집본이 지니는 한계는 어쩔 수 없다. 그럼에도 이것이나마 『승만경』에 대한 원효의 해설들을 살펴볼 수 있는 유일한 자료인 것은 틀림없는 사실이다. 따라서 태생부터 한계성에 노출될 수밖에 없지만 한글로 번역하여 대중과 공유하고 단편적 지식이나마 그것을 토대로 『승만경』에 대한 원효의 사상을 도출해 낼 수 있는 2차적 연구 자료로도 손색이 없다고 생각한다.

6. 참고 자료

김상현, 「輯逸勝鬘經疏 : 勝鬘經疏詳玄記 所引 元曉疏의 輯編」, 『불교학보』 30, 동국대학교 불교문화연구원, 1993.

김홍미, 「『승만경』 일승장에 대한 원효의 해설」, 『한국불교학』 80, 한국불교학회, 2016.

남동신, 『영원한 새벽 원효』, 도서출판 새누리, 1999.

해주·임상희·최원섭·박보람 역주, 『정선 원효』, 대한불교조계종한국전통사상서간행위원회, 2009.

福士慈稔, 『日本佛教各宗の新羅·高麗·李朝佛教認識に關する研究』 第1卷, 「日本天台宗にみられる海東佛教認識」, 身延山大學東アジア佛教研究室, 2011.

_____, 『日本佛教各宗の新羅·高麗·李朝佛教認識に關する研究』 第3卷, 「日本華嚴宗にみられる海東佛教認識」, 身延山大學東アジア佛教研究室, 2013.

차례

집일 승만경소勝鬘經疏 해제 / 9
일러두기 / 26

제1 여래진실의공덕장如來眞實義功德章 27
제2 십수장十受章 32
제3 삼원장三願章 38
제4 섭수장攝受章 40
제5 일승장一乘章 55
제6 무변성제장無邊聖諦章 138
제7 여래장장如來藏章 148
제8 법신장法身章 150
제9 공의은부진실장空義隱覆眞實章 157
제10 일제장一諦章 160
제11 일의장一依章 161
제12 전도진실장顚倒眞實章 162
제13 자성청정장自性淸淨章 166
제14 진자장眞子章 173
제15 승만장勝鬘章 178

일러두기

1 '한글본 한국불교전서'는 문화체육관광부의 지원을 받아 동국대학교 불교학술원에서 수행하고 있는 '불교기록문화유산아카이브(ABC)사업'의 결과물을 출간한 것이다.

2 이 책은 원효의 『승만경소勝鬘經疏』 산일문을 집일하여 번역한 것으로, 전거는 주로 김상현, 「집일승만경소」(『불교학보』 30, 1993), 福士慈稔, 『日本佛教各宗の新羅·高麗·李朝佛教認識に關する研究』(身延山大學東アジア佛教研究室, 2013)에 의거하였다. 또한 산일문의 구체적인 전거는 번역문 아래 각주로 밝혔다.

3 원효 주석의 대상이 되는 『승만경』 경문을 함께 수록하였으며, 원효의 주석이 확인되지 않는 『승만경』 제1, 제10, 제11장도 독자의 편의를 위해 함께 수록하였다. 경은 장의 순서에 따라 구분했고, 원효의 주석도 그에 맞추어 수록하였다. 가령 '경 5.1'은 『승만경』의 제5장인 「일승장」의 첫째 문단을 가리키고, '소 5.1.1'은 해당 경문에 대한 원효의 첫째 주석을 가리킨다.

4 번역문에 이어 원문을 병기하고 간단한 표점 부호를 삽입하였다.

5 원문의 교감 사항은 번역문의 각주와 별도로 원문 아래 부분에 제시하였다.
   ㉭은 번역자가 교감한 내용이다.

6 약물은 다음과 같다.
   『　』: 서명
   「　」: 편명, 산문 작품

7 역주에서 소개한 출전은 약호로 표기하였다. T는 『대정신수대장경大正新脩大藏經』, H는 『한국불교전서韓國佛教全書』, 『佛全』은 『대일본불교전서大日本佛教全書』의 약자이다.

제1 여래진실의공덕장如來眞實義功德章[1]

경 1.1 이와 같이 내가 들었다. 한때에 부처님께서 사위국 기수급고독원에 머물고 계셨다. 그때에 (부처님의) 법에 대한 믿음을 지닌 지 오래되지 않은 바사익(⑤ Pasenadi) 왕과 말리(⑤ Mallikā) 왕비[2]가 서로 함께 말했다.

"우리 딸 승만 왕비(⑤ Śrīmālādevī)는 지혜가 밝고 근기는 날카롭고 총명하여 깨닫기 쉬운 자이다. 만약 부처님을 친견한다면 반드시 신속하게 법을 이해하여 마음에서 의심이 없어질 것이다. 편지 전하는 자를 보내[3] 그 깨달음에 대한 마음(道意, ⑤ bodhicitta)을 일으키게 할 적절한 때이다."

(말리) 왕비가 아뢰었다. "지금이 바로 그 때입니다."

(바사익) 왕과 (말리) 왕비는 승만에게 '여래의 무량한 공덕을 간략하게 찬탄하는' 편지를 곧바로 '전제라(⑤ Candra)'라고 하는 궁녀(內人)에게 보내면서

---

1 『勝鬘經』의 범본에는 원래 장章의 분류가 없었다고 한다. 따라서 티베트 역이나 보리류지 한역에서는 장 분류가 나타나지 않는다. 하지만 구나발타라 한역에는 15장의 분류로 체계화되어 있다. 이 분류는 유통분인 '제15 승만장'에 입각하여 이루어진 것으로서 제석천의 "어떻게 수지해야 합니까"라는 요청에 대한 부처님의 대답(T12, 223a22~b9 참조)을 구나발타라가 그 과단으로 차용한 것이다. 현시점에서 이것들 가운데 원효 소의 내용이 확인되지 않는 장은 '제1 여래진실의공덕장', '제10 일제장', '제11 일의장'이다. 그럼에도 독자의 원효 소 이해에 『勝鬘經』 전체 내용 파악이 필요하다고 생각되어, 원효 소가 없는 형태로 세 장 모두 경문을 삽입하고 한글 번역을 시도했다. 한편 제10장, 제11장과 달리 제1장은 문맥과 분량을 고려하여 세 단락으로 나누어 편집한다.
2 왕비(夫人) : 부인夫人은 기본적으로 남의 아내를 높여 부르는 말이다. 여기에 해당되는 말리 부인이나 승만 부인의 경우는 천자나 제후의 아내이므로 왕비라 번역한다.
3 편지 전하는 자를 보내(遣信) : 견신遣信의 '신信'을 '편지'가 아닌 '편지 전하는 자'로 번역한 것은 내용적으로 '견내인遣內人'에 대응하기 때문이다.

그 사람에게 편지를 받들고 아유도阿踰闍(S Ayodhya)국에 이르게 하여 그 궁전 안에 들어가 공손히 승만에게 전달하게 하였다.

편지를 받은 승만이 환희하면서 정대하여 받아들여 독송하고 수지하면서 희유심希有心을 일으켜 전제라를 향해 게송을 읊었다.

"부처님의 음성은 세간에서 미증유한 것이고, 말씀된 것은 진실한 것이라고 내 들었으니 응당 공양을 베풀어야 하리라. 우러러 생각하건대 부처님이신 세존께서는 널리 세간인을 위해 출현한 분이시고 또한 마땅히 애민으로 드리우실 분이시니, 반드시 나에게 친견할 수 있게 하시리라."

如是我聞。一時。佛住舍衛國。祇樹給孤獨園。時。波斯匿王及末利夫人。信法未久。共相謂言。勝鬘夫人。是我之女。聰慧利根。通敏易悟。若見佛者。必速解法。心得無疑。宜時遣信。發其道意。夫人白言。今正是時。王及夫人。與勝鬘書。略讚如來無量功德。卽遣內人。名旃提羅。使人奉書。至阿踰闍國。入其宮內。敬授勝鬘。勝鬘得書。歡喜頂受。讀誦受持。生希有心。向旃提羅。而說偈言。

我聞佛音聲　世所未曾有　所言眞實者　應當修供養
仰惟佛世尊　普爲世間出　亦應垂哀愍　必令我得見

경 1.2 (승만이) 곧바로 이러한 생각을 일으킬 때에 부처님께서 허공 가운데 나타나시어 널리 청정한 광명을 내놓으시고 비교할 수 없는 몸을 현시하셨다. 승만과 그 권속들이 이마를 부처님 발에 대어 예배드리고서 모두 다 청정한 마음으로 부처님의 진실한 공덕을 (다음과 같이) 찬탄했다.

"여래의 오묘한 색신色身은 세간인과 더불어 비교할 수 없고 견줄 수 없으며 불가사의합니다. 그러므로 지금 경례합니다. 여래의 색신이 끝없는 것처럼 지혜도 또한 더욱 그러할 것이기에, 일체법이 상주할 것입니다. 그러므로 저희들은 귀의합니다. 마음의 악한 허물과 몸의 네 가지를 항복하여 이미 굴복하기 어려운 지위에 도달하신 분이십니다. 그러므로 법왕께 예배합니다. 일체 이염爾焰[4]을 아는 지혜로 신체를 삼아 자유자재하게 일체 법을 포섭하여 지니신 분이십니다. 그러므로 지금 경례합니다. 이 경례는 칭량을 넘어선 것이고, 이 경례는 비유할 수 없는 것이고, 이 경례는 끝이 없는 법이고, 이 경례는 사의하기 어려운 것입니다. 애민으로 저희들을 덮어 보호해 주시고 법의 씨앗이 증장하게 해 주시고 이 세상과 다음 생에도 원컨대 부처님께서 항상 섭수해 주옵소서."

(부처님께서 말씀하셨다.) "내 오랫동안 너희들을 안립하게 했었다. 이전 세상에서도 이미 깨달음을 열어 주었고 지금도 또한 너희들을 섭수하고 있으며, 미래 생에도 또한 그러할 것이다."

(승만과 그 권속들이 말했다.) "저희들은 이미 공덕을 지었습니다. 현재와 나머지 다른 생에서도 이와 같이 많은 선을 근본으로 할 것이니, 오직 원컨대 섭수하셨다는 것을 보여 주소서.[5]"

卽生此念時	佛於空中現	普放淨光明	顯示無比身
勝鬘及眷屬	頭面接足禮	咸以淸淨心	歎佛實功德
如來妙色身	世間無與等	無比不思議	是故今敬禮
如來色無盡	智慧亦復然	一切法常住	是故我歸依
降伏心過惡	及與身四種	已到難伏地	是故禮法王

---

4 이염爾焰 : '이염爾焰'과 '이염爾炎'은 모두 'ⓢ jñeya'의 음역으로서 알려진 대상이라는 의미를 지닌 소지所知나 소지경계所知境界로 한역된다.

5 오직 원컨대~보여 주소서 : 원문의 '唯願見攝受'에서 '見'은 '본다'는 것 이외에 피동형으로 '받다'는 뜻도 있다. 여기에서는 부처님께서 승만과 권속들에 대해 과거에도 안립하게 했고, 현재에도 섭수하고 있고, 미래에도 섭수할 것이라고 말씀하시자, 승만이 부처님께 그 증거를 보여 달라는 맥락에서 사용된 것이다. 뒤따르는 문장에서 승만의 이러한 요청에 부처님께서 현재뿐 아니라 미래에도 그들을 섭수할 것임을 '수기'라는 형태로 보여 주고 있기 때문이다.

知一切爾焰　智慧身自在　攝持一切法　是故今敬禮
敬禮過稱量　敬禮無譬類　敬禮無邊法　敬禮難思議
哀愍覆護我　令法種增長　此世及後生　願佛常攝受
我久安立汝　前世已開覺　今復攝受汝　未來生亦然
我已作功德　現在及餘世　如是衆善本　唯願見攝受

경 1.3 이때에 승만과 그 권속들이 이마로 부처님께 예배하자, 부처님께서 대중들에게 곧바로 수기하셨다.

"너희들은 여래의 진실한 공덕을 찬탄하였다. 이 선근으로 마땅히 무량한 아승기겁에 천신들과 인간들 중에 자재왕이 되리라. 일체 태어나는 곳마다 항상 나를 친견할 수 있고 눈앞에서 찬탄하는 것이 지금과 같아 조금도 다르지 않으리라. 또한 마땅히 무량한 아승기 부처님께 공양할 수 있고, (그 공양이) 이만 아승기겁을 지나면 반드시 붓다가 될 수 있으리니, 그 호칭은 '보광여래·응공·정변지'라고 할 것이다. 그 불국토에는 모든 악취惡趣, 늙음과 질병, 노쇠함과 피로움, 마음에 맞지 않는 고통이 없을 것이고, 또한 불선한 악업으로 인한 윤회의 길(道)이라는 명칭조차 없을 것이며, 그 나라 중생들의 아름다운 신체(色力)·수명·다섯 욕망·많은 생필품들이 모두 다 타화자재천의 천신들보다 뛰어나 쾌락할 것이다. 그 중생들은 순일한 대승에 대해 모든 존재의 영역(有)에서 수습한 자들이리니, 선근 중생들이 모두 다 거기에 모여들 것이다."

승만 부인이 수기를 받을 때 무량한 중생들 가운데 천신들과 인간들이 그 나라에 태어나길 발원하였다.

세존께서는 "모두 마땅히 왕생할 것이다."라고 다 수기하셨다.

爾時。勝鬘及諸眷屬。頭面禮佛。佛於衆中。即爲受記。汝歎如來眞實功德。以此善根。當於無量阿僧祇劫。天人之中。爲自在王。一切生處。常得見我。

現前讚歎。如今無異。當復供養無量阿僧祇佛。過二萬阿僧祇劫。當得作佛。號普光如來應正遍知。彼佛國土。無諸惡趣老病衰惱不適意苦。亦無不善惡業道名。彼國眾生。色力壽命五欲眾具。皆悉快樂。勝於他化自在諸天。彼諸眾生。純一大乘。諸有修習。善根眾生。皆集於彼。勝鬘夫人。得受記時。無量眾生。諸天及人。願生彼國。世尊悉記。皆當往生。

제2 십수장十受章[6]

경 2.1 이때 승만은 수기를 듣고 나서 공손하게 일어나 열 가지 큰 서원(大受)[7]을 맹서했다.

"세존이시여, 저는 오늘부터 깨달음에 이르기까지 수지한 계戒에 대해 범하려는 마음을 일으키지 않겠습니다.[8] 세존이시여, 저는 오늘부터 깨달음에 이르기까지 모든 웃어른(尊長)[9]에게 교만심을 일으키지 않겠습니다. 세존이시

---

6 현재 산일문을 모은 두 편집본(김상현, 「집일승만경소」, 『불교학보』 30, 1993, pp.444~462, 이하 김상현본으로 약칭; 福士慈稔, 『日本佛敎各宗の新羅·高麗·李朝佛敎認識に關する硏究』 제3권, 「日本華嚴宗にみられる海東佛敎認識」, 身延山大學東アジア佛敎硏究室, 2013, 이하 후쿠시본으로 약칭)에 따르면 원효 소가 가장 많이 발견된 텍스트는 응연凝然의 『승만경소상현기勝鬘經疏詳玄記』(이하 『詳玄記』로 약칭)이다. 하지만 『詳玄記』는 『勝鬘經』에 대한 주석서라기보다 성덕태자聖德太子의 『勝鬘經義疏』(T56, 1a3~19c16)에 대한 해설서이다. 즉 응연이 경 자체의 해설을 위해 인용한 것이 아니라 글자와 구절들 하나하나를 해석한 성덕태자의 의소義疏에 대해 자유로운 방식으로 주석한 기記에서 인용한 문장들이라는 것이다. 이것은 응연의 관심 주제에 따라 어떤 부분은 많이 인용될 수 있지만 어떤 부분은 아예 언급조차 없을 수 있다는 뜻이기도 하다. 그렇지만 『詳玄記』를 분석해 보면, 응연은 원효 소를 정영사淨影寺 혜원慧遠의 『勝鬘經義記』, 길장吉藏의 『勝鬘經寶窟』과 비등한 비중으로 활용하고 있다. 이 때문에 원효 소의 위상을 유추할 수 있으며 다양한 간접 인용의 문맥을 통해 풍부한 자료를 얻을 수 있다. 한편 현존하는 『詳玄記』는 전체 18권에서 앞의 5권까지 결락되어 있다. '제2 십수장'에 대한 두 개의 원효 소 역시 『詳玄記』(『佛全』 4, 48上5~7, 50上10~15)에서 발견된 것이다. 현재 출판된 원효 소의 두 편집본들 가운데 김상현본에는 이 두 문장이 모두 결여되어 있다.
7 큰 서원(大受) : '대수大受'를 '큰 서원'으로 번역한 것은 대응되는 이역본인 『大寶積經』 「勝鬘夫人會」에서 '홍서弘誓'(T11, 673b7)로 한역된 것을 참조한 것이다.
8 『勝鬘經』의 문장 대부분은 승만 왕비와 부처님 사이의 대화체로 구성되어 있다. 따라서 대화하는 당사자들 사이의 관계와 그 취지를 고려하여 특히 승만 왕비가 부처님의 허락을 받아 법을 설하는 내용만큼은 건조체가 아닌 경어체로 번역한다.
9 웃어른(尊長) : 보리류지 한역에서는 "모든 스승과 웃어른에게(於諸師長)"(T11, 673b9)

여, 저는 오늘부터 깨달음에 이르기까지 모든 중생들에게 성내는 마음을 일으키지 않겠습니다. 세존이시여, 저는 오늘부터 깨달음에 이르기까지 다른 사람의 신체적 아름다움과 그 밖에 많은 생필품(資具)에 대해 질투심을 일으키지 않겠습니다. 세존이시여, 저는 오늘부터 깨달음에 이르기까지 내외법에 대해 인색한 마음을 일으키지 않겠습니다. 세존이시여, 저는 오늘부터 깨달음에 이르기까지 스스로 자신을 위해 재물을 받아 쌓아 두지 않을 것이며, 무릇 받았던 것이 있다면 모두 가난으로 고통스러운 중생들의 성숙을 위하겠습니다. 세존이시여, 저는 오늘부터 깨달음에 이르기까지 스스로 자신을 위해 사섭법四攝法을 행하지 않고 일체중생을 위하여 갈애로 물들지 않는 마음, 싫증 내지 않는 마음, 걸림 없는 마음으로 중생을 섭수하겠습니다. 세존이시여, 저는 오늘부터 깨달음에 이르기까지 어릴 때 부모를 잃어버리거나, 늙어 자식에게 버림받거나, 갇혀 있거나, 병이 들었거나 그 갖가지 액난으로 곤궁하고 고통스러운 중생을 본다면 마침내 잠시도 내버려 두지 않고 반드시 안온하게 하고자 할 것이며, 도리로써 이롭게 할 것이며, 뭇 고통으로부터 벗어나게 한 연후에 내려놓겠습니다. 세존이시여, 저는 오늘부터 깨달음에 이르기까지 그릇된 율의에 사로잡힌 자들과 계를 범하는 자들을 본다면 마침내 내버려 두지 않을 것이니, 제가 힘을 얻을 때 그런저런 곳에서 이러한 중생을 본다면 응당 굴복시켜야 할 자는 굴복시키고, 응당 섭수해야 할 자는 섭수할 것입니다. 왜냐하면 굴복과 섭수로 인해 정법을 오래 머물게 할 수 있고, 정법이 오래 머문다면 천상과 인간계는 가득 차고 악도는 점차 감소하여 여래께서 굴리셨던 법륜을 따라 굴릴 수 있기 때문입니다. 이러한 이로움을 보기 때문에 구제와 섭수에서 포기하지 않겠습니다. 세존이시여, 저는 오늘부터 깨달음에 이르기까지 정법을 섭수하여 마침내 잊어버리지 않겠습니다. 왜냐하면 정법을 잊어버린다면 대승을 잊어버릴 것이고, 대승을 잊어버린다면 바라밀을 잊어버릴 것이며, 바라밀을

로 되어 있다.

잊어버린다면 대승에 대해 의욕을 내지 않을 것이기 때문입니다. 보살이 대승에서 결정되지 않는다면 정법을 섭수할 수 없을 것이고, 욕망으로 즐거워할 만한 바에 따라 들어가 범부를 초월한 지위를 영원히 감당하지 못할 것이리니, 저는 이와 같이 무량한 큰 허물을 보지만 동시에 미래에 정법을 섭수하는 보살마하살의 무량한 공덕의 이로움도 보기 때문에 이러한 큰 서원을 맹서한 것입니다.

법의 주재자이신 세존이시여, 저를 위해 나투시어 증명해 주소서, 오직 부처님이신 세존만이 눈앞에서 증명해 주실 수 있습니다. 하지만 선근이 적은 중생들 가운데 혹자가 의심 그물을 일으켜, '열 가지 큰 서원은 매우 건너기 어려운 것이기 때문에 그들이 간혹 긴 밤 동안 바르게 요약하지 않고 안락을 얻지 못한다'고 할 수 있을 것입니다. 그들을 안락하게 하기 위해 지금 부처님 앞에서 성실한 서원을 말씀드린 것입니다. 제가 맹서한 이 열 가지 큰 서원이 그 말처럼 행해질 수 있다면 이 서원 때문에 대중 가운데 당장 천상의 꽃이 비처럼 내리고 천상의 오묘한 음악(妙音)을 연주해 주소서."

이러한 말을 설할 때 허공에서 많은 천상의 꽃이 비처럼 내리고 오묘한 음악이 연주되면서 "이와 같고 이와 같다. 그대가 설한 것처럼 진실과 조금도 다르지 않을 것이다."라고 말했다. 그들이 오묘한 꽃을 보고 음악을 듣자, 일체 대중에게 의혹이 모두 제거되었고 기쁨이 무량하게 솟아올라 (이렇게) 발원했다. "언제나 승만과 더불어 항상 함께 모두 만나고 그 수행할 바가 동일해지고 싶습니다."

세존께서 모두에게 "일체 대중은 그 발원한 것과 같아질 것이다."라고 수기하셨다.[10]

> 爾時。勝鬘聞受記已。恭敬而立。受十大受。世尊。我從今日。乃至菩提。於所受戒。不起犯心。世尊。我從今日。乃至菩提。於諸尊長。不起慢心。世尊。我從今日。乃至菩提。於諸衆生。不起恚心。世尊。我從今日。乃至菩提。於

---

10 『勝鬘經』(T12, 217b23~218a4).

他身色。及外衆具。不起疾心。世尊。我從今日。乃至菩提。於內外法。不起
慳心。世尊。我從今日。乃至菩提。不自爲己受畜財物。凡有所受悉爲成熟
貧苦衆生。世尊。我從今日。乃至菩提。不自爲己行四攝法。爲一切衆生故。
以不愛染心。無厭足心。無罣礙心。攝受衆生。世尊。我從今日。乃至菩提。
若見孤獨幽繋疾病種種厄難困苦衆生。終不暫捨。必欲安隱。以義饒益。令
脫衆苦。然後乃捨。世尊。我從今日。乃至菩提。若見捕養衆惡律儀。及諸犯
戒。終不棄捨。我得力時。於彼彼處。見此衆生。應折伏者。而折伏之。應攝
受者。而攝受之。何以故。以折伏攝受故。令法久住。法久住者。天人充滿。
惡道減少。能於如來所轉法輪。而得隨轉。見是利故。救攝不捨。世尊。我從
今日。乃至菩提。攝受正法。終不忘失。何以故。忘失法者。則忘大乘。忘大
乘者。則忘波羅蜜。忘波羅蜜者。則不欲大乘。若菩薩不決定大乘者。則不
能得攝受正法。欲隨所樂入。永不堪任越凡夫地。我見如是無量大過。又見
未來攝受正法。菩薩摩訶薩。無量福利故。受此大受。法主世尊。現爲我證。
唯佛世尊。現前證知。而諸衆生善根微薄。或起疑網。以十大受極難度故。
彼或長夜。非義饒益。不得安樂。爲安彼故。今於佛前。說誠實誓。我受此十
大受。如說行者。以此誓故。於大衆中。當雨天花。出天妙音。說是語時。於
虛空中。雨衆天花。出妙聲言。如是如是。如汝所說。眞實無異。彼見妙花。
及聞音聲。一切衆會。疑惑悉除。喜踊無量。而發願言。恒與勝鬘。常共俱
會。同其所行。世尊。悉記一切大衆。如其所願。

소 2.1.1 구룡丘龍[11]은 말했다.

열 가지 서원(受) 중에 최초 한 가지는 지계持戒이다. 지계가 시초가 되

---

11 구룡丘龍: '구룡'이 원효의 별칭 가운데 하나임을 확인할 수 있는 자료는 『大乘起信論
同異略集』(H3, 719b2~4)이다. 관련 구문은 다음과 같다. "且如丘龍二障及勝鬘疏等。
但新羅元曉法師。飛龍之化。潰于靑丘。故字丘龍。"

기 때문이다. 먼저 스스로 경계하는 서원이다. 그 범하지 않겠다고 수지한 계는 삼취정계(三聚戒)를 말하며,[12] 뒤의 아홉 가지를 가리키고 있다. 아홉 가지 중에 앞의 네 가지는 섭률의계이고 그다음 네 가지는 섭중생계이고 최후 한 가지는 섭선법계이다.[13·14]

> 丘龍云。十受之中。初一持戒。持戒爲始故。先自警受。其不犯所受戒者。謂三聚戒。有指後九。九中前四。攝律儀戒。其次四種。攝衆生戒。最後一種。攝善法戒。

소 2.1.2 구룡은 말했다.

네 가지 섭률의계 중에 앞의 두 가지는 근본 번뇌를 여의는 것이고, 뒤의 두 가지는 수번뇌를 여의는 것이다. 근본 번뇌 중에 최초 한 가지는 윗사람에게 교만한 것이다. 위로 불도佛道를 크게 함에 이것이 장애가 되기 때문이다. 그다음 한 가지는 아랫사람에게 성내는 것이다. 아래로 중생을 교화함에 이것이 장애가 되기 때문이다. 그러므로 이 두 가지를 제시하여

---

[12] 『詳玄記』(『佛全』4, 48b3)에 따르면 열 가지 큰 서원에 대해 주석가들은 대체로 삼취정계로 분석하고 있다고 한다. 그 내용은 다음과 같다. "자은, 원효, 『보굴』과 후대의 논사들도 또한 삼취정계로 분류하지만 첫 번째 계는 다르게 해석하고 있다."

[13] 원효는 '웃어른에게 교만하지 않는 것, 중생들에게 성내지 않는 것, 뛰어난 몸매나 생필품에 대해 질투하지 않는 것, 내외법에 인색하지 않는 것'이라는 네 가지는 별해탈계別解脫戒로서 '섭률의계'로 파악하고, '자신을 위해 재물을 축적하지 않고 받은 재물은 가난으로 고통스러운 중생에게 사용하는 것, 일체중생을 위해 싫증 내지 않고 사섭법으로 섭수하는 것, 고아 등의 갖가지로 고통 받는 중생을 볼 경우 잠시도 내버려 두지 않고 편안하게 하는 것, 율의를 더럽히거나 계를 범한 자들을 굴복하고 섭수하는 것'이라는 네 가지는 중생들의 이익을 위하는 '섭중생계'로 분류하고, '정법을 섭수하여 잊어버리지 않는 것'이라는 마지막 서원은 위없는 깨달음을 얻기 위해 모든 선법을 축적하는 '섭선법계'로 파악하고 있다.

[14] 『詳玄記』 권6(『佛全』 4, 48a5~7). 김상현본에는 이 구문이 없지만 후쿠시본(2013, p.81)에는 수록되어 있다.

일체 근본 번뇌를 통틀어 포섭한 것이다. 수번뇌 중에 앞의 것은 타자의 뛰어남을 질투하는 것으로 도리어 자신이 아래로 떨어지게 된다. 뒤의 것은 현재의 재산에 인색한 것으로 나중에 빈궁을 초래하게 된다. 그러므로 이 두 가지를 제시하여 일체 수번뇌의 특성으로 통틀어 포섭한 것이다. 이 네 가지 율의계는 허물을 여의어 완전히 없애는 것이기 때문이다.[15]

丘龍云。律儀四中。前二離本煩惱。後二離隨煩惱。本煩惱中。初一慢上。上弘佛道。以此爲障。次一恚下。下化衆生。以此爲障。故擧此二。通攝一切根本煩惱。隨煩惱中。前嫉他高。還自下墜。後慳今財。招後貧窮。故擧此二。通攝一切隨煩惱性。所以此四離過周盡。

---

[15] 『詳玄記』 권6(『佛全』 4, 50a10~15). 김상현본에는 이 구문이 없지만 후쿠시본(2013, p.81)에는 수록되어 있다.

제3 삼원장三願章[16]

경 3.1 이때에 승만은 다시 부처님 앞에서 세 가지 큰 서원을 일으켜 이렇게 말했다.

"이 진실한 서원으로 무량하고 끝없는 중생들을 안온하게 하고, 이 선근으로써 일체 태어나는 곳마다 정법에 대한 지혜를 얻고 싶습니다. 이것은 첫 번째 큰 서원입니다. 저는 정법에 대한 지혜를 얻고 나서 싫증 내지 않는 마음으로 중생을 위해 설명하겠습니다. 이것이 두 번째 큰 서원입니다. 저는 정법을 섭수하는 것에서 몸·목숨·재산을 보시하여 정법을 호지하겠습니다. 이것이 세 번째 큰 서원입니다."

이때에 세존께서 곧바로 승만에게 수기하셨다.

"이 세 가지 큰 서원들은 일체의 물질(色)이 허공계에 모두 들어가는 것처럼, 이와 같은 보살의 갠지스강 모래알만큼 많은 서원들도 모두 다 이 세 가지 큰 서원들에 들어갈 것이다. 이 세 가지 서원들은 진실하고 광대한 것이다."[17]

爾時。勝鬘復於佛前。發三大願而作是言。以此實願。安隱無量無邊衆生。以此善根。於一切生。得正法智。是名第一大願。我得正法智已。以無厭心。爲衆生説。是名第二大願。我於攝受正法。捨身命財。護持正法。是名第三

---

16 '제3 삼원장'에 대한 원효 소의 직접 인용문이 『詳玄記』에서는 발견되지 않지만 한 개의 간접 인용을 통해 제3장에 대한 원효 소가 있었다는 것은 확인할 수 있다.
17 『勝鬘經』(T12, 218a4~12).

大願。爾時世尊。卽記勝鬘。三大誓願。如一切色。悉入空界。如是菩薩。恒沙諸願。皆悉入此三大願中。此三願者。眞實廣大。

소 3.1.1 『보굴』에서는 이(정영) 해석[18]을 인용하고서 말한다. 지금 경문에서 말하고 있는 것과 옛사람의 뜻이 동일하지 않다. 이 해석에서 몸·목숨·재산을 보시하는 것은 대법大法에 크게 통한다는 것을 바로 밝힌 것이며, 호법의 발원을 말한 것이다. 혹자는 어떤 중생이라도 모름지기 목숨을 보시한다면 정법正法에 대한 지혜를 얻을 것이라고 하고, 혹자는 두 가지를 보시한다면, 혹자는 세 가지를 보시한다면 정법에 대한 지혜를 얻을 것이라고 한다.【이상】 구룡의 해석이 있지만 복잡할까 염려되어 인용하지 않는다.[19]

窟引此釋已云。今謂經文及古舊意不同。此解正明捨身命財。弘通大法。謂護法願也。或有衆生。須捨命得正法智。或捨二。或捨三。而得正法智。【已上】丘龍有釋。恐繁不引。

---

18 여기에서 말한 정영의 해석은 다음과 같다. "세 번째 서원에서 '몸·목숨·재산의 보시(捨身命財)'라는 것은 원리의 대상을 구하는 것이다. 그러나 이것은 몸·목숨·재산을 사용하는 보시이고, 청정법신을 버린다는 것은 아니다. 무상한 몸·목숨·재산 등을 버리고 여의기 때문에 보시(捨)라고 한다. 열반에서 일체 모든 결박된 번뇌와 마라의 특성을 파괴한 연후에 긴요히 위대한 반열반에 대해 몸·목숨을 놓아 버리는 것과 그 의미가 비슷하다. '정법을 호지한다'는 것은 증득할 대상을 구하는 것이다. 그러나 이것은 악인을 항복시키는 것을 말하는 것이 아니라, 모든 성인의 가르침을 일으키는 것이므로 호법이라 한다. 대체로 법을 증득하고서 잃어버리지 않는 것을 보호(護)라고 한다."(『佛全』4, 60a2~7)
19 『詳玄記』 권6(『佛全』4, 60a10). 이 구문은 김상현본과 후쿠시본에 모두 결여되어 있다.

제4 섭수장攝受章[20]

경 4.1 이때에 승만이 부처님께 아뢰었다.

"저는 지금 마땅히 부처님의 위신력을 이어받아서 조복된 큰 서원이 진실과 조금도 다름이 없다는 것을 설명하겠습니다."

부처님께서 승만에게 말씀하셨다.

"그래, 그대의 설명을 들어 보자."

승만이 부처님께 아뢰었다.

"보살들이 지닌 갠지스강의 모래알만큼 많은 서원들, 그 일체가 모두 이른 바 정법正法을 섭수한다는 하나의 큰 서원에 들어가므로 정법을 섭수하는 것은 참으로 큰 서원이 됩니다."

부처님께서 승만에게 칭찬하셨다.

"좋고 좋구나. 그 지혜와 방편이 매우 심오하고 미묘하구나. 그대는 이미 긴 밤 동안 선근들을 심은 자이다. 오랫동안 선근을 심을 내세의 중생이라면 그대가 설명한 것을 이해할 수 있을 것이다. 그대가 설명한 정법을 섭수하는 것은 모두 과거·미래·현재의 부처님들께서 이미 설하셨던 것이고, 지금 설하시고 있는 중이고, 미래에 설하실 것이다. 지금 무상보리無上菩提를 증득한 나도 항상 이 정법을 섭수하는 것을 설하고 있다. 이와 같이 내가 정법을 섭수하는 것을 설명하면서 소유한 공덕은 끝을 얻을 수 없으므로 여래의 지혜와 변

---

[20] 『詳玄記』(『佛全』4, 62a4)와 김상현본(1993, p.448)에서 이 장의 제목을 '攝受正法'이라 하고 있으나, 『勝鬘經』(T12, 218a13)에는 '攝受'로 되어 있다. 따라서 후자로 교정한다.

재도 끝이 없다. 왜냐하면 이 정법을 섭수하는 것은 큰 공덕을 지닌 것이고, 큰 이익을 지닌 것이기 때문이다."²¹

爾時。勝鬘白佛言。我今當復承佛威神。說調伏大願眞實無異。佛告勝鬘。恣聽汝說。勝鬘白佛。菩薩所有恒沙諸願。一切皆入一大願中。所謂攝受正法。攝受正法。眞爲大願。佛讚勝鬘。善哉善哉。智慧方便。甚深微妙。汝已長夜。殖諸善本。來世衆生。久種善根者。乃能解汝所說。汝之所說攝受正法。皆是過去未來現在諸佛。已說今說當說。我今得無上菩提。亦常說此攝受正法。如是我說攝受正法。所有功德。不得邊際。如來智慧辯才。亦無邊際。何以故。是攝受正法。有大功德。有大利益。

소 4.1.1 원효는 말했다.

"정법正法"이란 진여계眞如界이고, "섭수攝受"란 정체지正體知²²이다. 이 지혜는 일체 분별을 멀리 여의는 것이며, 끝없는 진여법계는 능能과 소所가 평등하고 둘이 아니고 다르지 않다고 깨닫는 것이다. 그러므로 "정법을 섭수하는 것"이라 한다.²³

元曉云。言正法者。是眞如界。言攝受者。是正體知。此智遠離一切分別。證

---

21 『勝鬘經』(T12, 218a13~25).
22 정체지正體知 : '정체지正體知'는 '정체지正體智'와 동의어이다. 원효의 『金剛三昧經論』(H1, 647上3~5)을 참조하면, "살펴보건대 이 중에 두 가지 진리에 대한 관찰은 속제를 버리고 진제를 관찰하는 것이기 때문에 곧바로 정체지의 방편이다. 평등에 대한 관찰은 진제를 융화하여 속제를 관찰하는 것이므로 곧바로 후득지의 방편이다.(案云。此中二諦觀者。遣俗觀眞故。卽是正體智之方便。平等觀者。融眞觀俗。卽是後得智之方便。)"라고 해석되어 있다. 따라서 이것은 후득지에 상대되는 무분별지이고, 근본무분별지根本無分別智, 여리지如理智, 실지實智, 진지眞智라 할 수 있다.
23 『詳玄記』 권7(『佛全』 4, 62b11~14).

會無邊眞如法界能所平等無二無別。是故名爲攝受正法。

경 4.2 승만이 부처님께 아뢰었다.

"저는 부처님의 위신력을 이어받아 정법을 섭수하는 것에 대한 광대한 의미를 재차 연설하려고 합니다."

부처님께서 말씀하셨다.

"곧바로 설하라."

승만이 부처님께 아뢰었다.

"정법을 섭수하는 것에 대한 광대한 의미는 곧 무량하게 일체 불법을 얻는 것이고, 팔만사천법문을 섭수하는 것입니다. 비유하면 겁이 처음 이루어질 때 많은 형색形色의 비와 갖가지 보배를 퍼부을 수 있는 커다란 구름이 드넓게 일어나는 것처럼, 이와 같이 정법을 섭수하는 것은 무량한 복덕의 과보와 무량한 선근의 비를 퍼붓는 것입니다. 또한 세존이시여, 겁이 처음 이루어질 때 커다란 물의 웅덩이(水聚)가 있어서 삼천대천세계의 창고와 4백억이라는 갖가지 종류의 대륙을 출생하게 하는 것처럼, 이와 같이 정법을 섭수하는 것은 대승의 무량계장無量界藏, 일체 보살의 신통력, 일체 세간의 안온한 쾌락, 일체 세간적 여의자재를 출생합니다. 그리고 겁이 이루어진 이래 천신이든 인간이든 이전에 얻지 못했던 출세간의 안락이 모두 그 가운데에서 출생합니다.[24]

勝鬘白佛。我當承佛神力。更復演說攝受正法廣大之義。佛言。便說。勝鬘白佛。攝受正法廣大義者。則是無量得一切佛法。攝八萬四千法門。譬如劫初成時。普興大雲。雨衆色雨及種種寶。如是攝受正法。雨無量福報及無量善根之雨。世尊。又如劫初成時。有大水聚。出生三千大千界藏及四百億種種類洲。如是攝受正法。出生大乘無量界藏。一切菩薩神通之力。一切世間

---

24 『勝鬘經』(T12, 218a26~b7).

安隱快樂。一切世間如意自在。及出世間安樂。劫成乃至天人。本所未得。
皆於中出。

소 4.2.1 정영사 (혜원) 법사의 소에서는 팔만사천법문을 갖추어 밝혔다. 후대 원효 법사의 소에서도 또한 그러하다. 모두『현겁경』에 설해진 것[25]에 의거하여 그것을 밝히고 있는데 의리義利가 모두 동일하다.[26]

淨影師疏。具明八萬四千法門。後代元曉師疏亦爾。皆依賢劫經所說明之。義利並同。

소 4.2.2 무량계장無量界藏이란 것을 구룡은『유가론』에 의거하여 다섯 무량을 들었다. 첫째는 유정계의 무량이고, 둘째는 세계의 무량이고, 세 번째는 법계의 무량이고, 네 번째는 조복될 계의 무량이고, 다섯 번째는 조복된 방편계의 무량이다.[27] 이 다섯 가지에 대해 선교방편으로서 소지의 경계가 모두 다 포섭되지 않음이 없다는 것을 철저하게 안 것이다. 그러므로 이 다섯 가지를 무량장無量藏이라고 한 것이다. 이것들은 섭수이고, 보살이 태어날 곳이고, 이러한 공덕장을 지닌 것이기 때문에 총괄적으로 그것을 제시한 것이다. 그 신통이란 것은 따로 다섯 번째로 제시한 것으로서 특별한 능력이 있다는 것을 밝힌 것이다.[28] 또한 구룡은 말했

---

25 『賢劫經』(T14, 44c17~45a1)에는 팔만사천 삼매문, 총지문, 도무극도無極 등이 설해지는데,『詳玄記』의 전후 맥락을 고려할 때 팔만사천법문은 도무극인 듯하다.
26 『詳玄記』 권7(『佛全』 4, 68b4~5). 이 구문은 원효 소의 간접 인용으로 보이는데, 김상현 본에는 없고 후쿠시본(2013, p.82)에는 있다.
27 『瑜伽師地論』 권46(T30, 548a14~16), "又諸菩薩於五無量。能起一切善巧作用。何等爲五。一有情界無量。二世界無量。三法界無量。四所調伏界無量。五調伏方便界無量。"『瑜伽師地論』의 경우 '調伏界'가 '所調伏界'로 되어 있다. 따라서 이것을 참고하여 '조복될 대상의 계'로 번역한다.
28 여기에서 "於此五種。遍知善巧。所知境界。無不攝盡。是故此五。名無量藏。此是攝受。

다. "일체 보살의 신통력이란, 이것도 또한 서로 합合을 따르는 계장의 비유[29]이니, 육신통이 곧 조복된 방편계이기 때문이다."[30]

無量界藏者。丘龍依瑜伽論。舉五無量。一有情界無量。二世界無量。三法界無量。四調伏界無量。五調伏方便界無量。於此五種。遍知善巧。所知境界。無不攝盡。是故此五。名無量藏。此是攝受。所生菩薩。有此德藏。故惣舉之。其神通者。別舉第五。明有別能。丘龍亦云。一切菩薩神通力者。此亦相從合界藏喻。以六神通。卽是調伏方便界故。

경 4.3 또한 대지가 네 가지 무거운 짐을 짊어지는 것과 같습니다. 무엇이 네 가지인가? 첫째 큰 바다이고, 둘째 여러 산들이고, 세 번째 초목이고, 네 번째 중생입니다. 이와 같이 정법을 섭수하는 선남자·선여인은 건립된 대지에

　　所生菩薩。有此德藏。故惣舉之。其神通者。別舉第五。明有別能。"이라는 구문은 원효 소라기보다 이에 대한 응연의 해석이거나 간접 인용으로 보인다.
29　이것은 인명학의 오지작법五支作法에서 제시되는 합습과 유喩이다. 합은 종宗과 인因을 결합하여 종의 뜻을 확립하는 것이고, 유는 종과 인이 잘못됨이 없음을 입증하는 사례이다.
30　『詳玄記』 권7(『佛全』 4, 73b17~74a9). 김상현본(1993, p.448)에는 이 단락이 두 단락(① 丘龍依瑜伽論舉五無量。一有情界無量。二世界無量。三法界無量。四調伏界無量。五調伏方便界無量。② 丘龍亦云。一切菩薩神通力者。此亦相從 合界藏喻。以六神通。卽是調伏方便界故。)으로 나뉘어 집일되어 있다. 이와 달리 후쿠시본(2013, p.82)에서는 "無量界藏者"부터 모두 한 단락으로 편집하고 있다. 즉 김상현본에서는 "於此五種" 이하 문장을 원효 소가 아닌 것으로 간주하고 있으나 후쿠시본에서는 "丘龍亦云" 이하 문장도 원효 소로 파악한 것이다. 여기에서는 후쿠시본을 참조하여 모두 한 단락으로 편집한다. 한편 이 내용과 연관된 『詳玄記』(『佛全』 4, 73b17~74a3)의 앞 단락을 살펴보면 다음과 같다. "질문한다. 무량계장과 보살의 신통은 모두 대승이다. 동일한 도구가 되기 때문이다. 그렇다면 이 두 구절은 어떤 차별이 있는가? 대답한다. 무량계란 총상으로 많은 공덕을 제시한 것이고, 신통력이란 별상으로 하나의 공덕을 제시한 것이니, 총상과 별상으로 공덕을 제시하기 위해 이 두 구절이 있는 것이다.(問。無量界藏與菩薩神通。俱是大乘。以爲一具。然此二句。有何差別。答。無量界者。惣舉衆德。神通力者。別舉一德。惣別擧德。有此兩句。)"

서 그 대지보다 더 무거운 네 가지 소임을 감당하여 짊어질 수 있습니다. 무엇이 네 가지인가? 이를테면 선지식을 떠나 들음이 없어 법에서 어긋난[31] 중생에게는 인간계와 천상의 선근으로써 그를 성숙하게 하고, 성문을 추구하는 자에게는 성문의 수레를 주고, 연각을 추구하는 자에게는 연각의 수레를 주고, 대승을 추구하는 자에게는 큰 수레를 주는 것입니다. 이것을 정법을 섭수하는 선남자·선여인이 건립된 대지에서 네 가지 무거운 소임을 감당하여 짊어질 수 있는 것이라 합니다. 세존이시여, 이와 같이 정법을 섭수하는 선남자·선여인은 건립된 대지에서 네 가지 무거운 소임을 감당하여 짊어지면서 널리 중생을 위해 청하지 않은 벗이 되기도 하고, 대비로 중생들을 가엾고 불쌍히 여기어 편안히 위로하며, 세간에서 법의 어머니가 될 것입니다.[32]

又如大地持四重擔。何等爲四。一者大海。二者諸山。三者草木。四者衆生。如是攝受正法善男子善女人。建立大地。堪能荷負四種重任。喩彼大地。何等爲四。謂離善知識。無聞非法衆生。以人天善根。而成熟之。求聲聞者。授聲聞乘。求緣覺者。授緣覺乘。求大乘者。授以大乘。是名攝受正法善男子善女人。建立大地。堪能荷負四種重任。世尊。如是攝受正法善男子善女人。建立大地。堪能荷負四種重任。普爲衆生。作不請之友。大悲安慰哀愍衆生。爲世法母。

---

31 들음이 없어 법에서 어긋난(無聞非法): '無聞非法'을 '들음이 없어 법에서 어긋난'이라고 번역한 것은 응연의 해설을 참조한 것이다. 『詳玄記』(『佛全』 4, 76a10~15)에서 응연은 삼승도에 나아가 무루법으로 향함에 있어서 선우를 친근히 하는 것, 정법을 요청하여 듣는 것, 여리작의如理作意하는 것, 여설수행如說修行하는 것이라는 네 요소는 필수적인 것이라고 전제한 다음, '무문無聞'이란 정법을 요청해 듣는 것이 없기 때문이고, '비법비법'에서 '비非'는 위의 셋째, 넷째의 '如'의 반대이고, '法'은 이법理法과 교법敎法을 합한 것이므로 이법에서도 어긋나고 교법에서도 어긋난다고 주석하고 있다.
32 『勝鬘經』(T12, 218b7~18).

소 4.3.1 원효의 소는 곧바로 현재 주석서[33]의 차제와 같다. 그러므로 그 소에서는 설한다.

큰 바다의 비유는 대승을 추구하는 자에 대한 것으로서 이것이 광대하고도 심오하기 때문이고, 크다는 명칭이 동일하기 때문이다. 여러 산의 비유는 연각을 추구하는 자에 대한 것으로서 이것이 높고도 뛰어나기 때문이고, 거만하게 행하는 것이 비슷하기 때문이다. 초목의 비유는 성문을 추구하는 자에 대한 것으로서 종류가 많기 때문이다. 중생의 비유는 법에서 어긋난 중생에 대한 것으로서 명자名字가 동일하기 때문이다.[34]

元曉卽同今疏次第。故彼疏云。大海喩。於求大乘者。是廣深故。大名同故。諸山喩。於求緣覺者。是高出故。慢行類故。草木喩。於求聲聞者。種類多故。衆生喩。於非法衆生。名字同故。

경 4.4 또한 대지가 네 가지 보배창고를 지니는 것과 같습니다. 무엇이 네 가지인가? 첫째 가치를 매길 수 없는 것이고, 둘째 가치가 높은 것이고, 셋

---

33 현재 주석서(今疏) : 성덕태자의 『勝鬘經義疏』를 가리킨다. 『詳玄記』 권7(『佛全』 4, 75b4~7)에서 관련 내용을 살펴보면 다음과 같다. "'보굴'에서는 '어떤 사람은 큰 바다가 가장 무거우므로 범부에 비유하고, 여러 산이 그다음으로 가벼우므로 성문에 비유하고, 초목은 더욱 더 나아가므로 연각에 비유하고, 중생은 가장 가벼우므로 보살에 비유한다고 말한다. 지금 그렇지 않다는 것을 밝히면, 큰 바다는 가장 무거우므로 보살에 비유하고, 여러 산은 무겁더라도 오히려 큰 바다보다 가벼울 것이므로 연각에 비유하고, 초목은 여러 산보다 가벼우므로 성문에 비유하고, 중생은 초목보다 더 가벼우므로 범부에 비유한다. 이렇게 비유한 까닭은 물건의 무거움은 공덕의 무거움으로 비유하고, 물건의 가벼움은 공덕의 가벼움으로 비유하기 때문이다.'라고 말하고 있다. 여기에서 어떤 사람은 정영이다. 그는 혹해의 경중에 따라 차제대로 배대하고 가상嘉祥은 공덕의 경중에 따라 차제대로 그것들을 비유하는데 지금의 (성덕태자) 주석서에서 배대된 차제와 같다. 『보굴』에서는 단지 경중이 아니라 각각의 능능에 따를 뿐이기 때문이다."

34 『詳玄記』 권7(『佛全』 4, 75b11~14).

째 가치가 중간의 것이고, 넷째 가치가 낮은 것입니다. 이것을 대지가 지닌 네 가지 보배 창고라고 합니다. 이와 같이 정법을 섭수하는 선남자·선여인이 건립된 대지에서 중생들은 네 가지 최상의 큰 보배를 얻습니다. 무엇이 네 가지인가? 정법을 섭수하는 선남자·선여인은 들음이 없어 법에서 어긋난 중생에게는 인간과 천신의 공덕과 선근으로써 주고, 성문을 추구하는 자에게는 성문의 수레를 주고, 연각을 추구하는 자에게는 연각의 수레를 주고, 대승을 추구하는 자에게는 큰 수레를 줍니다. 이와 같이 중생들이 큰 보배를 얻을 수 있는 것은 모두 정법에 대해 섭수하는 선남자·선여인을 말미암은 것이고, 이러한 기특하고 희유한 공덕을 얻는 것입니다.

세존이시여, 큰 보배 창고란 곧 정법을 섭수하는 것입니다. 세존이시여, 정법을 섭수하는 것은 정법을 섭수하는 자입니다. 정법과 조금도 다르지 않은 것이고, 정법을 섭수하는 자와 조금도 다르지 않기 때문에 정법이 곧 정법을 섭수하는 자가 됩니다.

세존이시여, 바라밀(S pāramitā)과 조금도 다르지 않은 것이고, 정법을 섭수하는 자와 조금도 다르지 않기 때문에 정법을 섭수하는 자가 곧 바라밀이 됩니다. 무슨 까닭인가? 정법을 섭수하는 선남자·선여인은 보시로 성숙하게 해야 할 자에게 보시로써 성숙될 것이라면 이에 몸의 팔다리를 버리는 것까지, 장차 그 마음을 보호하면서 그를 성숙하게 할 것입니다. 그렇게 성숙된 중생이 정법을 건립한다면 이것을 단나(S dāna)바라밀이라 합니다. 계로써 성숙하게 해야 할 자에게 여섯 감관을 수호함으로써 신업·구업·의업이 청정해질 것이라면 이에 네 가지 위의를 올바르게 하는 것까지, 장차 그 마음을 보호하면서 그를 성숙하게 할 것입니다. 그렇게 성숙된 중생이 정법을 건립한다면 이것을 시라(S śīla)바라밀이라 합니다. 인욕으로 성숙하게 해야 할 자에게 그 어떤 중생이 욕하고 헐뜯고 비방하고 공포스럽게 하더라도 성내지 않는 마음과 요익하려는 마음으로써 참는 힘을 최고가 되게 할 것이라면 이에 안색조차 변치 않을 정도로, 장차 그 마음을 보호하면서 그를 성숙하게 할 것입니다. 그렇게 성숙된 중생이 정법을 건립한다면 이것을 찬제(⑤ kṣānti)바라밀이라 합니다. 정진으로써 성숙하게 해야 할 자에게 그 중생들에 대해 해태심을 일으키지 않도록 하고 크게 의욕을 일으키는 마음으로 최고의 정진을 하게 할 것이라면 이에 네 가지 위의에서도 같아지도록, 장차 그 마음을 보호하면서 그를 성숙하게 할 것입니다. 그렇게 성숙된 중생이 정법을 건립한다면 이것을 비리야(⑤ vīrya)바라밀이라고 합니다. 선정으로써 성숙하게 해야 할 자에게 그 중생에게 산란하지 않은 마음과 밖으로 향하지 않는 마음으로써 최고의 정념을 하게 할 것이라면 이에 오랫동안 지었던 것이든 오랫동안 설해졌던 것이든 마침내 잃어버리지 않도록, 장차 그 마음을 보호하면서 그를 성숙하게 할 것입니다. 그렇게 성숙된 중생이 정법을 건립하면 이것을 선정(⑤ dhyāna)바라밀이라 합니다. 지혜로써 성숙하게 해야 할 자에게 그 모든 중생이 일체에 대한 의미를 묻더라도 두려워하지 않는 마음으로써 일체의 논과 일체 공교의 구경 명처明處[35]를 연설하게 할 것이라면 이에 갖가지 공교의 제반사까지, 장차 그 마음을 보호하면서 그를 성숙하게 할 것입니다. 그렇게 성숙된 중생이 정법을 건립한다면 이것을 반야(⑤ prajñā)바라밀이라 합니다. 그러므로 세존이시여, 바라밀과 조금도 다르지 않은 것이고, 정법을 섭수하는 자와 조금도 다르지 않기 때문에 정법을 섭수하는 자가 곧 바라밀이 됩니다. 세존이시여, 저는 지금 부처님의 위신력을 이어받아 거듭 대의를 설명하겠습니다."

부처님께서 말씀하셨다.

"곧바로 설하라."

승만이 부처님께 아뢰었다.

"정법을 섭수하는 것은 정법을 섭수하는 자입니다. 정법을 섭수하는 것과 조금도 다르지 않은 것이고 정법을 섭수하는 자와 조금도 다르지 않으므로

---

[35] 일체 공교의 구경 명처明處 : 공교명工巧明은 기술기술技術, 공예工藝, 음양陰陽, 역수曆數 등에 관한 학문을 아우르는 개념이다.

정법을 섭수하는 선남자·선여인이 곧 정법을 섭수하는 것이 됩니다. 왜냐하면 정법을 섭수하는 선남자·선여인이라면 정법을 섭수하기 위해 세 가지 부분을 버릴 것이기 때문입니다. 무엇이 세 가지인가? 몸·목숨·재산을 말합니다. 선남자·선여인이 몸을 버린다면 생사윤회의 마지막 끝과 같아져 늙고 죽고 병드는 고통을 여의며 무너지지 않고 상주하고 변역이 있지 않고 불가사의한 공덕을 지닌 여래의 법신을 얻을 것입니다. 목숨을 버린다면 생사윤회의 마지막 끝과 같아져 마침내 죽음을 여의어 끝없이 상주하는 불가사의한 공덕을 얻고 일체 매우 심오한 불법을 통달할 것입니다. 재산을 버린다면 생사윤회의 마지막 끝과 같아져 일체중생들과 공통되지 않고 다함이 없으며 줄어듦이 없는 필경에 상주하는 불가사의하게 구족된 공덕을 얻어 일체중생의 수승한 공양을 받을 것입니다. 세존이시여, 이와 같이 세 가지 부분을 보시한 선남자·선여인이 정법을 섭수한다면 항상 모든 부처님들의 수기를 받을 것이며 일체중생에게 우러러볼 대상이 될 것입니다. 세존이시여, 또한 선남자·선여인이 정법을 섭수한다면 법이 소멸하려고 할 때, (즉) 비구·비구니·우바새·우바이가 붕당을 지어 서로 다투고 송사를 일으키어 파괴하고 흩어지더라도 급히어 아첨하지 않고, 얼을 빼 속이지 않으며, 거짓되지 않기 때문에 정법을 좋아할 것이고 정법을 섭수할 것이고 정법자의 무리에 들어갈 것입니다. 정법자의 무리에 들어간다면 반드시 부처님들에게 수기를 받을 것입니다. 세존이시여, 저는 정법을 섭수하는 것에서 이와 같은 큰 힘을 봅니다. 부처님께서는 진실한 눈과 진실한 지혜를 지닌 분이시고, 법의 근본이 되는 분이시고, 법을 통달한 분이시고, 정법의 의지처가 된 분이시고, 또한 모두 다 알고 보시는 분입니다."

이때에 세존께서는 정법을 섭수하는 것이 큰 정진의 힘이라는 승만의 설명에 대해 수희심을 일으키셨다.

"승만이여, 그와 같다. 그대가 설명한 것처럼 정법을 섭수하는 것은 큰 정진의 힘이다. 마치 매우 힘센 사람이 몸의 일부분에 조금만 접촉하더라도 큰 고통을 일으키는 것처럼, 이와 같이 승만이여, 조금이라도 정법을 섭수하는 것은 마라에게 고통을 준다. 나는 작더라도 정법을 섭수하는 것처럼, 마라에게 슬픔과 고통을 주는 나머지 다른 어떤 선법도 보지 못했다. 또한 모든 소보다 뛰어나서 견줄 대상이 없는 형색을 지닌 소의 왕처럼, 이와 같이 조금이라도 정법을 섭수하는 대승은 선근을 지닌 일체 이승보다 뛰어나다. (그 자체로) 광대하기 때문이다. 또한 많은 산보다 빼어나고 특이하여 단정함과 엄숙함을 지닌 수미산 왕처럼, 이와 같이 몸·목숨·재산을 보시하면서 섭취심으로써 정법을 섭수하는 대승자가 몸·목숨·재산을 보시하지 않는 처음 대승에 머무는 자들의 일체 선근보다 더 뛰어나거늘 어찌 하물며 이승이겠는가. (그 자체로) 광대하기 때문이다. 그러므로 승만이여, 마땅히 정법을 섭수하는 것으로써 중생을 개시하고, 중생을 교화하고, 중생을 건립해야 한다. 이와 같이 승만이여, 이렇게 정법을 섭수하는 것은 이와 같이 큰 이로움이 있고, 이와 같이 큰 복덕이 있고, 이와 같이 큰 결과가 있다. 승만이여, 나는 아승기에서 아승기겁 동안 정법을 섭수하는 공덕에 대한 의미와 이익을 설했지만 그 끝을 얻지 못했다. 그러므로 정법을 섭수하는 것은 헤아릴 수 없고 끝없는 공덕을 지닌다."[36]

又如大地有四種寶藏。何等爲四。一者無價。二者上價。三者中價。四者下價。是名大地四種寶藏。如是攝受正法善男子善女人。建立大地。得衆生四種最上大寶。何等爲四。攝受正法善男子善女人。無聞非法衆生。以人天功德善根。而授與之。求聲聞者。授聲聞乘。求緣覺者。授緣覺乘。求大乘者。授以大乘。如是得大寶衆生。皆由攝受正法善男子善女人。得此奇特希有功德。世尊。大寶藏者。卽是攝受正法。世尊。攝受正法。攝受正法者。無異正法。無異攝受正法。正法卽是攝受正法。世尊。無異波羅蜜。無異攝受正法。攝受正法卽是波羅蜜。何以故。攝受正法善男子善女人。應以施成熟

---

36 『勝鬘經』(T12, 218b18~219b3).

者. 以施成熟. 乃至捨身支節. 將護彼意. 而成熟之. 彼所成熟衆生. 建立正法. 是名檀波羅蜜. 應以戒成熟者. 以守護六根淨身口意業. 乃至正四威儀. 將護彼意. 而成熟之. 彼所成熟衆生. 建立正法. 是名尸波羅蜜. 應以忍成熟者. 若彼衆生罵詈毀辱誹謗恐怖. 以無恚心饒益心. 第一忍力. 乃至顏色無變. 將護彼意. 而成熟之. 彼所成熟衆生. 建立正法. 是名羼提波羅蜜. 應以精進成熟者. 於彼衆生不起懈心. 生大欲心第一精進. 乃至若四威儀. 將護彼意. 而成熟之. 彼所成熟衆生. 建立正法. 是名毘梨耶波羅蜜. 應以禪成熟者. 於彼衆生以不亂心不外向心. 第一正念. 乃至久時所作. 久時所說. 終不忘失. 將護彼意. 而成熟之. 彼所成熟衆生. 建立正法. 是名禪波羅蜜. 應以智慧成熟者. 彼諸衆生問一切義. 以無畏心. 而爲演說一切論一切工巧. 究竟明處. 乃至種種工巧諸事. 將護彼意. 而成熟之. 彼所成熟衆生. 建立正法. 是名般若波羅蜜. 是故世尊. 無異波羅蜜. 無異攝受正法. 攝受正法卽是波羅蜜. 世尊. 我今承佛威神. 更說大義. 佛言. 便說. 勝鬘白佛. 攝受正法. 攝受正法者. 無異攝受正法. 無異攝受正法者. 攝受正法善男子善女人. 卽是攝受正法. 何以故. 若攝受正法善男子善女人. 爲攝受正法. 捨三種分. 何等爲三. 謂身命財. 善男子善女人. 捨身者. 生死後際等. 離老病死. 得不壞常住. 無有變易. 不可思議功德. 如來法身. 捨命者. 生死後際等. 畢竟離死. 得無邊常住. 不可思議功德. 通達一切甚深佛法. 捨財者. 生死後際等. 得不共一切衆生. 無盡無減. 畢竟常住. 不可思議具足功德. 得一切衆生殊勝供養. 世尊. 如是捨三分善男子善女人. 攝受正法. 常爲一切諸佛所記. 一切衆生之所瞻仰. 世尊. 又善男子善女人攝受正法者. 法欲滅時. 比丘比丘尼優婆塞優婆夷. 朋黨諍訟. 破壞離散. 以不諂曲不欺誑不幻僞. 愛樂正法. 攝受正法. 入法朋中. 入法朋者. 必爲諸佛之所授記. 世尊. 我見攝受正法. 如是大力. 佛爲實眼實智. 爲法根本. 爲通達法. 爲正法依. 亦悉知見. 爾時世尊. 於勝鬘所說攝受正法大精進力. 起隨喜心. 如是勝鬘. 如汝所說. 攝受正法大精進力. 如大力士. 少觸身分. 生大苦痛. 如是勝

鬘。少攝受正法。令魔苦惱。我不見餘一善法。令魔憂苦。如少攝受正法。又如牛王。形色無比。勝一切牛。如是大乘。少攝受正法。勝於一切二乘善根。以廣大故。又如須彌山王。端嚴殊特。勝於衆山。如是大乘。捨身命財。以攝取心。攝受正法。勝不捨身命財初住大乘一切善根。何況二乘。以廣大故。是故勝鬘。當以攝受正法。開示衆生。敎化衆生。建立衆生。如是勝鬘。攝受正法。如是大利。如是大福。如是大果。勝鬘。我於阿僧祇阿僧祇劫。說攝受正法功德義利。不得邊際。是故攝受正法。有無量無邊功德。

소 4.4.1 원효는 말했다.

"정법과 조금도 다르지 않다."라고 한 것은 인식대상(境)이 지혜(智)[37]와 조금도 다르지 않기 때문이고, "정법을 섭수하는 자와 조금도 다르지 않다."라는 것은 지혜가 인식대상과 조금도 다르지 않기 때문이다. 이것은 인식주체(能)와 인식대상(所)의 평등평등을 밝히는 것이다. 다음으로 "정법이 곧 정법을 섭수하는 자"라고 한 것은 두 사물의 특징이 유사하다는 것이 아니라 지혜로 문장에서 특징을 밝힌 것을 정법이라 하고, 도리로 집착을 여읜 것을 섭수라고 하므로, 작용(用)이 법계에 두루 미쳐 둘도 없고 다름도 없다는 것을 밝힌 것이다. 그러므로 "정법이 곧 정법을 섭수하는 자"라고 설한 것이다.[38]

元曉云。言無異正法者。境無異智故。無異攝受正法者。智無異境故。是明

---

[37] 『金剛三昧經論』(H1, 604c4~19)에서 해석하는 관행(觀行)을 참조하면, '관(觀)'은 경경과 지智에 통하고, '지智'는 본각과 시각의 두 깨달음이고, '경境'은 곧 진眞과 속俗이 둘 다 없어진 것이라 할 수 있다. 이에 의거하여 '경境'은 지혜의 대상으로서 진속이 없어진 불이의 인식대상이고, '지智'는 깨달음과 관련된 인식주체라고 보아도 될 듯하다.
[38] 『詳玄記』권7(『佛全』4, 82b14~83a1).

能所平等平等。次言正法卽是攝受正法者。明非於二物相似。智文明相。名
爲正法。理之離著。名爲攝受。用遍法界無二無別。故言正法卽是攝受正法。

소 4.4.2 원효는 말했다.

"바라밀과 조금도 다르지 않다."라는 것은 외적인 교화 작용이 여리지
如理智와 다르지 않다는 것을 밝힌 것이다. "정법을 섭수하는 자와 조금도
다르지 않다."라는 것은 여리지와 여량지如量智가 다르지 않다는 것을 드
러낸 것이다.[39] 지혜(여리지)와 지혜(여량지)로 만물을 제도하는 것을 육바라
밀이라 하기 때문이고, 오직 하나뿐인 증득의 지혜로 두 진리를 둘 다 비
추고 무분별을 쓰기 때문에 "조금도 다르지 않다.(無異)"라고 한 것이다.
"정법을 섭수하는 자가 곧 바라밀이다."라고 한 것은 두 사물의 특징이
유사하다고 말하는 것이 아니니, 두 가지 진리라는 인식대상(境)은 달라질
수 없기 때문이고, 인식 주체(能)인 지혜도 그 체성이 또한 무명과 둘이기
때문이다.[40]

元曉云。無異波羅蜜者。明外化用不異理智。無異攝受正法者。顯如理智不
異量智。智智度物。名六度故。唯一證智。雙照二諦。用無分別。故曰無異。

---

[39] 『金剛三昧經論』에 "이지理智에서 이리는 관찰대상인 도리이고, 지智는 관찰주체인 지
혜이다. 진여의 도리와 이것을 깨닫는 지혜가 상응하는 것을 이지상응이라고 하고, 지
혜가 도리와 일치하는 것을 이지명합理智冥合이라 한다."(H1, 628c, 642a)라는 구절이
있다. 그리고 『二障義』(H1, 814ab)에는 "인연도리에 의한다면 인人이든 법法이든 있는
것도 아니고 없는 것도 아니다. 없는 것이 아니기 때문에 인과 법이 모두 존재하여 양
지量智에 의해 비추어진다고 할 수 있고, 있는 것이 아니기 때문에 인공人空과 법공法
空의 두 가지 공이 이지理智에 의해 증득되는 것이라 할 수 있다. 이지에 의해 증득된
것은 인과 법을 손상시키지 못하고 양지에 의해 비추어진 것은 두 가지 공을 무너뜨리
지 못한다."라는 구절이 있다.
[40] 『詳玄記』 권8(『佛全』 4, 84b2~6).

言攝受正法卽是波羅蜜者。非謂二物相似。由二諦境不得異故。能智體亦無明二故也。

소 4.4.3 바라밀이란 피안에 도달한다는 뜻이고, 무상無相의 피안이 그것의 행상이다. 두 가지 장애를 여의지 못한다면 피안에 도달한다고 하지 못할 것이다. 이것은 일곱 가지 가장 수승한 것 가운데 첫 번째이다. 그러므로 앞과 뒤로 두 가지 구별이 있는데, 여러 법사들이 자세하게 해석하고 있다. 정영 법사의 뜻풀이는 앞의 것은 자리행이지만 이지理智와 조금도 다르지 않다는 것이고, 뒤의 것은 자리행이고 외부의 다른 사람과 다르지 않다는 것이다. 원효에 의해 해석된 의미(義)와 상相도 또한 그러하다.[41]

波羅蜜者。到彼岸義。無相彼岸。是其行相。不離二障。不名到彼岸。是七最勝中之一。故前後二別。諸師委釋。淨影師意。前是自行。理智無異。後是自行。不異外他。元曉所釋。義相亦爾。

---

[41] 『詳玄記』 권8(『佛全』 4, 83a15~b2). 원효 소의 간접 인용문으로 보이는 이 구문이 김상현본에는 없지만 후쿠시본(2013, p.82)에는 수록되어 있다.

제5 일승장一乘章

경 5.1 부처님께서 승만에게 말씀하셨다.

"그대는 지금 일체 부처님들이 설하셨던 정법을 섭수하는 것을 다시 설명하라."

승만이 부처님께 아뢰었다.

"좋습니다, 세존이시여. 예, 가르침을 받겠습니다."

곧바로 부처님께 아뢰었다.

"세존이시여, 정법을 섭수한다는 것은 마하연입니다. 무엇 때문인가? 마하연이란 일체 성문·연각의 세간과 출세간의 선법善法을 출생시키기 때문입니다.[42] 세존이시여, 아뇩阿耨(Ⓢ anavatapta)이라는 호수에서 여덟 개의 큰 강을 흘려내는 것처럼, 이와 같이 마하연에서 일체 성문·연각의 세간과 출세간의 선법을 출생시킵니다. 또한 세존이시여, 일체 씨앗이 모두 땅에 의지하여 생장할

---

[42] 세간과 출세간의 선법에 대한 원효 소가 있었던 것 같다. 『詳玄記』(『佛全』 4, 111a2)에서 『寶窟』의 인용을 소개한 다음, 정영과 원효의 해설도 『寶窟』과 같다고 언급하기 때문이다. 이에 해당되는 『寶窟』의 내용은 다음과 같다. "세간과 출세간이란 앞의 이승 중에 견도 이전을 세간이라 하고, 견도 이후를 출세간이라고 한다. 또한 앞의 두 가지 중에서 세속의 선법을 세간이라 하고 아래에서 설해진 육처 등의 법과 같은 무루의 선법을 출세간이라 하나니, 아래의 네 가지 지智와 열반 등도 마찬가지이다. 지금은 장차 그 두 가지 중에 일체 선법이 모두 대大로부터 나오게 하기 위해 세간과 출세간이라 설한 것이다. 어떤 사람은 '대승으로부터 사과四果를 출생시키는 것이고, 성문과 연각은 곧 이승이므로 (여기에서) 세간이란 인천승을 말하고 출세간이란 보살승을 말하는 것이다'라고 한다. 지금은 전자의 해석으로써 정正을 삼을 것이다."(『佛全』 4, 110b10~16)

수 있는 것처럼, 이와 같이 일체 성문·연각의 세간과 출세간의 선법은 대승에 의지하여 증장할 수 있습니다. 그러므로 세존이시여, (어떤 자가) 대승에 머물면서 대승을 섭수하는 것[43]은 곧바로 이승에 머물면서 이승의 일체 세간과 출세간의 선법을 섭수하는 것이 됩니다.[44]

> 佛告勝鬘。汝今更說一切諸佛所說攝受正法。勝鬘白佛。善哉世尊。唯然受教。卽白佛言。世尊。攝受正法者。是摩訶衍。何以故。摩訶衍者。出生一切聲聞緣覺世間出世間善法。世尊。如阿耨大池。出八大河。如是摩訶衍。出生一切聲聞緣覺世間出世間善法。世尊。又如一切種子。皆依於地。而得生長。如是一切聲聞緣覺世間出世間善法。依於大乘。而得增長。是故世尊。住於大乘。攝受大乘。卽是住於二乘。攝受二乘一切世間出世間善法。

소 5.1.1 구룡은 (앞 장과) 이어지는 의미[45]를 분별하여 말했다.

---

43 대승에 머물면서~섭수하는 것 : 원문의 "住於大乘。攝受大乘。"이라는 구문에 대한 원효 소가 있었던 것 같다. 웅연이 『詳玄記』(『佛全』 4, 114b14~15)에서 "원효가 상세하게 해석하고 있지만 복잡할까 봐 인용하지 않는다."라고 언급하기 때문이다.
44 『勝鬘經』(T12, 219b5~15).
45 이어지는 의미(來意) : 내의來意는 앞 장과 관련되어 이어지는 의미라는 뜻이다. 『寶窟』의 설명을 예로 들면 '일승'이란 명칭이 경의 제목에도 나타나고 이어서 다섯 번째 장의 제목으로도 제시된 이유를 밝히는 맥락에서 이 단어가 활용된 것이다. 다시 말하면 경의 제목으로서 일승은 삼세제불이 세간에 출현하신 본래의 의도를 나타낸 그 체이고, 다섯 번째 장의 제목으로서 일승은 네 가지 측면에서 그 용용을 밝히고 있다는 의미이다. 첫째, 수행 차제에서 이것은 승만 부인이 처음 부처님을 찬탄하고 섭수를 요청한 이후 보리심을 일으키고, 그다음에 보살행을 수습하는데, 그 수습으로 인해 스스로 수계를 서원하고 그 원행이 이루어지면 정법을 증득해 깨달을 수 있다는 것을 드러내기 위해서이다. 둘째, 섭수의 측면에서 이것은 초지 이상 불지에 이르기까지 섭수장에서는 십지 이상에 오르는 것을 밝히기 위해서이고, 일승장에서는 그 불과를 밝히기 위해서이다. 셋째, 일문一門 인과 차제에서 이것은 처음 한 개의 장은 보리심을 일으키는 것이고, 다음 세 개의 장은 보살행을 수습하는 것이고, 일승장은 불과를 획득하는 것임을 설하기 위해서이다. 넷째, 설법 차제에서 이것은 앞의 세 장이 설법의 방편을 일으켜 사람과 법을 중요하게 여기어 헐뜯음을 그치고 의심을 제거하기 위한 것

앞의 섭수장에 올라타서 널리 나오게 하는 운용이다. 일승이 널리 수용하는 의미를 밝힌 것이기 때문에 다음 장으로 이어서 나온 것이다.[46]

丘龍辨來意云。乘前攝受。廣出之運。以明一乘普容之義。故次來也。

소 5.1.2 **문** 지금 해석에 의거하여 두 개의 경을 갖추어 조사해 보면 둘 다 근본으로부터 지말枝末로 흘러가고 지말을 포섭하여 근본으로 돌아가는 두 가지 의미를 밝히고 있다. 이를테면『묘법연화경』에서는 "일불승에 대해 분별하여 세 가지로 설한다."[47]라고 하고,『승만경』에서는 "마하연이란 일체 성문과 연각을 출생하는 것이다.……"라고 한다는 것이다. 둘 모두 근본으로부터 지말로 흘러간다는 뜻을 정正으로 하여 설명한 것이다. 그러나 지금 장에서 인용된 두 문장은 모두 지말을 포섭하여 근본으로 돌아간다는 뜻을 드러낸 것이다. 어찌 상相을 버리고 문장(文)을 따라 억지로 거스르는 문장을 인용하여 갑자기 뜻을 정립하게 함을 이루어서 인용된 증거가 어그러지고 멀어지게 하는가?

답 이 일은 실로 사유하기 어려운 것이다. 우선 한 의미를 살펴보건대, 무릇 점차를 열어 지말을 포섭하는 두 가지 문門이 서로 이루어지는 것이기 때문이다. 만약 근본으로부터 흘러갈 지말이 아니라면 지말을 포섭하여 근본으로 돌아간다는 의미도 있을 수 없다. 그렇다면 지금 너희들에 의해 지어진 등등의 문장에서 비록 지말을 포섭하여 근본으로 돌아가는 문이 정正이더라도 근본으로부터 지말로 흘러간다는 의미도 부가적으로(兼) 포함해야 할 것이다. 그러므로 인용을 증거로 삼은 것이니, 곧바로

이고, 섭수장 이후는 바로 종지를 열어 밝히는 것으로서 행법行法 가운데 섭수장과 일승장이 포함된다고 해설하는 등등이다.(『佛全』4, 94a5~b15)

46『詳玄記』권9(『佛全』4, 94b15~16).
47『妙法蓮華經』권2(T9, 13c17~18), "於一佛乘。分別說三。"

『승만경』에서 이런 취지를 정으로 설명한 것이다. 아래에 인용된 원효 소에서도 이것과 동일함을 볼 수 있다.[48]

> 問。今依解釋。具撿兩經。雙明從本流末。攝末歸本之二義。謂如妙經云。於一佛乘。分別說三。勝鬘經【中云】。摩訶衍者。出生一切聲聞緣覺等者。竝正說從本流末之義。然今章所引兩文。俱是顯攝末歸本之旨。何捨相順文。强引違文。忽致令立義。引證成乖隔哉。答。此事實難思。且案一義云。凡開漸攝末二門相成故。若非從本所流之末。則不可有攝末歸本之義。爾者今汝等所行等之文。雖正是攝末歸本門。而兼含從本流末意。故引爲證也。卽勝鬘經。正說此旨。可見下所引元曉疏也是一。

소 5.1.3 구룡은 말했다.

출생의 의미에는 두 가지가 있다. 첫째는 나온다(出)는 뜻이고 둘째는 생긴다(生)는 뜻이다. '나온다'는 뜻은 무엇인가? 섭수라 말하는 것이며 바로 증득의 지혜로서 대승의 실천(行)이라 한다. 하나의 지혜 안에 모든 실천을 갖추고 있어서 이승의 작은 실천도 유출할 수 있기 때문이며, 마치 호수의 물이 강물을 흘려 내는 것과 같기 때문이다. '생긴다'는 뜻은 무엇인가? 정법이라 하는 것이며 곧바로 법계로서 대승의 진리(理)라고 한다. 하나의 법계에 모든 덕성을 갖추고 있어서 이승의 작은 공덕도 생기게 할 수 있기 때문이며, 마치 대지의 특성이 모든 싹을 생기게 하는 것과 같기 때문이다. 그러나 생기는 대상과 나오는 대상이 둘도 아니고 별도의 것도 아니며, 나오는 주체와 생기는 주체도 조금도 다름이 없이 즉시(卽是)이다.

---

48 湛睿,『五敎章纂釋』『佛全』11, 101ab). 이 구문은 후쿠시본(2013, p.217)에만 수록되어 있다.

그러므로 이것을 출생과 조금도 다르지 않은 것으로서 정법을 섭수하는 것이라 설명하고 대승이라 한 것이다. 자신이든 다른 사람들이든 널리 실어 나르고 운반하여 나오게 하기 때문이다.[49]

丘龍云。出生之義。則有二種。一者出義。二者生義。出義云何。謂攝受者。正是證智。名大乘行。於一智內。具一切行。能出二乘少分行故。如大池水 出河水故。生義云何。謂正法者。卽是法界。名大乘理。於一法界。具諸德性。能生二乘少分德故。如大地性。生諸芽故。然所生所出。無二無別。能出能生。無異卽是。是故說此無異出生。攝受正法。名爲大乘。普載自他。而運出故。

소 5.1.4 구룡은 말했다.

"아뇩"이라는 호수는 대승의 내적 섭수에 대한 비유이고, "여덟 개의 강을 유출시킨다."라는 것은 이승의 여덟 가지 선법을 유출시킨다는 비유이다. "세간과 출세간의 선법"이란 여덟 가지 선법으로서 여덟 가지 강에 합하는 것이다.[50] 이를테면 세간의 선법은 두 가지가 있는데, 첫째 순해탈분順解脫分이고, 둘째 순결택분順決擇分이다. 또한 출세간의 선법도 두 가지가 있는데, 첫째 유학의 선법이고, 둘째는 무학의 선법이다. 두 가지 수레로서 네 가지라 한 것이고 그러므로 여덟 가지가 있다.[51]

---

49 『詳玄記』 권9(『佛全』 4, 111a2~9). 이 구문은 "묻는다. 나오는 것(出)과 생기는 것(生)은 같은 것인가? 다른 것인가?(問。出之與生爲同異耶。)"(『佛全』 4, 111a2)에 대한 대답으로 제시된 것이다. 김상현본(1993, 449~450)에는 이 내용이 수록되어 있지만 후쿠시본(2013, 82)에는 결여되어 있다.

50 이에 대해 응연은 성덕태자의 『勝鬘經義疏』에 "第二合可見"이라는 구문을 해석하면서 여덟 개의 큰 강이 어찌하여 합법인가라는 질문에 대해 『寶窟』의 사가四家와 원효의 해설을 언급하고 있다.(『佛全』 4, 113b4~5)

51 『詳玄記』 권9(『佛全』 4, 113a9~12).

丘龍云。阿耨大池。喩於大乘之内攝受。出八河者。喩出二乘八種善法。世
出世善法者。八種善法。合於八河。謂世間善。有二種。一順解脫分。二順決
擇分。出世善亦有二。一有學善法。二無學善法。二乘名四。故有八也。

소 5.1.5 원효는 말했다.

"대지"라고 말한 것은 대승의 내적 정법에 대한 비유이다. "일체 씨앗"
이란 정법 내부의 갠지스강의 모래알만큼 많은 덕성을 비유한 것이다.
"땅에 의지하여 생장한다."라는 것은 새싹과 줄기의 생장이 모두 대지에
의지한다는 것이며, 세간적 선근의 생기와 출세간적 선법의 증장에 대한
비유이다.[52]

元曉云。言大地者。喩於大乘之内正法。一切種子者。喩正法內恒沙德性。
依地生長者。芽莖生長。皆依大地。喩於世間善根之生。及與出世善法之
長也。

경 5.2 예를 들면 세존께서 설명하셨던 육처가 그것입니다. 무엇이 여섯
가지인가? 이를테면 정법에 의한 머묾, 정법에 의한 소멸,[53] 바라제목차(⑤
prātimokṣa), 비니(⑤ vinaya), 출가, 구족계를 수지하는 것으로서 대승을 위해 이
러한 육처로 설한 것입니다. 무엇 때문인가? '정법에 의한 머묾'이란 대승을 위
해 설명한 것이므로 대승에 의한 머묾이 곧바로 정법에 의한 머묾이 됩니다.

---

52 『詳玄記』 권9(『佛全』 4, 113b16~114a2).
53 정법에 의한~의한 소멸 : 원문의 "正法住。正法滅。"은 원효 소를 참조하여 각각 '정법
  에 의한 머묾', '정법에 의한 소멸'이라 번역한다. 원효는 '正法住'는 증상심학을 성취할
  수 있고 한 대상에 머물 수 있는 수다라장으로, '正法滅'은 증상혜학을 성취할 수 있고
  번뇌를 단멸하는 달마장으로 해석하기 때문이다.

'정법에 의한 소멸'이란 대승을 위해 설명한 것이므로 대승에 의한 소멸은 곧 바로 정법에 의한 소멸이 됩니다. 바라제목차와 비니라는 이 두 가지 교법은 그 의미는 동일하지만 명칭이 다른 것입니다. 비니란 곧바로 대승학입니다. 왜냐하면 부처님에게 의지한 출가이고 구족계 수지이기 때문입니다. 그러므로 대승의 위의계가 비니이고, 출가이고, 구족계 수지라고 설명한 것입니다. 그런 까닭에 아라한에게는 출가와 구족계 수지가 없습니다. 왜냐하면 아라한일지라도 여래에게 의지한 출가이고 구족계 수지이기 때문입니다.[54]

如世尊說六處。何等爲六。謂正法住。正法滅。波羅提木叉。比尼。出家。受具足。爲大乘故。說此六處。何以故。正法住者。爲大乘故說。大乘住者。卽正法住。正法滅者。爲大乘故說。大乘滅者。卽正法滅。波羅提木叉。比尼。此二法者。義一名異。比尼者。卽大乘學。何以故。以依佛出家。而受具足。是故說大乘威儀戒。是比尼。是出家。是受具足。是故阿羅漢。無出家受具足。何以故。阿羅漢依如來出家。受具足故。

소 5.2.1 원효는 말했다.

육처는 곧 소승의 교법으로서 삼장이다. 배워야 할 처處이기 때문에 처處라고 한 것이다. "정법에 의한 머묾"이란 수다라장이다. 정교正敎의 법을 "정법"이라 하는데 이 정법으로 증상심학을 성취할 수 있고, 한 경계에 대해 머물 수 있다. 그러므로 "주住"라 한 것이며, 오래된 뜻[55]에서 합

---

54 『勝鬘經』(T12, 219b15~24).
55 오래된 뜻(久義) : 원문의 '久義'는 뒤 구절의 '文義'를 고려할 때, 필사 과정에서 '久'를 '文'으로 오기했을 가능성이 있으며 그렇게 본다면 이 구절은 '문장의 뜻에서'라고 번역해야 옳다. 하지만 문맥상으로 볼 때 '久義'는 오래전부터 전승해 온 의미를 고려한다는 뜻이 되며, 그런 차원에서 정법에 의한 머묾이 소승의 수다라장임을 가리킨다.

하고 취해 '정법에 의한 머묾'이라 한 것이다. "정법에 의한 소멸"이란 달마장이다. 이것은 정법의 말씀이고 또한 능전을 든 것이다. 이 법으로 증상혜학을 성취할 수 있고 번뇌를 단멸하기 때문에 "소멸"이라 한 것이니, 문장의 뜻에 합해 제시하여 정법에 의한 멸장滅藏이라 한 것이다.[56]

> 元曉云。六處即是小乘法三藏。是所學處。故名爲處。正法住者。是多羅藏。正敎之法。名爲正法。此法能成增上心學。能住一境。故名爲住。久義合取。名正法住。正法滅者。是達磨藏。正法之言。亦擧能詮。此法能成增上惠學。斷滅煩惱。故名爲滅。文義合擧。名正法滅藏。

소 5.2.2 원효 법사는, 정법에 의한 머묾과 소멸은 경장과 논장이고, 바라제목차 등 네 가지는 비니장을 연 것이라 해석하고 있다.[57]

(그렇게) 해석한 이유를 말한다. 무엇 때문에 이 장藏(율장)은 따로 네 가지로 열었는가? 근본과 지말, 포섭함과 들어감의 뜻을 나타내기 위해서이다. 왜인가? 바라제목차는 지말이고 나온 것이 비니로부터이므로, 근본인 비니가 그 지말을 포섭할 수 있기 때문이다. 이와 같이 포섭의 의미는 이승이 알아야 할 대상이니, 이 실례가 대승이 포섭하는 의미를 표시한다. 이를테면 육처는 지말이고 나온 것이 대승으로부터이므로, 근본인 대승이 그 지말을 포섭할 수 있기 때문이라는 것이다. 또한 출가란 소분의 계이고 구족계 수지란 구족계이다. 소분의 계를 지니고 구족계로 들어가며, 구족계에 들어갈 때 별도의 소분의 계가 없기 때문이다. 이와 같이 들어간다는 의미도 또한 그들(이승)이 알아야 할 대상이니, 이 실례가 대승에 들어간다는 의미를 표시하기 때문이다. 이를테면 이승이란 소분의

---

[56] 『詳玄記』 권10(『佛全』 4, 122b8~13).
[57] 이 구문은 『詳玄記』(『佛全』 4, 80b13~14)의 전후 문맥을 참고하면 바로 앞에 서술된 원효 소에 대한 응연의 요약이라 할 수 있다.

수레이고, 여래와 대승은 원만한 수레이므로, 소분의 수레를 가지고 원만한 수레에 들어가며, 원만한 수레에 들어갈 때 별도의 소분의 수레가 없기 때문이라는 것이다. 이와 같이 포섭함과 들어감의 의미를 표시하기 위해 비니에 대한 문장의 의미를 별도로 연 것이다.[58]

> 彼師解釋。正法住滅。是經論藏。木叉等四。開毗尼藏。釋所以云。何故此藏別開爲四。爲顯本末攝入義故。何者。木叉是末。出自毗尼。毗尼是本。能攝其末。如是攝義。二乘所知。因此例表大乘攝義。謂六處是末。出自大乘。大乘是本。能攝其末故。又出家者。是少分戒。受具足者。是具足戒。將少分戒。入具足戒。入具足時。無別少戒。如是入義。亦彼所知。因此例表入大乘義。謂二乘者。是少分乘。如來大乘。是圓滿乘。將少分乘。入圓滿乘。以入圓滿乘時。無別少分乘故。爲表如是攝入之義故。於毗尼文義別開也。

소 5.2.3 구룡은 말했다.

"대승을 위해 이러한 육처로 설한다."라는 것은 근본으로써 지말을 포섭한다는 뜻을 바로 드러낸 것이다. 이승인이 점차 대승에 들어가게 하기 위해 육처로 설명한 것이므로 대승을 여의지 않는다.[59]

> 丘龍云。爲大乘故。說此六處者。正顯以本攝末之意。爲二乘人漸入大乘故。說六處。不離大乘。

소 5.2.4 구룡은 말했다.

---

[58] 『詳玄記』 권10(『佛全』 4, 122b14~123a6). 이 구문은 김상현본(1993, p.450)과 후쿠시본(2013, 83)에 모두 결여되어 있다.
[59] 『詳玄記』 권10(『佛全』 4, 124a2~4).

"대승에 의한 머묾이 곧바로 정법에 의한 머묾이다."라는 것은 대승이 광대할지라도 증상심학 안의 거칠고 얕은 부분이므로 정법에 의한 머묾이라 한 것이다. 그 때문에 정법에 의한 소멸이라는 뜻도 마땅히 그렇게 알아야 할 것이다.[60]

丘龍云。大乘住者。卽正法住者。大乘廣大。心學之內。麁淺之分。名正法住。故正法滅義。當知亦爾。

소 5.2.5 『내전록』과 함께 『법화경』에서도 "시방불토······"[61]의 문장을 인용하여 오직 일승계일 뿐이라는 등의 의미를 성립시키고 있다. 향상香象과 구룡 등 법사들의 설명 방식도 또한 같고, 예전부터 내려온 가장 극치의 일승계법도 그러하다. 오직 일승계일 뿐이라고 모든 하열한 근기를 지닌 자를 위해 대大 가운데 분分을 들추어내고, 큰 근기를 지닌 자에게 본디 원래부터 일승임을 보게 한 것이다. 향상의 『탐현기』에서도 곧 "『문수문경』의 열여덟 개와 근본 두 개가 모두 대승으로부터 나온 것이다.······"[62]라는 문장을 인용하고 있다. 구룡【해동 원효】의 『승만경소』에서는 오로지 유일한 대승계의 의미만 밝히고 있다.[63]

竝內典錄引法華經。十方佛土等文。成立唯一乘戒等義。香象丘龍等師。義

---

60 『詳玄記』 권10(『佛全』 4, 124a17~c1).
61 『大唐內典錄』 권7(T55, 296b2~3), "故經云。十方佛土。惟有一乘。隨宜方便故說三敎。"; 『妙法蓮華經』 권1(T9, 8a17~18), "十方佛土中。唯有一乘法。無二亦無三。除佛方便說。"
62 『華嚴經探玄記』 권1(T35, 115a24~26), "文殊問經云。十八及本二皆從大乘出。普超三昧及入大乘論意並同此。"; 『文殊師利問經』 권하(T14, 501b26~29), "摩訶僧祇部。分別出有七。體毘履十一。是謂二十部。十八及本二。悉從大乘出。無是亦無非。我說未來起。"
63 『律宗綱要』(T74, 9b8~14). 이 구문은 후쿠시본(2013, p.93)에만 수록되어 있다.

途亦同。自昔已來最極一乘戒法亦爾。唯一乘戒。爲諸小機。摘大中分。大機見本元來一乘。香象探玄記。卽引文殊問經。十八及本二。皆從大乘出等文。丘龍【海東元曉】勝鬘經疏。專明唯一大乘戒義。

소 5.2.6 구룡은 말했다.

근본은 지말을 포섭하고 지말은 근본을 여의지 않기 때문에 "두 가지 법法(바라제목차, 비니)이 그 의미는 동일하지만 명칭은 다른 것"이라 한 것이다.[64]

丘龍云。以本攝末末不離本故。言二法義一名異。

소 5.2.7 원효는 말했다.

큰 것은 작은 것을 포섭하고 작은 것은 큰 것을 여의지 않기 때문에 "비니가 곧 대승학"이라 한 것이다.[65]

元曉云。以大攝小小不離大故。言毗尼卽大乘學。

소 5.2.8 원효는 말했다.

무엇 때문에 소승의 비니가 곧바로 대승의 배워야 할 대상이 되는가? 그러므로 "왜냐하면 부처님에게 의지한 출가이고 구족계 수지이기 때문

---

[64] 『詳玄記』 권10(『佛全』 4, 124b16~17).
[65] 『詳玄記』 권10(『佛全』 4, 125a3~4).

이다."라고 한 것이며, 소전所詮의 계가 부처님으로부터 받은 것이고 대승을 여읜 것이 아님을 밝힌 것이다. 그 때문에 그 능전能詮도 부처님으로부터 나온 것이고 곧바로 대승인 것이다.[66]

> 元曉云。何以小乘毗尼。卽是大乘所學。故言何以故。以依佛出家而受具足者。明所詮戒。從佛而受。又[1)]離大乘。故其能詮。亦從佛出。卽是大乘。
>
> 1) ⓔ『五教章纂釋』(『佛全』11, 105下1)에는 '又'가 '不'로 되어 있다.

소 5.2.9 구룡은 통틀어 위의 문장에 대해 해석하면서 말했다.

"대승의 위의계가 비니"라고 설한 것은 능전과 다르지 않다는 것이고, "이것이 출가이고 구족계 수지"라는 것은 소전과 다르지 않다는 것이다. 대승의 계는 통틀어 삼업을 단속하여 내적으로 작은 부분에서조차 몸과 말의 끝을 단속하는 것이며, 이승을 위해 설한 것이므로 위의계라고 한 것이다.[67]

> 丘龍通上文釋云。說大乘威儀戒是毗尼者。能詮不異也。是出家是受具足者。所詮不異也。大乘之戒。通遮三業。於內少分。遮身口邊。爲二乘說。名威儀戒也。

소 5.2.10 원효는 말했다.

그 소승이 대승과 다르다면 아라한에게 별도로 비니를 세워야 할 것이

---

66 『詳玄記』 권10(『佛全』4, 125a9~11).
67 『詳玄記』 권10(『佛全』4, 126b5~8).

고 별도로 출가하여 구족계를 수지하는 무리가 있어야 할 것이다. 그러나 그들에게 별도의 가르침(別敎)을 세울 수 없기 때문에 별도로 출가하여 구족계를 수지하는 무리도 없다. 그러므로 "아라한에게 출가가 없다.……"라고 말한 것이다. 이로 말미암아 별도의 수레(別乘)가 된 것은 아니라고 알아야 할 것이다.[68]

> 曉云。如其小乘異大乘者。則應羅漢別立毗尼。別有出家受具足衆。而彼不能立別敎故。無別出家受具足衆。故言羅漢無出家等。由是當知非爲別乘。

소 5.2.11 원효는 말했다.

무엇 때문에 별도로 출가하여 구족계를 받는 자가 없는가? 부처님의 교법(佛敎)에 의지하여 출가하여 구족계를 수지해야 하고, 자기 몸으로는 이미 자력으로의 출가가 불가능하기 때문이다. 그러므로 출가와 구족계 수지를 별도로 세우는 가르침을 얻을 수 없으며, 마땅히 별도의 수레가 아니라 오직 일불승일 뿐이라고 알아야 할 것이다. 그 때문에 "여래를 의지하여 출가하고 구족계를 수지한다."라고 한 것이다.[69]

> 曉云。何故無別出家受具者。由依佛敎出家受具。己身旣不能自力而出家。故不得別立出家受具敎。當知非別乘。唯是一佛乘。故言依如來出家受具足。

소 5.2.12 원효는 말했다.

---

68 『詳玄記』권10(『佛全』4, 126b9~12).
69 『詳玄記』권10(『佛全』4, 126b13~16).

이 삼학 가운데 별해탈계는 곧 순해탈분의 선근을 포섭하고, 선정과 반야라는 두 가지 학學은 곧 순결택분의 선근을 포섭한다. 삼학의 증상增上이 유학과 무학의 선법을 갖추어 포섭하기 때문에 이것은 삼장이다. 육처라는 교법은 이승의 세간과 출세간의 선善을 통틀어 포섭하므로 아라한도 이미 그러하고, 독각도 또한 그러하다. 그 근본이 반드시 여래의 가르침에 의지하고 있기 때문이다. 다만 성문인은 마침내 가르침을 여의지 못하므로 이 가운데 아라한만 치우쳐 설할 뿐이다.[70]

曉云。此三學中。別解脫戒。卽攝順解脫方[1]善根。定惠二學。便攝順決擇分善根。三學增上。具攝有學無學善法。故此三藏。六處之法。通攝二乘世出世善。羅漢旣爾。獨覺亦然。其本必依如來敎故。但聲聞人。終不離敎。故於此中。偏說羅漢耳。

1) ㉾ '方'은 '分'인 듯하다.

소 5.2.13 원효 소 상권에서 말했다.

"여세존如世尊"이라 한 것은 그 근본을 표시한 것이고, "설육처說六處"는 그 지말을 표시한 것이다. 앞에서 지말이 근본과 다르지 않다고 한 뜻을 이어 그 실례로써 근본을 들어 지말을 포섭하는 특징을 나타낸 것이다. 그러므로 "세존께서 설하셨던 육처와 같다."라고 하였다. 이는 곧 앞의 처處에서 성문·독각의 세간과 출세간의 선법을 출생했지만, 세존은 오히려 앞에서 대승의 지극함을 출생할 수 있으므로 세존이라 한 것이며, 그 때문에 육처는 곧 소승의 삼장이 된다. ○ "정법에 의한 머묾"이란 수다라장이다. 정교의 법을 '정법'이라 하는데 이 법으로 증상심학을 성취할 수

---

70 『詳玄記』 권10(『佛全』 4, 127a3~8).

있고, 한 경계에 대해 머물 수 있으므로 "주住"라 한 것이다. 오래된 뜻에서 합하고 취해 "정법에 의한 머묾"이라 한 것이다. "정법에 의한 소멸"이란 달마장이다. (이것은) 정법의 말씀이고 또한 능전을 든 것이다. 이 법으로 증상혜학을 성취할 수 있고 번뇌를 단멸하기 때문에 "소멸"이라 한 것이니, 문장의 뜻에 합해 제시된 것이고 정법에 의한 소멸이라 한 것이다. 아래의 네 가지 처處는 비니장을 연 것이다. 능전과 소전에 대해 각각 두 가지로 분류하기 때문이다. "바라제목차"는 곧 대략의 어구이다. 이것을 번역하면 별해탈계라 하며, 소전의 법으로부터 능전의 가르침을 지목한 것이다. "비니"라고 말한 것은 상세한 어구이다. 이것을 소멸이라고 하며, 또한 소전으로부터 능전을 지목한 것이다. 출가라 한 것은 사미의 계이고, 구족계를 받는다는 것은 큰 승려(大僧)의 계이니, 이 두 가지는 그 소전의 교법을 연 것이다. "대승을 위해 이 육처로 설명한다."라는 것은 근본으로써 지말을 포섭한다는 뜻을 바르게 나타낸 것이다. 이승인이 점차로 대승에 들어가게 하기 위해 육처로 설명한 것이므로 대승을 여의지 않는다. "무엇 때문인가(何以故)" 이하는 두 번째로 자세하게 해석한 것이다. "대승에 의한 머묾이 곧바로 정법에 의한 머묾이다."라는 것은 대승이 광대할지라도 증상심학 안의 거칠고 얕은 부분이므로 정법에 의한 머묾이라 한 것이다. 그 때문에 정법에 의한 소멸이라는 뜻도 마땅히 그렇게 알아야 할 것이다.[71] "비니가 곧바로 대승학"이라 한 것은 능전으로 포섭한다면 대승과 다르지 않다는 것이다. 아래에서 "학學"은 소전과 다르지 않다는 뜻이므로 비니를 성취한 것이 대승의 의미라고 해석한 것이다. "왜냐하면 부처님을 의지하여 출가하고 구족계를 수지하기 때문이다."라고 한 것은 소전의 계가 부처님으로부터 받은 것이며, 대승을 여읜 것이 아님을 밝힌 것이다. 그 때문에 그 능전도 부처님으로부터 나온 것이며

---

[71] 이 구문은 김상현본(1993, p.450, ③)에서 소개하고 있다.

곧바로 대승인 것이다. 그 소승이 대승과 다르다면 아라한에게 별도로 비니를 세워야 할 것이고 별도로 출가하여 구족계를 받아야 하는 무리가 있어야 할 것이다. 그러나 그들에게 별도의 가르침을 세울 수 없기 때문에 별도로 출가하여 구족계를 받아야 하는 무리도 없다. 그러므로 "아라한에게 출가가 없다.……"라고 말한 것이다. 이로 말미암아 "마땅히 별도의 수레가 된 것이 아니다.……"라는 문장을 알아야 할 것이다.[72]

元曉疏上卷云。言如世尊者。是標其本。說六處者。是標其末。乘前末不異本之義。例顯舉本攝末之相。故言如世尊說六處。卽是前處出生聲聞獨覺世出世法。世尊猶是前能出生大乘至極名世尊。故六處卽是小乘三藏。○[1]正法住者。是修[2]多羅藏。正敎之法。名爲正法。此法能成增上心學。能住一境。故名爲住。文[3]義合取。名正法住。正法滅者。是達磨藏。正法之言。又[4]擧能詮。此法能成增上惠學。斷滅煩惱。故名爲滅。文義合擧。名正法滅。[5] 下之四處。開毘尼藏。能詮所詮。各分二故。波羅提木叉者。卽是略文。此翻名爲別解脫戒。從所詮法。目能詮敎也。言毘尼者。卽是廣文。此云名滅。亦從所詮。目能詮也。言出家者。是沙彌戒。受具足者。是大僧戒。是二開其所

---

[72] 湛叡,『五敎章纂釋』제7(『佛全』11, 104b16~105b5). 이 구문은 후쿠시본(2013, p.217)을 참고하여『佛全』11에서 발췌하여 재편집한 것이다. 앞 구문인 "言如世尊者。是標其本。說六處者。是標其末。乘前末不異本之義。例顯舉本攝末之相。故云如世尊說六處。卽是前處聲聞。" 이하의 문장은 鳳潭의『華嚴五敎章匡眞鈔』에도 다음과 같이 인용되어 있다. "如世尊【元曉疏云。是標其本。】說六處。【是標其末。乘前末不異本之義。例顯舉本攝末之相。故云如世尊說六處卽是前處聲聞等。】何等爲六。謂正法住正法滅彼羅提木叉。毘尼。出家。受具足。爲大乘。故說此六處。何以故。正法住者。爲大乘故。乃至。毘尼者。卽大乘學。何以故。以依佛出家。而受具足。是故說大乘威儀戒是比丘。是出家。是受具足。是故阿羅漢無出家受具足。何以故。阿羅漢依如來出家。受具足故。"(T73, 329c26~330a6) 봉담에 의해 인용된 이 구문은 이후 普寂의『華嚴五敎章衍秘鈔』(T73, 649b29~c2)에서도 재차 인용되고 있는데, 그 내용은 다음과 같다. "又經等者。是勝鬘經之文也。如匡眞引。元曉疏及寶窟等。廣辨六處。可見。" 한편 중간의 몇몇을 제외한 나머지 단락은 김상현본(1993, p.450)에 수록되어 있다.

詮法也。⁶⁾ 言爲大乘故說此六處者。正顯以本攝末之意。爲二乘人漸入大乘故。說六處。不離大乘也。⁷⁾ 何以故下。第二廣釋。⁸⁾ 大乘住者。卽正法住者。大乘廣大。心學之內。麤淺之分。名正法住。故正法滅義。當知亦爾。言毘尼卽大乘學。是攝能詮不異大乘。下學所詮不異之義。釋成毘尼是大乘義。⁹⁾ 言何以故以依佛出家而受具足者。明所詮戒。從佛而受。不¹⁰⁾離大乘。故其能詮。亦從佛出。卽是大乘。如其小乘異大乘者。卽應羅漢別立毘尼。別有出家受具足衆。而彼不能立別敎故。無別出家受具足衆。故言羅漢無出家等。由是當知非爲別乘等【文】。

1) ㉦ 이 표시는 원문에 있는 것이다(『佛全』 11, 105a04). 2) ㉦ 김상현본(1993, p.450, ①)에는 '修'가 없다. 3) ㉦ 『詳玄記』(『佛全』 4, 122b11)에 인용된 원효 소에는 '文'이 '久'로 되어 있다. 번역은 『詳玄記』를 따른다. 4) ㉦ 김상현본(1993, p.450, ①)에는 '又'가 '亦'으로 되어 있다. 5) ㉦ 김상현본(1993, p.450, ①)에는 '滅' 뒤에 '藏'이 있다. 6) ㉦ '下之四處。開毘尼藏。⋯⋯是大僧戒。是二開其所詮法也。'의 구문은 『詳玄記』에 인용된 원효 소에는 없다. 7) ㉦ 김상현본(1993, p.450, ②)에는 '也'가 없다. 8) ㉦ '何以故下。第二廣釋。'의 구문은 『詳玄記』에 인용된 원효 소에는 없다. 9) ㉦ '言毘尼卽大乘學。是攝能詮不異大乘。下學所詮不異之義。釋成毘尼是大乘義。'의 구문은 『詳玄記』에 인용된 원효 소에는 없다. 10) ㉦ 김상현본(1993, p.450 ⑥)에는 '不'이 '又'로 되어 있다.

경 5.3 아라한은 부처님에게 귀의해야 하는 자이고 아라한은 공포를 지닌 자입니다. 왜냐하면 아라한일지라도 일체의 행에 대해 두렵다는 상상에 머물기 때문이며[73] (그것은) 마치 칼을 쥔 자가 다가와서 자신을 해치려고 할 때

---

73 일체의 행에~머물기 때문이며 : 이 구절은 *Ratnagotravibhāgaḥ*에 다음과 같이 인용되어 있다. "왜냐하면 후유를 파괴한 아라한들에게조차도 습기들이 끊어지지 않았기 때문에 항상 모든 행들에 대해 예리한 공포의 관념이 눈앞에서 일어나기 때문일 것이다.(yasmād arhatām api kṣīṇa-punarbhavānām aprahīṇatvād vāsaṃnāyāḥ satata-samitaṃ sarva-saṃskāreṣu tīvrā bhaya-saṃjñā pratyupasthitā bhavati syād)"(ed., 안성두, 2011, 93) 이 내용과 대응되는 보리류지 한역인 "아라한에게 공포가 있으므로 여래에게 귀의해야 합니다. 왜냐하면 일체행에 대해 두렵다는 관념에 머물기 때문입니다.(阿羅漢。有怖畏想。歸依如來。何以故。於一切行。住怖畏想)"(T11, 675a22~23)라는 내용을 대조해 보면 원문의 "於一切無行。怖畏想住。"에서 '無'는 잘못 표기되었을 가능성이 있다. 따라서 해석하지

와 같습니다. 그러므로 아라한에게는 구경의 즐거움이 없습니다. 무엇 때문인가? 세존이시여, (아라한은) 귀의처를 추구하지 않는 자에 대해 귀의하는 자이며, 마치 중생들이 귀의처가 없어서 이러저런 공포를 지니고, 그 공포 때문에 곧 귀의처를 구하는 것과 같기 때문입니다. 그처럼 아라한에게는 두려움이 있으며, 그 두려움 때문에 여래에게 귀의해야 합니다.[74]

阿羅漢歸依於佛。阿羅漢有恐怖。何以故。阿羅漢。於一切無行。怖畏想住。如人執劍。欲來害己。是故阿羅漢。無究竟樂。何以故。世尊。依不求依。如衆生無依。彼彼恐怖。以恐怖故。則求歸依。如阿羅漢有怖畏。以怖畏故。依於如來。

소 5.3.1 원효는 말했다.

아라한이 원인의 단계(因位)에 있을 때 부처님을 의지하여 출가하고 구족계를 받지만, 지금처럼 결과의 단계(果位)에 도달할 때도 부처님에게 귀의해야 한다는 것을 밝히고자 한 것이다. 부처님은 네 가지 공덕을 갖추고 있기 때문에 귀의할 대상이 되고, 아라한은 (그 공덕을) 갖추지 못했기 때문에 귀의하는 주체가 된다.[75]

元曉云。欲明羅漢在因之時。依佛出家。而受具戒。今至果時。亦歸佛。佛具四德。故爲所依。羅漢不具。故爲能歸。

소 5.3.2 또한 구룡은 밝혔다.

않는다.
74 『勝鬘經』(T12, 219b24~29).
75 『詳玄記』권10(『佛全』4, 127b1~3).

"두려움을 일으킬 때"라는 부분에서 아래 해석된 문장이 있는 곳까지 인용하면서 이 가운데 오직 아라한에게만 귀의와 공포가 있다고 제시한 것이며, 연각에게 귀의가 있고 공포가 있다는 언급은 하지 않고 있다.[76]

丘龍亦明。生怖時分。可至下所釋文處引。此中唯擧羅漢。有歸及怖。不言緣覺有歸有怖。

🔲 5.3.3 구룡은 말했다.

아라한과는 두 수레바퀴에서 미혹이 끝난 것이고 세 가지 유有에서 허물이 달아난 것이다. 어떻게 공포가 있겠는가?[77]

丘云。阿羅漢果。二輪惑盡。三有過失。何故有怖。

🔲 5.3.4 원효는 말했다.

멸제와 도제가 아직 원만하지 않았기 때문에 두려워해야 할 대상이 있고, 고제와 집제가 아직 끝나지 않았기 때문에 무서워해야 할 대상이 있다.[78]

元曉云。滅道未滿。故有所恐。苦集未盡。故有所怖。

---

76 『詳玄記』 권10(『佛全』 4, 127b12~14).
77 『詳玄記』 권10(『佛全』 4, 128a5~6). 이 구문은 다음과 같은 질문에 대한 대답으로 서술된 것이다. "『보굴』에서 말한다. 여래께서 예전에 나머지 다른 계경 중에 항상 아라한은 공포에서 떠난 자라고 설명하셨거늘 지금 여기에서는 무엇 때문에 두려움이 있다고 설하시는가?(窟云。如來昔於餘契經中。常說羅漢離於怖畏。今此何故說言有畏。)"(『佛全』 4, 128a3~5)
78 『詳玄記』 권10(『佛全』 4, 128a15~16).

소 5.3.5 원효는 말했다.

이 사람들은 종래부터 고통을 두려워하는 속성이 있었고 지금도 고통이 아직 끝나지 않았음을 알고 있기 때문에 구경의 즐거움이 없는 것이고, 구경의 즐거움이 없기 때문에 두려움이 있는 것이다. 아라한은 어느 때에 이와 같은 공포를 일으키는가? 만약 그가 종성이 결정되지 않은 성문이라면 유여의有餘依에 있을 때 두려움을 일으켜 대승으로 나아갈 것이다. 만약 그가 한결같이 적멸로만 나아가는(一向趣寂) 이승이라면 무여열반에 들어감을 결정하고서 8만 겁에서 만 겁 이후 마음을 일으킬 때 두려움을 일으켜 대승으로 나아갈 것이다. 이것을 설할 수 없는 것은 부정종성(不定性)을 위해서이니,『유가사지론』에서 "종성이 결정되지 않은 자는 오직 유여의에 머물면서 귀의할 때 마음을 돌이켜 대승으로 나아간다."[79]라고 설하고 있기 때문이다.[80]

曉云。此人從來。畏苦之性。今知苦未盡。故無究竟樂。究竟樂無故。有怖畏。羅漢何時。發如是怖。若其不定種性聲聞。有餘依時。發怖趣大。如其一向趣寂二乘。決定入於無餘涅槃。八萬乃至。十千劫後。生心之時。發怖趣大乘。不可說此。爲不定性。瑜伽論說。不定性者。唯住有餘。依時廻心趣大故。

소 5.3.6 원효는 말했다.

무엇 때문에 부처님은 귀의할 대상이 되고 아라한은 귀의하는 주체가 되는가?[81]

---

79 『瑜伽師地論』권80(T30, 749b23~25) 참조.
80 『詳玄記』권10(『佛全』4, 129a4~9).
81 『詳玄記』권10(『佛全』4, 129a12).

曉云。何故佛爲所依。阿羅漢爲能歸。

소 5.3.7 원효는 말했다.

아라한은 공포가 있으므로 반드시 귀의할 대상(所依)을 구한다. 그 때문에 귀의하는 주체(能依)가 된다. 부처님은 구경에 이른 분이므로 더 이상 귀의처를 구하지 않는다. 그 때문에 귀의할 대상이 된다. 그러므로 "귀의처를 구하지 않는 자에 대해 귀의하는 자"라고 한 것이다.[82]

曉云。羅漢有怖。必求所依。故是能依。佛至究竟。更不求依。故爲所依。故言依於不求依也。

소 5.3.8 원효는 말했다.

비유 중에 귀의처가 없다(無依)라고 한 것은 마치 의지처가 없어서 많은 공포를 지닌 하열한 사람과 같다. 그러므로 "그런저런 공포가 있고 그 때문에 곧바로 귀의처를 구한다."라고 한 것이다. 이 첫 번째 비유에 대해 두 가지 의미를 통틀어 드러내면, 아라한에게 공포가 있기 때문에 곧 귀의처를 구한다는 수순의 비유는 '동일하다는 비유'이고, 여래에게 공포가 없기 때문에 귀의처를 구하지 않는다고 반대로 드러낸 것은 '다르다는 비유'이다.[83]

曉云。喩中言無依者。如下劣人。無所依持。多有恐怖。故言彼彼有恐怖。故

---

[82] 『詳玄記』 권10(『佛全』 4, 129a16~b1).
[83] 『詳玄記』 권10(『佛全』 4, 129b4~8).

則求歸依。此一喩中。通顯二義。順喩羅漢有恐怖故。則求歸依。是同比喩。
反顯如來無恐怖故。則不求依。爲異比喩。

소 5.3.9 원효는 말했다.

합合 중에 아라한에게 두려움이 있기 때문에 여래를 의지해야 한다고 한 것은 귀의의 대상(所依)으로서 여래와 귀의를 추구하지 않는 분이라는 두 의미를 통틀어 합한 것이기 때문이다.[84]

曉云。合中。羅漢有怖故。依如來者。通合二義。所依如來不求依故。

경 5.4 세존이시여, 아라한과 벽지불에게는 두려움이 있으므로 아라한과 벽지불은 유여有餘[S] sopadhi-śeṣa)입니다. 태어나야 할 속성(生法)이 끝나지 않았기 때문에 재생이 있고 남음이 있으며, 범행이 완성되지 않았기 때문에 순수한 사태가 아니고, 구경이 아니기 때문에 마땅히 지어야 할 것이 있으며, 그것을 넘어서지 못했기 때문에 마땅히 끊어야 할 것이 있고, (그것을) 끊어버리지 못했기 때문에 거리가 열반계涅槃界와 멀어진 것입니다.[85] 왜냐하면 오직 여래·응공·정등각자만 일체 공덕을 성취한 완전한 열반(般涅槃)을 얻기 때문이

---

84 『詳玄記』권10(『佛全』4, 129b8~10). 후쿠시본(2013, p.84)에는 이 구문이 결여되어 있다.
85 이 구절은 초기불전에서부터 전승된 아라한과를 성취한 성자들이 해탈 직전 통찰한 네 가지 지혜를 아라한과 벽지불에게 두려움이 남아 있다는 측면에서 재구성한 것으로 보인다. 초전법륜에서부터 정형화된 아라한의 해탈적 통찰이라 알려진 네 가지 지혜는 "'나에게 태어남은 파괴되었고, 범행은 완성되었고, 행해져야 할 것은 행해졌고, 더 이상 후유는 없다'고 나는 분명하게 안다.(kṣīṇā me jātiḥ; uṣitaṃ brahmacaryam; kṛtaṃ karaṇīyam; nāparam asmād bhavaṃ prajānāmīti)"(*The Gilgit manuscript of the Sanghabhedavastu : being the 17th and last section of the Vinaya of Mulasarvastivadin*, partⅠ, ed. Raniero Gnoli, 1977, 139)라는 구문으로 알려져 있다. 한역의 경우, 이와 대응하는 『四分律』권32 「受戒揵度」(T22, 789a29)를 참조하면 이 구절은 "我生已盡。梵行已立。所作已辦。更不復受有。"로 번역되어 있다.

고 아라한과 벽지불은 일체 공덕을 성취하지 못했기 때문입니다. 열반을 얻는다고 하는 것은 부처님의 방편입니다. 오직 여래만 무량한 공덕을 성취한 완전한 열반을 얻기 때문이고, 아라한과 벽지불은 한량이 있는 공덕을 성취하기 때문입니다. 열반을 얻는다고 하는 것은 부처님의 방편입니다. 오직 여래만 불가사의한 공덕을 성취한 완전한 열반을 얻기 때문이고, 아라한과 벽지불은 사의할 수 있는 공덕을 성취하기 때문입니다. 열반을 얻는다고 하는 것은 부처님의 방편입니다. 오직 여래만 응당 끊어야 할 일체 허물을 모두 다 단멸하여 최고의 청정을 이루는 완전한 열반을 얻고 아라한과 벽지불은 허물이 남아 있어서 최고의 청정이 아니기 때문입니다. 열반을 얻는다고 하는 것은 부처님의 방편입니다. 오직 여래만 일체중생이 우러러 보는 대상이 되고, 아라한·벽지불·보살의 경계를 뛰어넘는 완전한 열반을 얻기 때문입니다. 그러므로 아라한과 벽지불은 그 거리가 열반계와 멀어진 것입니다. 아라한과 벽지불이 관찰하는 동안 해탈되고 궁극적인 네 가지 지혜[86]로 소식처를 얻는다고 하는 것도 여래의 방편이며 남음이 있으므로 불요의설不了義說입니다.[87]

世尊。阿羅漢辟支佛有怖畏。是故阿羅漢辟支佛有餘。生法不盡故。有生有餘。梵行不成故。不純事。不究竟故。當有所作。不度彼故。當有所斷。以不斷故。去涅槃界遠。何以故。唯有如來應正等覺。得般涅槃成就一切功德

---

[86] 응연은 이 네 가지 지혜를 다음과 같이 "여덟 번째 청정한 식과 상응한 지혜의 심소를 대원경지라 하고, 제7식과 상응한 것을 평등성지라고 하고, 제6식이 전변하면 묘관찰지라고 하고, 전5식이 전변하면 성소작지라고 하는데 이것을 네 가지 지혜라고 한다. 묘관찰지와 평등성지는 초지 이상이다. 전변으로 무루를 이루고 원만한 거울처럼 사태를 이루며 불과가 처음 얻어지기 때문이다. 서천의 어떤 자는 대원경지는 금강심에서 얻어진다는 뜻이라 하지만 호법논사는 그 판별이 올바르지 않다고 한다."라고 해석한 다음에, 원효의 해설을 "원효 대사는 『유가사지론』 등에 의거하여 성소작지는 초지에서 전변으로 얻어진 것이다."(『佛全』 4, 137a15~b3)라고 소개하고 있다. 하지만 이것만으로는 『勝鬘經』의 해설인지 확정할 수 없기 때문에 본문으로 수록하지 않는다.
[87] 『勝鬘經』(T12, 219c1~20).

故。阿羅漢辟支佛。不成就一切功德。言得涅槃者。是佛方便。唯有如來。得般涅槃成就無量功德故。阿羅漢辟支佛。成就有量功德。言得涅槃者。是佛方便。唯有如來。得般涅槃成就不可思議功德故。阿羅漢辟支佛。成就思議功德。言得涅槃者。是佛方便。唯有如來。得般涅槃。一切所應斷過。皆悉斷滅。成就第一淸淨。阿羅漢辟支佛。有餘過。非第一淸淨。言得涅槃者。是佛方便。唯有如來。得般涅槃。爲一切衆生之所瞻仰。出過阿羅漢辟支佛菩薩境界。是故阿羅漢辟支佛。去涅槃界遠。言阿羅漢辟支佛觀察。解脫四智究竟。得蘇息處者。亦是如來方便。有餘不了義說。

소 5.4.1 원효 소에서 다섯 가지 사태(五事)를 자세하게 해석하고 있다.

앞의 네 가지 상相의 의리義理는 큰 열반계가 평등한 것이고 동일한 상(一相)임을 극진하게 밝히는 것이다. 비록 차별이 없더라도 귀의하는 주체의 공덕을 파악하여 갖가지 상으로 밝힌 것이다. 네 가지 상이란 첫째 일체 공덕이고, 둘째 무량한 공덕이고, 셋째 불가사의한 공덕이고, 넷째는 최고의 청정이다.

또한 그 공덕들을 다음과 같이 해석하였다.

"일체 공덕"이란 갠지스강의 모래알보다 많은 일체 공덕으로서『보살영락본업경』에서는 간략하게 예를 들어 이를테면 (부처님의) 십호, 십팔불공법, 십력, 사무소외, 육신통, 오안, 오분법신, 죄가 없는 삼업, 불보·법보·승보, 멸성제와 해탈의 신령스러운 지혜, 일승의 금강유정, 적멸과 법신장, 자성청정의 오묘한 창고, 세 가지 통달과 무위, 삼명과 유일한 진리, 유일한 도道로서 독거법, 큰 즐거움으로서 무위라고 하면서 이에 자세하게 설명하고 있다.[88] 이와 같은 것을 일체 공덕이라 한다. 또한

(『보살영락본업경』에서는) 말한다. "무량한 공덕"은 하나하나 공덕이 두루 미치지 않는 바가 없어서 모두 한량이 없는 것을 말한다. 그 때문에 무량이라 한다. 간략하게 설명하면 그것은 네 가지 종류가 있다. 이를테면 무량한 사성제에 대해 알고(知) 끊고(斷) 증득하고(證) 수습하는(修) 것이 모두 한량이 없다는 것이다. 이것은 아래 문장에서 자세히 분별된 것과 같다.[88] 또한 (『보살영락본업경』에서는) 말한다. 부사의한 공덕은 이를테면 앞에서 설명된 것과 같은 무량한 공덕이 모두 동일한 일미一味로서 명칭도 없고 상相도 없으며 있는 것도 아니고 없는 것도 아니며, 마음에서 언로가 끊어진 것이므로 부사의라고 한다.[90] 또한 (『살차니경』에서는) 말한다. "청정한 최고의 공덕"은 이를테면 앞에서 설명된 것과 같은 일체 공덕이 도무지 과실이 없어서 일체 습기와 무명을 원리한다는 것이다. 그러므로 최고 청정이라고 한다. 간략하게 설명하면 그것은 네 가지 종류가 있다고 이러저러하게 설명하고 있다.[91] 다음 아래는 『살차니경』을 인용하여 네 가지 모든 종류가 청정한 큰 열반계로서 이와 같은 공덕을 지닌 것이고, 이 둘은 소지의 경계가 아님을 밝힌 것이다. 부처님께서 이승이 열

---

[88] 『菩薩瓔珞本業經』 권하 「因果品」(T24, 1020a4~19), "佛子。佛義功德身者。諸佛道同果法不異。所謂十號。一如來二應供三正遍知四明行足五善逝六世間解七無上士八調御丈夫九天人師十佛陀。具有十德故。爲一切衆生所供養。復次十八不共法。所謂身無失。念無失。口無失。無異想。無不定心。無不知已捨。心念無減。欲無減。精進無減。智慧無減。解脫無減。解脫知見無減。身業隨智慧行。口業隨智慧行。意業隨智慧行。智知過去未來現在無礙無障。復有十力。是處非處力業力定力根力欲力性力果力天眼力宿命力結盡力。慈悲喜捨。我是一切智人。我漏已盡無漏。出煩惱道煩惱障道。天身天眼天耳漏盡宿命他心。五眼五分法身。無罪三業。佛寶法僧。滅諦解脫靈智。一乘金剛。寶藏法身藏。自性淸妙藏。三達三無爲。三明一諦。一道獨法。大樂無爲。"

[89] 『菩薩瓔珞本業經』 권하 「因果品」(T24, 1020a19~20), "佛子。一切聖果無量功德藏中。不可說不可說果。是果一道。"

[90] 『菩薩瓔珞本業經』 권하 「因果品」(T24, 1020a21~24), "佛子。果體圓滿無德不備理無不周。居中道第一義諦淸淨國土。無極無名無相。非一切法可得。非有體非無體。其一照相一合相一體相一覺相。淨明無二。"

[91] 『大薩遮尼乾子所說經』 권1(T9, 325a23~b6) 참조.

반을 얻는다고 설하셨지만 부처님의 방편이며 진실한 사태(實事)가 아닌 것이다.[92]

원효는 말했다.

"열반을 얻는다고 하는 것은 부처님의 방편이다."라는 것은 앞의 첫 구절로 돌이켜야 한다. 표제임에도 거기에 미치지 못한 것은 거듭 옛 가르침을 열기 위해서이고 이것은 임시방편이다. 마치 뛰어난 솜씨를 지닌 대도사大導師가 휴식을 위해 화성을 만든 것처럼, 열반을 얻는다는 말도 마땅히 그렇게 임시방편이고 진실이 아니라고 알아야 한다. 그러므로 방편이라 한 것이다. 이후의 세 개의 문장도 모두 이와 같이 판단해야 할 것이다. "앞의 첫 구절로 돌이켜야 한다."라고 한 것은 위 문장의 "오직 여래·아라한·정등각자만 완전한 열반을 얻는다."라는 구절을 말한다.[93]

元曉疏中。廣釋五事。前四種相義理。極明大涅槃界平等一相。雖無差別。約能依德。明種種相。四種相者。一一切功德。二無量功德。三不可思議功德。四第一淸淨。且釋功德云。一切功德者。過恒沙等。一切功德。如本業經。略擧而言。所謂十號。十八不共法。十力四無畏。六通五眼。五分法身。無罪三業。佛寶法僧。滅諦解脫虛[1)]智。二[2)]乘金剛。寂滅法身藏。自性法妙藏。三達無爲。三明一諦。一適[3)]獨法。大樂無爲。乃至廣說。如是名爲一切

---

92 첫 구절부터 이 부분까지는 원효 소에 대한 응연의 간접 인용으로 보인다.
93 『詳玄記』 권11(『佛全』 4, 139a4~b10). 김상현본(1993, p.451, 4-①)에서는 '曉云'의 앞부분을 결락하고 이하의 단락만 집일하고 있다. 반면 후쿠시본(2013, p.84)에서는 '元曉疏中'부터 '第一事文也'까지 전체를 한 단락으로 편집하고 있다. 따라서 후쿠시본을 토대로 단락을 재구성한다. 하지만 마지막 구절, 즉 "指此文也。此釋四事中。第一事文也。"(『佛全』 4, 139b10~11)라는 구문은 제외한다. 내용적으로 원효 소와 무관하기 때문이다.

功德也。【已上】⁴⁾ 又云。無量功德者。謂一一功德。無所不遍。皆無限量。故名無量。略而說之。有其四種。謂於無量四聖諦中。知斷證修。皆無限量。此如下文廣分別也。【已上】又云。不思議功德者。謂如前說無量功德。皆同一味。無明⁵⁾無相。非有非無。心言路絶。名不思議。【已上次下引本業經】⁶⁾ 又云。第一淸淨功德者。謂如前說一切功德。都無過失。遠離一切習氣無明。故名第一淸淨。略而說之。有其四種云云。次下引薩遮尼經。明四一切種淸淨大涅槃界。有如是功德。非是二所知境界也。佛說二乘得涅槃者。是佛方便非是實事。曉云。言得涅槃。是佛方便者。反前初句。題其不到。仍開昔敎。是權方便。如大導師。有善功術。爲止息故。變作化城。言得涅槃。當知亦爾。是權非實。故名方便。後三番文。皆同是判。【已上】言反前初句者。上文云。唯有如來應等正覺得般涅槃。

---

1) ㉓『菩薩瓔珞本業經』(T24, 1020a17)에는 '虛'가 '靈'으로 되어 있다. 번역은『菩薩瓔珞本業經』을 따른다. 2) ㉓『菩薩瓔珞本業經』(T24, 1020a17)에는 '二'가 '一'로 되어 있다. 번역은『菩薩瓔珞本業經』을 따른다. 3) ㉓『菩薩瓔珞本業經』(T24, 1020a18)에는 '適'이 '道'로 되어 있다. 번역은『菩薩瓔珞本業經』을 따른다. 4) ㉓ '【已上】'이라는 표기는『詳玄記』에서 응연의 인용문을 표시한 것으로서 협주에 나타나 있다. 따라서 원문에는 해당 표시가 있더라도 번역문에서는 표시하지 않는다. 5) ㉓『菩薩瓔珞本業經』(T24, 1020a22~23)의 관련 구문을 참조하면 '明'은 '相'과 대구가 되기 때문에, '名'이 바르다. 번역은 이를 따른다. 6) ㉓ 응연은 원효 소에서 이 구절까지를『菩薩瓔珞本業經』의 인용으로 보고 있다.

경 5.5 왜냐하면 두 가지 죽음이 있기 때문입니다. 무엇이 두 가지인가? 분단의 죽음과 부사의한 변역의 죽음을 말합니다. '분단의 죽음'이란 허위 중생의 것을 말하고, 부사의한 변역의 죽음이란 아라한·벽지불·대력보살들의 최고로 위없는 깨달음에 이르기까지 의생신意生身 ⓢ manomayakāya⁹⁴입니다. 두 가지 죽음 가운데 분단의 죽음 때문에 아라한과 벽지불의 지혜로 '나의 태

---

94 여기에서 언급된 불교 성자의 몸으로서 의생신에 대해서는 이수미(2015)의 「불교 우주론과 수증론 체계에서 본 의생신意生身(manomaya-kāya)의 의미」『불교학리뷰』 18, pp.104~121)를 참조하라.

어남은 이미 끝났다'고 설한 것이고, 유여의 결과에서 증득을 얻기 때문에 '범행은 이미 세워졌다'고 설한 것입니다. 범부이든 인간이든 천신이든 갖출 수 없는 것이고, 일곱 단계의 유학인[95]에게 이전에 지어질 바가 아니고, 허위의 번뇌만 끊어졌기 때문에 '지어야 할 것은 이미 갖추었다'고 설한 것입니다. 번뇌가 끊어진 아라한과 벽지불은 더 이상 후유를 받지 않을 수 있기 때문에 '후유를 받지 않는다'고 설한 것이지만 일체의 번뇌를 다 없앤 것도 아니고 또한 일체 받아야 할 태어남이 끝난 것도 아니기 때문에 '후유를 받지 않는다'고 설한 것이라야 합니다.[96]

> 何以故。有二種死。何等爲二。謂分段死。不思議變易死。分段死者。謂虛僞衆生。不思議變易死者。爲阿羅漢辟支佛大力菩薩意生身。乃至究竟無上菩提。二種死中。以分段死故。說阿羅漢辟支佛智。我生已盡。得有餘果證故。說梵行已立。凡夫人天所不能辦。七種學人。先所未作。虛僞煩惱斷故。說所作已辦。阿羅漢辟支佛。所斷煩惱。更不能受後有故。說不受後有。非盡一切煩惱。亦非盡一切受生故。說不受後有。

소 5.5.1 그러므로 구룡은 말했다.

"허위중생"이라 한 것은 이를테면 범부들에게 여러 공덕이 없기 때문에 '허虛'라고 하고, 많은 번뇌를 지니기 때문에 '위僞'라고 하는 것이다. 비록 성스러움을 지닌 사람이더라도 다분多分으로부터 설한 것이다.[97]

---

95 일곱 단계의 유학인(S̄ śaikṣa) : 예류향預流向부터 아라한향阿羅漢向까지 일곱 단계 성자를 가리키는데, 무학인 아라한에 대해 이것들은 유학의 단계이다.
96 『勝鬘經』(T12, 219c20~29).
97 『詳玄記』권11(『佛全』4, 142a15~17). 이 구문은 김상현본과 후쿠시본에 모두 결여되어 있다.

故丘龍云。言虛僞衆生者。謂諸凡夫。無諸功德。故名爲虛。有多煩惱。故名
爲僞。雖有聖人。從多分說。

소 5.5.2 원효는 말했다.

아라한, 벽지불은 그 이미 분단생사를 버린 이후를 준거로 한 것이다. 대력보살이라 한 것은 이를테면 제8지에서 무공용無功用을 얻어 화현이 자재한 보살을 말한다. 그러므로 '대력'이라고 하며, 7지까지는 아직 삼계를 떠나지 못했기 때문에 취하지 않는 것이다. 『보살영락본업경』에서는 설한다. "무생법인(無生忍)으로 제법에 대해 번뇌가 있는 것도 아니고 번뇌가 없는 것도 아니라고 관찰하면서 한번 태어나고 한번 소멸하는 하나의 과보로서 삼계에서 최후 유일한 몸으로 한번 들어가고 한번 나올 때 무량한 공덕을 집적하는데, 언제나 상지上地를 향해 생각생각 적멸하기 때문에 원행지라고 한다. 불자여, 이 보살은 무생無生에 대해 관찰하여 삼계에서의 과보를 버리고서 변역에서 과보의 작용으로 중품의 무생법인에 들어가 무상無相의 지혜로 유有에서 나와 무無로 들어가 그 화현이 변화무쌍하기 때문에 저절로 자기 몸에 해당하는 과보로서 모든 부처님들의 마정설법摩頂說法을 보게 되는데, 몸과 마음이 따로 불가사의를 행하기 때문에 부동지라고 한다."[98] 또한 『법고경』에서는 설한다. "일곱 종류의 유학인 및 7지 보살은 생연유와 같고, 의생신을 지닌 아라한·벽지불·자재한 힘을 얻은 자 및 9지와 십지 보살은 발효된 연유와 같다."[99] 이와 같은 등

---

[98] 『菩薩瓔珞本業經』(T24, 1018a16~22), "佛子。無生忍。諸法觀。非有煩惱非無煩惱。一生一滅一果。三界最後一身。一入一出。集無量功德。常向上地念念寂滅。故名遠行地。佛子。是故菩薩。無生觀。捨三界報。變易果用入中忍。無相慧。出有入無。化現無常。自見己身當果。諸佛摩頂說法。身心別行不可思議。故名不動地。"

[99] 『大法鼓經』(T9, 296a3~5), "七種學人及七地住菩薩。猶如生酥。意生身阿羅漢辟支佛得自在力。及九住十住菩薩猶如熟酥。"

의 문장에 의거하여 여기에서 대력보살은 제8지에 머무는 자라고 알아야 한다.

이와 같은 세 부류의 사람은 받아야 할 생사에서 오직 이숙의 아뢰야식만 있을 뿐이며 나머지 거친 식識과 거친 식의 과보가 없다.[100] 그러므로 의생신이라고 한 것이다. 『법화론』에서는 설한다. "여덟 번의 생에서 한 번의 생까지 아뇩阿耨(⑤ anuttara) 보리菩提를 얻는다는 것은 초지에서 깨달음을 증득한다는 것이다. 그러므로 삼계 중에 분단생사를 여의며 분分에 따라 진여로서 불성佛性을 볼 수 있다. 그 때문에 보리를 얻는다고 한 것이다."[101] 구경이라 말하지 않는 것은 원력에 의거한다는 것이고, 삼계로부터 벗어난다는 것은 분단생사에서 떠날 수 있기 때문에 이렇게 설한 것이다. 만약 원력을 세워 삼계로부터 벗어나더라도 7지에 이르기까지는 오히려 분단생사를 받아야 한다. 그러므로 서로 어긋나지 않는 것이다. 또한 '이에 구경의 무상보리에 이르기까지'라는 것은 변역생사의 문제를 나타낸 것이다. 앞에서 세 부류의 사람을 든 것은 처음에는 받아들임을 설하고 그 끝에는 버리는 것을 논한 것이다. 곧바로 보리를 얻을 때, 그로

---

100 원문의 "如是三人。所受生死。唯有異熟阿賴耶識。無餘麤識及麤識報。"라는 이 구문은 응연의 저서에서 인용문 형태로 세 번에 걸쳐 나타난다. 그 가운데 둘은 『詳玄記』(『佛全』 4, 147a10; 152a6)에서이고 다른 하나는 『五敎章通路記』(T72, 543c15~16)에서이다. 하지만 전자에서는 '麤識報', '麤色報'로, 후자에서는 '麤色根'으로 다르게 서술되어 있다. 이 문장에서 가리키는 이와 같은 세 사람은 무명주지번뇌들을 조건으로 한 무루업을 원인으로 하는 의생신으로 태어나는 아라한·벽지불·대력보살이다. 따라서 문맥상 '麤色報'나 '麤色根'이 아닌 '麤識報'가 적절하다. 이후 동일한 문장으로 제시된 두 곳에서도 이것에 입각하여 모두 '麤識報'로 교정할 것이다. 한편 응연은 『起信論』과 현수 대사의 해석을 인용한 다음, 원효의 『起信論疏』에서도 아리야식으로 변역의 과보인 체를 삼는다는 동일한 문장이 있다고 언급하고 있다.(『佛全』 4, 152a7~13 참조)

101 『妙法蓮華經憂波提舍』(T26, 9c28~10a05), "八生乃至一生。得阿耨多羅三藐三菩提者。謂證初地菩提法故。八生一生者。謂諸凡夫決定能證初地故。隨力隨分。八生乃至一生。皆證初地故。此言阿耨多羅三藐三菩提者。以離三界分段生死。隨分能見眞如法性。名得菩提。"

부터 이후로 기나긴 변역생사를 받기 때문에 '이에 무상보리에 이르기까지'라고 한 것이다.[102]

元曉云。羅漢辟支者。約其已捨分段後。說大力菩薩者。謂第八地。得無功用。化現自在。故名大力。七地以還。未離三界。故不取之。如本業經言。無生忍。諸法觀非有煩惱非無煩惱。一生一滅一果。三界最後一身。一入一出。集無量功德。常向上地。念念寂滅。故名遠行地。佛子。是菩薩。無生觀。捨三界報。變易果用。入中忍。無相慧。出有入無。化現無常。自見已[1]身當果。諸佛摩頂說法。身心別行不可思議。故名不動地。又法鼓經說。七種學人。及七地菩薩。猶如生蘇。[2] 意生身阿羅漢辟支佛。得自在力。及九地十地菩薩。猶如熟蘇。[3] 依此等文。當知此中大力菩薩。在第八地。如是三人。所受生死。唯有異熟阿賴耶識。無餘麤識及麤識報。是故名爲意生身也。法華論言。八生乃至一生。得阿耨菩提者。謂證初地菩提。故以離三界中分段生死。隨分能見眞如佛性。名得菩提。非謂究竟者。是依願力。出三界者。得離分段。故作是說。若置願力。出三界者。乃至七地。猶受分段。故不相違。【已上】又云。乃至究竟無上菩提者。是顯變易生死分齊。前擧三人。是說始受。論其終捨。則菩提時。自彼以還。長受變易。故言乃至無上菩提。

1) 㘽『菩薩瓔珞本業經』(T24, 1018a20)에는 '已'가 '己'로 되어 있다. 번역은 『菩薩瓔珞本業經』을 따른다. 2) 㘽『大法鼓經』(T9, 296a4)에는 '蘇'가 '酥'로 되어 있다. 3) 㘽『大法鼓經』(T9, 296a5)에는 '蘇'가 '酥'로 되어 있다.

소 5.5.3 구룡 법사는 "이승은 분단의 몸을 버려야 의생신이라 하고, 8지 보살은 직접적으로 대력이라 한다."라고 뜻풀이하였다.[103]

---

102 『詳玄記』권11(『佛全』4, 146b16~147a17).
103 『詳玄記』권11(『佛全』4, 147b16~17). 후쿠시본(2013, p.84)에서 이 구문은 결여되어 있고, "三乘變易。皆名大力。大力卽意生身。丘龍師意。"라는 구절로 대체되어 있다. 하지만 문맥상 대체된 구절은 『寶窟』의 내용에 해당된다.

丘龍師意。二乘捨分段身。名意生身。菩薩八地。直名大力。

■ 5.5.4 원효 법사는 세 가지 의생신을 들고 나서 말했다.

이와 같은 세 부류의 사람은 받아야 할 생사에서 오직 이숙의 아뢰야식만 있을 뿐이고 나머지 거친 식과 거친 식의 과보가 없다.[104] 그러므로 의생신이라 한다.[105]

元曉師擧三種意生身已云。如是三人所受生死。唯有異熟阿賴耶識。無餘麤識及麤色[1)]報。是故名爲意生身也。

1) ㉢ '色'은 문맥상 '識'이 바르다.

■ 5.5.5 원효 법사는 말했다.

의생신이라 말하는 것은 색이 아닌 네 가지 온蘊이다.[106]

---

104 이에 대해 응연은 다음과 같은 문답을 먼저 제시한다. "묻는다. 아리야식과 말나식은 반드시 서로 함께 일어난다. 모름지기 두 가지 식을 들어서 변역의 체를 밝혀야 한다면 무엇 때문에 구룡과 향상은 오직 아리야식만 들어 변역의 체를 밝히는가? 답한다. 지금은 변역의 과보인 체를 밝힌 것이다. 그러므로 오직 아리야식만 제시한 것이니, 제7 말나식은 이숙법이 아니기 때문이다. 생기를 붙잡는다면 반드시 함께해야 할 것이기 때문이다."(『佛全』4, 153a6~8)
105 『詳玄記』권11(『佛全』4, 152a4~6). 이 구문은 『五敎章通路記』(T72, 543c13~16)에도 인용되어 있는데, 관련 내용은 다음과 같다. "故丘龍元曉勝鬘疏上云。如是三人。所受生死。唯有異熟阿賴耶識。無餘麁識及麁色根。是故爲意生身也。已上。同疏下云。謂意生身。非色四蘊。已上." 후쿠시본에서 이 구문은 결여되어 있다. 『詳玄記』(『佛全』4, 152a3~4)에 따르면 "묻는다. 이 변역의 몸과 여러 식들은 무엇인가? 답한다. 지금 소(『勝鬘經義疏』)에서는 오직 형색이 없는 몸을 말하고 있을 뿐이지만 그 의미는 바로 마음을 가리키는 것이다. 어떤 식인지는 아직 알지 못하겠다."라는 문답과 연계되어 그 논거로 제시된 것이다.
106 『詳玄記』권11(『佛全』4, 152a16~17).

元曉師云。謂意生身。非色四蘊。

소 5.5.6 **답** 원효가 회통하여 말했다.

현식 중에 번뇌심소가 없는 것을 불상응이라 하기 때문에 서로 어긋나지 않는다. 비록 미세한 다섯 가지 변행 심소가 있어도 심心과 심법心法이 무상無相에 통달한다. 그러나 상相을 취하기 때문에 법집에 통하지만 별도로 계교하는 혜수惠數의 견見은 없다. 그러므로 별상別相의 법아집法我執은 없다.^{107·108}

答。元曉會云。現識之中。無煩惱數。名不相應。故不相違。雖有微細遍行五數。心與心染¹⁾通違²⁾無相。而取相故。是通法執。而無別計惠數之見。故無別相法我執也。

1) ㉯『大乘起信論別記』(T44, 237c10)에는 '心染'이 '法'으로 되어 있다.   2)『大乘起信論別記』(T44, 237c10)에는 '違'가 '達'로 되어 있다.

---

107 응연의 인용문과『大乘起信論別記』(H1, 693b24~c4; T44, 237c9~11)를 비교해 보면 밑줄 친 몇 부분이 다르게 나타난다. "能見心染。無煩惱數。名不相應。故不相違。雖有微細遍行五數。心與法通達無相。而取相故。是通法執。而無別討惠數之見。故無別相法我執也." 한편 응연의 인용문에서 '能見心染' 대신 서술된 '現識之中'은 원효 찬술『起信論疏』(T44, 215c11)에서 찾을 수 있는데, "現識之中。無煩惱數。依是義故。名不相應."이라는 구문이다. 아마 응연은 '能見心染'과 '現識之中'을 같은 의미로 파악했던 것 같다. 따라서 본문의 해석은『大乘起信論別記』의 내용이 아닌『詳玄記』를 따른다.

108『詳玄記』권11(『佛全』4, 152b15~153a1). 이 구문은『勝鬘經』에 대한 원효 소의 직접 인용인지,『起信論疏』의 인용인지 정확하게 판단하기 어렵다.『詳玄記』(『佛全』4, 152b13~15)의 전후 문맥을 살펴보면 "묻는다.『기신론』의 삼세육추 중에 업식·전식·현식이라는 삼세는 나란히 아리야식에 속한다고 한다. 여기에서 삼세가 여섯 염오심 중에 불상응 염오라 한다면 세 가지 미세한 마음에 의해 상응되지 않아야 할 것이다. 그 때문에 지금 아리야식에 다섯 심소가 있다고 말한 것인가?(問。起信三細六麁之中。業轉現三細竝屬阿梨耶。此三細者。六染之中名不相應染。三細心所不相應。故今阿梨耶言有五數)"라는 질문이 제기되기 때문이다.

소 5.5.7 원효는 말했다.

  이 아래에서 네 가지 지혜가 구경이 아님을 바로 밝힌 것이며, 여기에서 네 가지 지혜의 작용을 간략하게 밝히고 있다. 만약 소승의 『비바사론』에서 설해진 것에 의거하면 "나의 태어남은 이미 끝났다."라는 것은 끊어야 할 집제에 대한 지혜로서 태어남의 원인이 끝났기 때문이다. "범행은 이미 세워졌다."라는 것은 수습해야 할 도제에 대한 지혜이고, "지어야 할 것이 이미 갖추어졌다."라는 것은 증득해야 할 멸제에 대한 지혜이고, "후유를 받지 않는다."라는 것은 알아야 할 고제에 대한 지혜이다.[109]

  『유가사지론』에서는 설한다. "나의 태어남은 이미 다했다."라는 것은 제8유(예류과의 성자) 등을 말한다. "범행이 이미 세워졌다."라는 것은 이를테면 성인의 도에 대해 최고로 수습되었기 때문에 더 이상 물러섬이나 잃어버림이 없다는 것이다. "지어야 할 것이 이미 갖추어졌다."라는 것은 일체의 결박이 영원히 남김이 없어졌기 때문이고 일체의 도과道果가 이미 증득되었기 때문이라는 것이다. "후유를 받지 않는다."라는 것은 일곱 가지 유有[110]에서 영원히 끝났기 때문이라는 말이다. 또한 "나의 태어남이 이미 끝났다."라는 것에는 두 가지 생生이 있다. 첫째, 재생하는 몸의 태어남으로서 이것은 앞에서 설한 것과 같다. 둘째, 번뇌의 발생을 말한다. 이것의 미세한 것이 얇아졌기 때문에 또한 끝났다고 설해야 한다. 이것은 기별記別[111]이고 첫 번째 (지혜)에 대한 두 결과이다. "범행은 이미 세워졌다."라는 것은 불환과를 말한다. 범행이 아닌 탐욕이 여기에서 영원히

---

109 『大毘婆沙論』 권102(T27, 528c14~16), "此中我生已盡是斷集。梵行已立是修道。所作已辦是證滅。不受後有是知苦。"
110 일곱 가지 유有 : 지옥, 아귀, 축생, 천신, 인간, 업유業有, 중유中有를 가리킨다.
111 기별記別 : 십이부경十二部經의 하나로서 일반적으로 수기라고 알려진 기별(⑤ vyākaraṇa)이다.

끝나기 때문이다. "지어져야 할 것은 이미 갖추어졌고 후유를 받지 않는 다."라는 것은 아라한을 말한다. 이 가운데 네 가지 기별은 행상을 분명하게 이해한 것이라고 알아야 할 것이다.[112] 만약 이 논서에 의거한다면 첫 번째 문장의 뜻에서 첫째, 넷째는 알아야 할 고제에 대한 지혜이고, 둘째는 수습해야 할 도제에 대한 지혜이고, 셋째는 끊어야 할 집제와 증득해야 할 멸제에 대한 지혜이다. 지금 이 경문은 『유가사지론』과 대체로 같지만, 좌우로 해석하는 문장이 조금 있다.

두 가지 죽음을 나타내는 것에서 분단의 죽음이기 때문에 이승의 지혜를 설하였다. "나의 태어남은 이미 다했다."라는 것은 제8유 등을 밝힌 것이다. 태어남이 이미 끝났기 때문이고 변역생사를 바라보지 않기 때문이니, 이것이 방편인 것은 유여의 결과에서 얻는 증득이기 때문이다. '범행이 이미 세워졌다'고 설한 것은 그 과보가 곧 멸제의 증득이고 증득이 가능한 행이며 성스러움(梵)을 멸제의 청정성이라 하기 때문이니, 성스러움을 증득하는 행을 범행梵行이라 한다. 이 지혜는 통틀어 멸제로써 인식경계를 삼은 것이지만 다만 변역생사에서 멸제와 도제가 오히려 아직 증득되고 수습되지 못했기 때문에 유여有餘라 설한 것이니, 이것도 또한 방편이다. "범부이든 인간이든 천신이든 갖출 수 없는 것이고, 일곱 단계의 유학인에게 이전에 지어질 바가 아니다."라고 한 것은 아직 갖추어지지 못한 것과 대비하여 그것이 이미 갖추어졌다는 것을 나타낸 것이다. 범부와 대비하여 견도와 수도의 번뇌를 이미 끊었다는 것을 통틀어 나타낸 것이고, 유학인과 대비하여 비상非想의 아홉 번째 이륜二輪의 번뇌를 이미

---

112 『瑜伽師地論』 권83(T30, 764b28~c7), "復次我生已盡者。謂第八有等。梵行已立者。謂於聖道 究竟修故 無復退失。所作已辦者。謂一切結 永無餘故。一切道果已證得故。不受後有者。謂於七有亦永盡故。又我生已盡故。有二種生。一生身生。此如前說。二煩惱生。此微薄故亦說爲盡。此則記別初之二果。梵行已立者。謂不還果非梵行貪此永斷故。所作已辦 不受後有者。謂阿羅漢。當知此中記別四種解了行相。"

끊었다는 것을 따로 드러낸 것이다. 진실한 지혜가 아니고 허망한 집착이므로 허위라고 하지만 이것은 무명과 같은 것이 아니다. 미혹은 있지만 집착이 없으므로 집제가 끊어졌다고 밝힌 것이고 '이미 갖추었다'고 하지만 아직 끊어지지 못함이 있는 것이니, 이것도 또한 방편이다. '번뇌가 끊어진 것이고 더 이상 후유를 받지 않을 수 있기 때문이다'라는 것은 7유有에서도 또한 영원히 끝났다는 의미이며, 색계와 무색계에서의 재생도 끝났다는 것을 아울러 나타낸 것이다. 그 끊어야 할 욕계의 번뇌 때문에 응당 받아야 할 것으로서 7유를 받아야 하고 상2계(색계, 무색계)의 미혹(惑)으로 응당 모든 천상에서 각기 하나하나의 태어남을 받아야 할 것이지만 지금 이미 끊었기 때문에 이것들을 받지 않는다는 것이다. 7유를 받지 않는다는 것은 앞의 다섯 종류의 유학인과 대비하여 설한 것이고 상2계에서 받지 않는다는 것은 후학인과 대비하여 설한 것이다. 곧바로 현재 몸에서 아라한과를 얻는다면 이들은 모든 유에서 일체 (태어남을) 받지 않을 것이지만 오히려 다시 변역의 유有에서는 받아야 한다는 것이다. 그러므로 이러한 지혜를 설한 것도 또한 방편이다.

만약 이 문장에 의거한다면 첫 번째와 마지막의 두 가지 지혜는 고제가 이미 알려졌다고 아는 것이고, 세 번째 지혜는 집제가 이미 끊어졌다고 아는 것이고, 두 번째 지혜는 멸제가 이미 증득되었다는 것과 도제가 이미 수습되었다는 것을 아는 것이다. 성문인은 두려움에 치우쳐 고통을 받기 때문에 이미 끊어졌을 때 이중의 관찰을 일으키며, 스스로 끊음에 대해 거듭 기쁨을 일으키기 때문에 멸제를 증득하고 도제를 수습한 것이다. 서로 거리가 가까워서 이 두 가지를 합해 하나로 세운 까닭이다.[113]

---

[113] 『詳玄記』권12(『佛全』4, 158b3~159a16). 이 구문을 김상현본(1993, p.453 참조)에서는 6-①로 편집하고 있다. 하지만 『詳玄記』(『佛全』4, 157a9)에 의하면 '소疏(『승만경의 소』)에서 '從二種死' 중간 이래'를 해석하는 체제 속에 포함된 것이다. 따라서 김상현본을 기준으로 할 경우 6-①을 5-⑤로 재배치한다.

元曉云。此下正明四智不究。此中略明四智之用。若依小乘婆沙所說。我生已盡。是斷集智。生因盡故。梵行已立。是修道智。所作已辦。是證滅智。不受後有。是斷[1]苦智。瑜伽論說。我生已盡者。謂第八有等。梵行已立者。謂於聖道。究竟修故。無復退失。所作已辦者。謂一切結。永無餘故。一切道果。已證得故。不受後有者。謂於七有。亦永盡故。又我生已盡者。有二種生。一生身生。此如前說。謂二煩惱生。此微薄故。亦說爲盡。此則記別。初之二果。梵行已立者。謂不還果。非梵行貪。此永盡故。所作已辦。不受後有者。謂阿羅漢。當知此中記別。四種解了行相。若依此論。初番文意。第一第四。是斷[2]苦智。第二是修道智。第三是斷集證滅智。今此經文。大同瑜伽。少有左右消文。自顯二種死中。以分段死故。說二乘智。我生已盡者。是明第八有等。生已盡故。非望變易故。是方便也。得有餘果證故。說梵行已立者。果卽滅諦證。是能證之行。梵名滅諦淸淨性故。證梵之行。名爲梵行。此智通以滅諦爲境。但變易滅道。猶未證修。說名有餘。亦是方便也。凡夫人天。所不能辦。七種學人。先所未作者。對未辦作。顯其已辦。對凡夫者。通顯已斷見修煩惱。對學人者。別顯已斷非想。第九二輪煩惱。非實之智。虛妄執著。故名虛僞。不同無明。有迷無執。是明斷集。名爲已辦。而有未斷。亦方便也。所斷煩惱。更不能受後有故者。是名七有亦永盡義。兼顯色無色界生盡。以其所斷欲界煩惱。應受受七有。上二界惑。應受諸天各一一生。今已斷故。不受此等。不受七有者。對前五種學人而說。不受上二者。是對後學人說也。卽有現身得羅漢者。此等諸有。皆不受故。而猶更受變易之有。故說此智。亦是方便。若依此文。初後二智。知已斷[3]苦。第三智者。知已斷集。第二智者。知已證滅及與修道。以聲聞人。偏畏受苦故。已斷時生二重觀。爲於自斷重生喜故。證滅修道。互相隣近。所以此二合立爲一也。

---
1) ㉮『大毘婆沙論』(T27, 528c14~16)에는 '斷'이 '知'로 되어 있다. 2) ㉮『大毘婆沙論』(T27, 528c16)에는 '斷'이 '知'로 되어 있다. 3) ㉮『大毘婆沙論』에는 '斷'이 '知'로 되어 있다.

소 5.5.8 구룡의 『승만경소』 상권에서 설했다.

"분단"이라 하는 것은 이를테면 삼계의 안에서 육도로 나뉘어 갈래짓고 아홉 지위로 나뉘어 죽음으로 돌아가지 않음이 없으므로 분단에서 재생한다고 한 것이다.[114]

丘龍勝鬘疏上云。言分段者。謂三界內六道分岐。九地位段。莫不歸死。無[1])
名分段生

1) ㉧ 갑본에는 '無'가 없다.(『五教章通路記』) ㉢ 『五教章通路記』에 따라 '無'를 해석하지 않는다.

소 5.5.9 구룡 법사는 말했다.

앞에서 변화(變)하고 뒤에서 바뀌는 것(易)은 미세하여 알기 어렵다. 비록 분단생사가 없더라도 끝과 다함이 있으므로 부사의한 변역사라고 한다.[115]

丘龍師云。前變後易。微細難了。雖無分段。而有終盡。名不思議變易死也。

소 5.5.10 구룡 원효의 『승만경소』 상권에서 말했다.

---

114 『五教章通路記』 권42(T72, 542b23~24). 이 구문은 심승審乘의 『華嚴五教章問答抄』(T72, 722a14~15)에서 다음과 같이 재인용하고 있다. "元曉大師勝鬘疏下云。言分段者。謂三界內六道岐分。九地位段。莫不歸死。分名段生." 한편 이 구문은 김상현본(1993, p.452, ⑥)과 후쿠시본(2013, p.119)에도 모두 수록되어 있다.

115 『五教章通路記』 권42(T72, 542c7~9). 이 구문은 김상현본(1993, p.452, ⑦)과 후쿠시본(2013, p.120)에 모두 수록되어 있다.

이와 같은 세 부류의 사람은 받아야 할 생사에서 오직 이숙의 아뢰야식만 있을 뿐이고 나머지 거친 식과 거친 식의 과보가 없다. 그러므로 의생신이라 한다. 동일한 소의 하권에서는 말했다. 이를테면 의생신은 색이 아닌 네 가지 온蘊이라는 것이다.[116]

丘龍元曉勝鬘疏上云。如是三人。所受生死。唯有異熟阿賴耶識。無餘麁識及麁識根。是故名爲意生身也。[1] 同疏下云。謂意生身。非色四蘊。

1) ㉕ 김상현본(1993, p.452, ⑧)에는 '也'가 결여되어 있다.

경 5.6 왜냐하면 이 아라한, 벽지불에 의해 끊어질 수 없는 번뇌가 있기 때문입니다. 번뇌는 두 종류가 있습니다. 무엇이 두 가지인가? 주지번뇌住地煩惱와 기번뇌起煩惱를 말합니다. 주지번뇌는 네 가지 종류가 있습니다. 무엇이 네 가지인가? 이를테면 견일처주지見一處住地, 욕애주지欲愛住地, 색애주지色愛住地, 유애주지有愛住地입니다. 이 네 가지 주지번뇌가 일체의 기번뇌를 일으키는데, '기起'란 찰나의 마음이 찰나에 상응하는 것입니다. 세존이시여, 마음과 상응하지 않는 것은 무시의 무명주지번뇌입니다. 세존이시여, 이 네 가지 주지번뇌의 힘은 일체 상번뇌上煩惱가 의지할 종자이지만 무명주지번뇌에 비교하면 산수나 비유로 미칠 수 있는 것이 아닙니다. 세존이시여, 무명주지번뇌의 힘은 이와 같습니다. 유애까지 헤아린 네 가지 주지번뇌[117]보다 무명주

---

116 『五敎章通路記』권42(T72, 543c13~16). 이 구문이 김상현본(1993)에서는 5-⑧과 5-⑨로 따로 편집되어 있으나 『五敎章通路記』와 후쿠시본(2013, p.117)에서는 하나로 묶어 편집하고 있다. 따라서 후자에 따라 재구성한다.

117 이 구절은 '有愛數四住地'의 번역이다. 여기에서 '數'를 명사가 아닌 동사로 '세다. 헤아리다'라는 의미로 간주하여 견일처주지에서부터 욕애주지, 색애주지, 유애주지까지 헤아린 네 가지 주지번뇌로 해석한 것이다. 무엇보다도 '數'를 '등등'이라 번역하지 않는 것은 이 글자에 그러한 뜻이 없고 일반적으로 나열된 목록을 생략할 경우, 가장 앞의 목록만 제시하고 나머지 등등이라고 표현하지만 여기에서는 나열된 목록 중에 맨 마지막인 유애주지를 들고 있기 때문이다.

지 번뇌가 그 힘이 가장 큽니다. 비유하면 악마 파순(ⓢ Māra-pāpimant)이 타화자재천의 천신들보다 미모, 수명, 권속, 많은 생필품의 자재로움이 수승한 것과 같습니다. 이와 같이 무명주지번뇌의 힘은 유애까지 헤아린 네 가지 주지번뇌보다 그 힘이 가장 수승하며, 갠지스강의 모래알을 헤아린 것보다 많은 상 번뇌의 의지처이며, 또한 네 가지 번뇌로 하여금 오래 머물게 할 수 있는 것으로서 아라한, 벽지불의 지혜로도 끊을 수 없는 대상이고, 오직 여래의 깨달음의 지혜로만 끊을 수 있는 대상입니다. 세존이시여, 이와 같이 무명주지번뇌가 가장 큰 힘을 지니고 있습니다.[118]

> 何以故。有煩惱是阿羅漢辟支佛所不能斷。煩惱有二種。何等爲二。謂住地煩惱及起煩惱。住地有四種。何等爲四。謂見一處住地。欲愛住地。色愛住地。有愛住地。此四種住地。生一切起煩惱。起者。刹那心刹那相應。世尊。心不相應無始無明住地。世尊。此四住地力。一切上煩惱依種。比無明住地。算數譬喩。所不能及。世尊。如是無明住地力。於有愛數四住地。無明住地。其力最大。譬如惡魔波旬。於他化自在天。色力壽命眷屬衆具自在殊勝。如是無明住地力。於有愛數四住地。其力最勝。恒沙等數上煩惱依。亦令四種煩惱久住。阿羅漢辟支佛智。所不能斷。唯如來菩提智之所能斷。如是世尊。無明住地。最爲大力。

소 5.6.1 구룡의 『승만경소』 중에서도 식식을 준거로 하여 밝히고 있는데, 구룡의 소에서는 다섯 주지번뇌에 대해 먼저 다른 삼가三家의 해석을 들고 나서 나중에 다섯 주지에 대해 경전에 의거하여 자신이 정립한 것을 드러내고 있다. 그러므로 그 문장에서는 말하고 있다.

---

118 『勝鬘經』(T12, 220a1~15).

이 중에 다섯 주지의 뜻을 간략하게 밝혔는데, (이에 대한) 여러 해설들이 동일하지 않다. 혹 어떤 설자는 "견도見道에서 끊어져야 할 번뇌를 '견일처'라 하고, 수도修道에서 끊어져야 할 번뇌를 세 가지 '애愛'라 하고, 법집분별을 무명이라 한다. 이 다섯 가지의 기번뇌는 육식에 있는데, 그 다섯 가지 종자를 다섯 주지의 혹惑이라 한다."라고 한다.

혹 어떤 설자는 "다섯 가지 예리한 번뇌를 '견일처'라 하고, 욕계의 단계에서 무명주지와 견일처를 제외한 일체 번뇌를 '욕애'라 하고, 무명과 견일처를 제외한 색계 번뇌를 '색애'라 하고, 무명과 견일처를 제외한 무색계 번뇌를 '유애'라 한다. 주지번뇌와 기번뇌의 차별을 간략하게 두 가지 의미로 뽑아내면, 첫째 분별사식에서 취착을 자성으로 하는[119] 번뇌를 '주지'라고 설하고, 나머지 견일처와 애 등은 인식경계를 조건으로 하여 별도로 일어난 것이므로 그것을 설하여 '기'라 한다. 둘째 분별사식에서 열 가지 사使(Ⓢ anuśaya)를 '주지'라 하고, 나머지 얽힘(纏, Ⓢ paryavastāna)과 더러움(垢) 등은 그것으로써 '기'라 한다. 이 네 가지는 모두 분별사식에 있는 것이며, 오직 제7식에서만 망상심을 체體로 한 것이므로 무시의 무명주지라 설한다. 마음 밖에 심소법이 따로 있어서 마음과 함께 상응한 것을 구별하지 못하기 때문에 '마음과 상응하지 않는다'고 설한 것이니, 논에서 "곧 마음과 불각이 항상 별도로 다름이 없는 것이므로 '상응하지 않는다'고 하기 때문이다."[120]라고 설하고 있다.

혹 어떤 설자는 "근본식에서 생득주지生得住地를 '견일처'라 하고, 작득주지作得住地는 세 가지 밀密로 나누면 삼유三有에서 '애'이다. 근본이 되기 때

---

119 길장이 찬술한 『勝鬘寶窟』에 의하면 "'취성取性'이란 마명馬鳴의 논서에서 '집취상執取相' 또는 집상응염執相應染을 말한다."라고 설명하고 있다. 『大乘起信論』(T32, 577a16~17)에서 그것을 "三者執取相. 依於相續. 緣念境界. 住持苦樂. 心起著故."라고 설명하고 있으므로 '취착을 자성으로 하는 것'이라 번역한다.
120 『大乘起信論』(T32, 577c18~19), "不相應義者. 謂即心不覺. 常無別異."

문에 이 네 가지 종류를 합하여 무시의 무명주지라고 설명하고, 마음에서 알아차리지 못하므로 '상응하지 않는다'고 한다. 나머지 일곱 가지 식 가운데 일체 번뇌를 모두 '기'라고 이름하며 이것은 마음과 상응하는 것이다."라고 한다. 『보살영락본업경』에서는 "일체중생의 식은 처음 일상一想을 일으켜 반연에 대해 머무는 것이다. 제일의제第一義諦를 등져 일어난 것을 혹惑이라 하나니, 이것들이 주지가 되기 때문에 생득이라 하고, 욕계의 혹을 일으키므로 욕계 주지라 하고, 색계의 혹을 일으키므로 색계 주지라 하며, 마음의 혹을 일으키므로 무색계 주지라 한다. 이 네 가지 주지번뇌로 일체 번뇌를 일으키기 때문에 처음 일어난 것을 네 가지 주지번뇌라 한다. 이 네 가지 주지번뇌에 대해 금강지金剛智로써 '이렇게 처음 일어난 일상一想은 끝이 있다'고 알지만 그 처음 이전에 법이 있었는지, 법이 없었는지는 알지 못한다. 어떻게 생득의 한 가지 주지번뇌와 작득의 세 가지 주지번뇌를 알 수 있겠는가? 오직 부처님만 처음과 끝을 알 뿐이다."[121]라고 한다. 그러므로 이와 같이 세 분의 해설이 모두 그 까닭이 있다.

이제 이 경전에 의거하여 재차 하나의 의미를 도출할 것이다.[122] 전체

---

121 여기에서는 『菩薩瓔珞本業經』에 서술된 전체 문장을 인용한 것이라기보다 필요에 따라 일부만 차용한 것으로 보인다. 관련 문장을 소개하면 다음과 같다. 『菩薩瓔珞本業經』「大衆受學品」(T24, 1021c26~1022a10), "佛子. 復從是地以一照智. 了一切業因業果法界無不一觀. 以智知一切衆生識始起一相住於緣. 順第一義諦起名善 背第一義諦起名惑. 以此二爲住地故. 名生得善生得惑. 因此二善惑爲本. 起後一切善惑. 從一切法緣生善惑名. 作以得善作以得惑. 而心非善惑. 從二得名故善惑二心. 起欲界惑. 名欲界住地. 起色界惑. 名色界住地. 起心惑故. 名無色界住地. 以此四住地. 起一切煩惱故. 爲始起四住地. 其四住地前 更無法起故. 故名無始無明住地. 金剛智. 知此始起一相有終. 而不知其始前有法無法. 云何而得知生得一住地作得三住地. 唯佛知始知終."
122 응연은 앞의 세 분의 정통한 사람들에 대해 첫 번째는 자은 법사 등이고 두 번째는 정영이지만 세 번째는 누구의 주장인지 아직 모르겠다고 하면서 원효의 주장에 대해서 다음과 같이 평가하고 있다. "원효 자신은 세 가지 무거운 번뇌에 모든 혹을 다 포섭해야 의리義理가 두루 갖추어진다고 뜻풀이하고 있다.(元曉自義. 三重煩惱. 攝盡諸惑. 義理周備.)"(『佛全』4, 168b16)

적으로 설명하면 번뇌는 세 종류가 있다. 그 첫째는 네 가지 주지번뇌이고, 둘째는 항사번뇌이고, 셋째는 무시의 무명주지번뇌이다. 네 가지 주지번뇌란 삼계에서 분별로 일어난 것으로서 열 가지 종류의 번뇌, 그것과 상응하는 모든 수번뇌들이다. 견見으로써 근본을 삼아 하나의 '주住'로 합쳐 세운 것이므로 '견'이라 하고, '일처一處'는 삼계에서 별도로 세운 다른 세 개와 구별하기 위해 일처라고 한 것이다. 이 혹을 일처로 세운 까닭은 삼계의 구품 분별기혹分別起惑이 진견도眞見道[123]에서 일시에 몰록 끊어지기 때문이다. 이러한 기번뇌가 오직 제6 의식에만 있다면 욕계에서 자발적으로 여섯 번뇌와 다른 구생의 여러 수번뇌들을 일으키니, 수승함에 따라 설하면 통틀어 욕애라고 한다. 이러한 기번뇌가 식계識界라고 하는 7종의 전식轉識에 두루 있다면 자발적으로 다섯 번뇌와 수번뇌들을 일으키니, 통틀어 색애라고 한다. 이러한 기번뇌가 비식과 설식을 제외한 다섯 가지 전식에 있다면 무색계에서 자발적으로 다섯 번뇌와 수번뇌들을 일으키니, 통틀어 유애라고 한다. 이러한 기번뇌가 오직 제6식과 제7식에만 있는 것은 다섯 가지 식에 없기 때문이다. 이 네 가지의 종자가 제8식에 있어서 (그들에게) 분단생사에서 오래 머물게 할 수 있으므로 '주住'라 하고, 네 가지 주지번뇌가 일체 분별기혹을 일으킬 수 있으므로 '지地'라 하며, 이 네 가지 종류로 번뇌장을 포섭한다.

항사번뇌란 여덟 가지 망상(S vikalpa)과 열 가지 산란(散動, S vikṣepa)[124]이다. 이와 같은 것들은 상相을 취하는 분별로서 갠지스강의 모래알만큼 많은 알아야 할(所知) 법문에 두루 통하고 일체 모든 공덕의 위를 덮어 버린다. 그 때문에 갠지스강의 모래알만큼의 많은 상번뇌上煩惱라 한다. 이

---

123 『成唯識論』에서는 견도를 진견도와 상견도로 나누는데, 진견도에 대한 설명은 『成唯識論』(T31, 50ac)을 참조하라.
124 산란(散動) : '산동散動'은 S vikṣepa'의 한역어로서 선정과 반대되는 산란을 가리킨다.

러한 기번뇌는 일곱 가지 전식에 통하며 일체 종자는 제8식에 있다. 이러한 번뇌들은 업을 일으킬 수 없는데, (중생으로) 하여금 생사에서 오래 머물지 못하게 하기 때문이다. 이것이 주지번뇌의 숫자에 들어가지 못하기 때문에 이것은 일체 소지장에 모두 포섭된다.

무명주지란 제8식 내부의 근본무명으로서, (그들에게) 변역생사에서 오래 머물게 할 수 있기 때문에 '주'라 하고, 네 가지 주지번뇌 및 갠지스강의 모래알만큼 많은 혹을 두루 유지하기 때문에 '지'라고 한다. 별도의 심왕과 심소의 행상 차별이 없기 때문에 '불상응'이라고 하며, 생사법生死法 가운데 마지막이 된 것으로서 이것에 근본이 될 만한 어떤 법도 없기 때문에 '무시無始'라 한다. 이와 같이 무명은 비록 별도의 상相은 없지만 의미에 따라 생득과 작득으로 구별하여 정립된다. 이것은 오직 현기일 뿐, 별도의 종자가 없다. 이것은 오직 주지할 뿐, 별도로 일어나지 않으며 제8식에도 있지 않고 나머지 일곱 가지에도 통하지 않는다. 오직 두 가지 장애 중에 지애智礙에 포섭된다.

문 어떻게 (그것이) 제8식에 있으면서 오직 현행일 뿐, 종자가 아니라고 알 수 있는가?

답 『대승기신론』에서는 "아리야식에 의거해 무명이 있고, (무명에 의해 불각이 있고) 불각이 일어난 것이라 설한다."[125]라고 말하고, 또한 "일법계를 통달하지 못하기 때문에 마음과 상응하지 않는 망념이 홀연히 일어나는 것을 무명이라 한다."[126]라고 설하는데, 이 문장에서 (무명이) 제8식에 있지만 현기하는 것임을 분명하게 밝히고 있다. 『보살영락본업경』에서는 "제일의제를 등져 일어난 것을 혹이라고 하나니, 이것들이 주지가 되기 때문이다.……주지 이전에 더 이상 어떤 법도 일어남이 없다. 그러므

---

125 『大乘起信論』(T32, 577b4~5), "以依阿梨耶識說有無明. 不覺而起."
126 『大乘起信論』(T32, 577c5~7), "以不達一法界故. 心不相應. 忽然念起. 名爲無明."

로 무시의 무명주지라 한다."¹²⁷라고 하고 있다. 이 문장들에 의거하여 무명주지는 오직 현기일 뿐, 종자가 아니라고 알아야 할 것이다. 다섯 주지 번뇌와 기번뇌에 대한 간략한 해설은 이와 같다.¹²⁸

丘龍疏中。亦約識明。丘疏五住。先擧他三家釋。後五依經。顯自所立。故彼文云。此中略明五住地義。諸說不同。惑¹⁾有說者。見斷煩惱。名見一處。修斷煩惱。名爲三愛。法執分別。說名無明。此五之起。在於六識。其五種子。名五住地惑。有說者。五利煩惱。名見一處。欲界地中。一切煩惱除無明見。

---

127 『菩薩瓔珞本業經』「大衆修學品」(T24, 1021c29~1022a8), "背第一義諦起名惑。以此二爲住地故。……其四住地前更無法起故。故名無始無明住地."

128 『詳玄記』 권13(『佛全』 4, 167a6~168b5). 이 구문의 후반부가 응연응연의 『華嚴經探玄記洞幽鈔』에서 다음과 같이 재인용되어 있다. "今依此經。更出一義。總說煩惱有其三種。一四住煩惱。二恒沙煩惱。三無始無明住地煩惱。四住煩惱者。三界之中。分別所起十種煩惱。及其相應諸隨煩惱。以見爲本。合立一住。名見一處。爲別餘三。三界別立。故名一處。所以此惑立一處者。三界九品分別起惑。以眞見道時一時頓斷故。此起唯在第六意識。欲界之中。任運而發六種煩惱。及餘俱生諸隨煩惱。從勝而說。通名欲愛。此起通在七種轉識。色界任運五種煩惱。及隨煩惱。通名色愛。此起在於五轉識中。除鼻舌故。無色任運五種煩惱。及隨煩惱。通名有愛。此起唯在第六第七。五種無故。此四種子。在第八識。能令分段生死久住。故名爲住。能生四住一切起惑。故名爲地。以此四種。攝煩惱障也。恒沙煩惱者。八種妄想。十種散動。諸如是等取相分別。遍逆所知恒沙法門。覆於一切諸功德上。故名恒沙等上煩惱。此起通於七種轉識。一切種子。在第八識。如是煩惱。不能發業。所以不令生死久住。由是不入住地數中。此攝一切所知障盡也。無明住地者。第八識內根本無明。能令變易生死久住。故名爲住。遍持四住及恒沙惑。故名爲地。無別王數行相差別。名不相應。生死法中是爲最後。更無有法與此作本。故名無始。如是無明。雖無別相。隨義別立生得作得。此唯現起。無別種子。唯是住地無別起。末在第八識。不通餘七。唯二礙中智礙所攝。問云。何得知在第八識。唯是現行。而非種子。答。起信論云。依阿梨耶識。說有無明。不覺卽起。又言。不達一法界故。心不相應。忽然念起。名爲無明。是文分明在第八識。卽是現起。本業經云。背第一義諦起名惑。以此爲住地。乃至四住地前。更無法起。故名無始無明住地。依此等文。當知無明住地。唯是現起。而非種子."(밑줄 친 부분의 글자만 다름) 다만 이 문장을 제시하기 이전에 응연은 "원효 대사의 『승만경소』에서는 다섯 가지 주지번뇌에 대해 세 분의 해설을 들어 밝히고 나서 자신의 해설을 진술하여 말하고 있다.(元曉大師勝鬘經疏。明五住地。擧三說已。陳自解云。)"(『日藏』 1, 49ab)라는 요약적 해설을 덧붙이고 있다.

名爲欲愛。色界煩惱除無明見。名爲色愛。無色煩惱除無明見。名爲有愛。地起差別。略出二義。一事識中。取性煩惱。說爲住地。餘見愛等。緣境別生。說之爲起。二者於事識中。十使爲地。餘纏垢等。以之爲起。此四皆在分別事識。唯第七識妄想心體。說名無始無明住地。不別心外別有數法。與心相應。是故說名心不相應。如論說言。卽心不覺。常無別異。名不相應故。或有說者。本識之中。生得住地。名見一處。作得住地。分作三密。與三有愛。而作本故。合此四種。說名無始無明住地。卽心不覺。名不相應。餘七識中。一切煩惱。皆名爲起。是心相應。如本業經言。一切衆生識。始發一想。住於緣。皆[2)]第一義諦起名惑。以此爲住地故名生得。起欲界惑。名欲界住地。起色界惑。名色界住地。起心惑故。名無色界住地。以此四住地。起一切煩惱故。爲始起四住地。其四住地。金剛智知此始起一想有終。而不知其始前有法無法。云何而得知生得一住地作得三住地。唯佛知始終。故如是三說。皆有所以。今依此經。更出一義。惣說煩惱有三類。其一四住煩惱。二恒沙煩惱。三無始無明住地煩惱。四住煩惱者。三界之中。分別所起。十種煩惱。及其相應諸隨煩惱。以見爲本。合立一住名見。一處爲別餘三。三界別立。故名一處。所以此惑立一處者。三界九品分別起惑。以眞見道一時頓斷故。此起唯在第六意識。欲界之中。任運而發六種煩惱。及餘俱生諸隨煩惱。從勝而說。通名欲愛。此起通在七種轉名識界。任運五種煩惱。及隨煩惱。通名色愛。此起在於五轉識中。除鼻舌故。無色任運五種煩惱。及隨煩惱。通名有愛。此起唯在第六第七。五識無故。此四種子。在第八識。能令分段生死久住。故名爲住。能生四住一切起惑。故名爲地。以此四種。攝煩惱障也。恒沙煩惱者。八種妄想。十種散動。諸如是等取相分別。遍通所知恒沙法門。覆於一切諸功德上。故名恒沙等上煩惱。此起通於七種轉識。一切種子在第八識。如是煩惱不能發業。所以不令生死久住。由是不入住地數中。此攝一切所知障盡也。無明住地者。第八識內根本無明。能令變易生死久住。故名爲住。遍持四住及恒沙惑。故名爲地。無別王數行相差別。名不相應。生死法中。是爲最後。更無有法與此作本。故名無始。如是無明。雖無別相。隨義別立生得作得。此唯現起。無別種子。唯是住地無別起。未在第八識。不通餘也七。唯二礙中。智礙所攝。問云。何得知在第八識。唯是現行。而非種子。答。起信論云。依阿梨耶識。說有無明。不覺而起。又言不達一法界故。心不相應。忽然念起。名爲無明。是文分明第八識而是現起。本業經云。背第一義諦起名惑。以此爲住地。乃至住地前。更無法起。故名無始無明住地。依此等文。當知無明住地。唯是現起。而非種子。五住地起。略說如是。

1) 옘 '惑'은 여기에서는 '或'과 통용한 것으로 본다.   2) 옘 『菩薩瓔珞本業經』(T24, 1021c29)과 『詳玄記』(『佛全』 4, 168b2)에서 모두 '皆'가 '背'로 되어 있다.

소 5.6.2 가상의 『보굴』에서는 문장의 특징이 정해져 있지 않지만 무명주지가 제외된 것은 정영의 뜻과 같으며 또한 원효에 의해 제시된 것과 같다.

첫 해설에서 그는 다섯 주지번뇌의 체體를 드러내면서 말한다. 88가지 사使는 견일처주지번뇌를 체로 삼은 것이고, 탐욕(貪)·성냄(瞋)·아만(慢)·무명無明이라는 네 가지 사는 욕애주지번뇌를 체로 삼은 것이고, 갈애(愛)·아만·무명이라는 세 가지 사는 색애와 유애라는 두 주지번뇌를 체로 삼은 것이다. 만약 애愛와 견見이라는 두 법으로써 체를 삼는다면 삼계에서의 견은 견일처주지번뇌를 체로 삼을 것이고, 삼계에서의 애는 세 가지 주지번뇌를 체로 삼을 것이다. 견에 합하고 애를 여읜 이유는 애를 바로 드러내기 위해서이며, 업을 적시고 재생을 적시는 허물은 모두 애로 말미암은 것이다. 그러므로 지금 이 경전에서 재생을 받는 의미를 바로 밝힘에 의해 자세하게 애를 드러낸 것이다. 또한 중생은 애에 대해 많이 일으키고 견에 대해 적게 일으킨다. 그러므로 견에 합하고 애를 여읜 것이다. 비록 애와 견을 제시하여 실마리로 삼더라도 그 가운데 애에 속하든지 견에 속하든지 번뇌가 있다면 모두 애와 견에 포섭해 들어가야 할 것이다. 무명주지번뇌의 체란 생공生空과 법공法空이라는 두 공성 및 여래장을 요달하지 못하여 무명주지번뇌를 체로 삼는 것을 말한다.【이상】[129] 여기에서 설명된 것이 원효에 의해 제시된 것과 동일하다.[130]

嘉祥寶窟。文相不定。所除無明。同淨影義。或同元曉所擧。初說彼出五住地體云。八十八使。爲見一處住地體。貪瞋慢無明四使。爲欲愛住地體。愛慢無明三使。爲色有二住地體。若以愛見二法爲體者。三界見爲見一處住地體。三界愛爲三住地體。所以合見而離愛者。正欲彰愛。過患潤業潤生。皆由於愛。故今此經。正明受生義故。廣彰愛也。又衆生。多起於愛。小起於見。是故合見而離愛也。雖擧愛見爲端。其中有屬愛屬見煩惱者。皆攝入愛見中也。無明住地體者。謂不了生法二空及如來藏。爲無明住地體【已上】此中所說。卽同元曉所擧。

---

[129] 『詳玄記』에서 서술된 '【已上】'은 인용문의 끝을 알리는 표식이다. 이를 고려하면 앞 단락이 인용문인 것은 틀림없을 것이다. 하지만 이 구문은 원효 소라기보다 길장의 『勝鬘寶窟』일 가능성이 높으며, 해당 내용을 살펴보면 다음과 같다. 『勝鬘寶窟』(T37, 51a9~18), "八十八使。爲見一處住地體。貪瞋慢無明四使。爲欲愛住地體。愛慢無明三使。爲色有二住地體。若以愛見二法爲體者。三界見爲見一處住地體。三界愛爲三住地體。所以合見而離愛者。正欲彰愛。過患潤業潤生。皆由於愛。故今此經。正明受生義故。廣彰愛也。又衆生。多起於愛。少起於見。是故合見而離愛也。雖擧愛見爲端。其中有屬愛屬見煩惱者。皆攝入愛見中也。無明住地體者。謂不了生法二空及如來藏。爲無明住地體。" 그럼에도 여기에서 간접 인용으로 간주하여 수록한 것은 원효의 해설과 동일하다는 응연의 판단에 입각한 것이다. 응연은 이 구문 다음에 다섯 주지번뇌를 번뇌장과 소지장이라는 두 장애로 묶을 수 있다고 하면서 원효의 『二障義』를 인용하고 있다.(『佛全』 4, 169b8~170a4)

[130] 『詳玄記』 권13(『佛全』 4, 167a12~b4). 이 구문은 원효 소에 대한 간접 인용이다. 응연은 서두에서 정영과 원효의 해설도 동일하다는 측면에서 가상의 보굴의 내용 즉 "八十八使。……無明住地體。"를 제시한 다음, 이 가운데 해설된 것과 원효가 제시한 것이 같다고 하고 있다. 여기에서는 이것에 의거하여 원문 전체와 한글 번역을 수록한다. 김상현본에는 이 구문이 결여되어 있고 후쿠시본(2013, pp.86~87)에는 있다. 하지만 후쿠시본에서는 원효 소와 무관한 부분까지 수록하고 있는데, 그것은 "初說對同可見。……二所知障。"이라는 구절이다.

소 5.6.3 구룡은 말했다.

"이 네 가지 주지번뇌의 힘"이라 한 것은 네 가지 주지번뇌가 일체 기혹起惑(기번뇌)을 일으킬 수 있는 힘이라고 증명한 것(牒)이다. "일체 상번뇌가 의지할 종자"라는 것은 갠지스강의 모래알만큼 많은 상번뇌의 종자임을 증명한 것이다. 일체 상번뇌가 의지할 종자이기 때문에 '의지할 종자(依種)'라 한 것이고, 이 중에 네 가지 주지번뇌의 힘이 미약하다는 것을 나타내고자 한 것이다. 그러므로 이승도 끊을 수 있다. 하지만 그 갠지스강의 모래알만큼 많은 상번뇌의 종자일지라도 또한 무명주지번뇌에는 미치지 못하기 때문에 또한 그 수승함을 드러내기 위해 함께 제시한 것이다. 이 네 가지 주지번뇌와 갠지스강의 모래알만큼 많은 종자는 오직 자신과 유사한 기혹의 현행을 일으킬 뿐 전면적으로(遍) 일어날 수 없다. 그 나머지 일체는 전면적으로 유지되고 전면적으로 일어나는 무명보다 못하기 때문에 '산수의 비유로 미치지 못할 것'[131]이라 한 것이다.[132]

丘龍云。言此四住地力者。牒四住地。能生一切起惑之力。一切上煩惱依種者。是牒恒沙上煩惱種。一切上煩惱。所依種子。故名依種。此中欲顯四住地力是羸劣。故二乘能斷。然其恒沙上煩惱種。亦不及於無明住地。故亦兼擧顯彼殊勝。此四住地。及恒沙種。唯生自類起惑現行。不能遍生。其餘一切。不如無明遍持遍生故。言竿譬所不及也。

소 5.6.4 구룡은 말했다.

---

131 원문의 '言竿譬所不及也'라는 구문에 대응하는 경문은 "算數譬喩。所不能及。"이다. 여기에서 '竿'은 '算數'와 같은 의미로 사용한 듯하다.
132 『詳玄記』 권13(『佛全』 4, 172b8~15).

갠지스강의 모래알만큼 많은 종자를 지닐 수 있고 현행하기 때문에 갠지스강의 모래알만큼 많은 상번뇌의 의지처라고 한 것이다.[133]

丘龍云。能持恒沙種子現行。故言恒沙上煩惱依。

소 5.6.5 그러므로 구룡이 세운 것은 근본무명의 단멸이 오직 불과佛果의 초념初念에 있을 뿐이라는 것이다. 『신론新論』에서 의미는 불과의 초념에서 습기를 끊어 없애고 일체 혹과 습기는 해탈도解脫道일 때 모두 제거해 소멸하기 때문이라는 것이다.[134] 유식학파의 논사들도 의미가 바르다고 뜻풀이했지만 무간도無間道에서 제거는 의미가 바르지 않다고 하고 있다. 구룡 법사도 근본무명은 오직 현행일 뿐, 종자가 없다고 뜻풀이하고 있다.[135]

故丘龍所立。根本無明斷滅。唯在佛果初念。如新論意。佛果初念。斷除習氣。一切惑習。解脫道時。皆除滅故。唯識師意。是爲正義。無間道除。爲不正義。丘龍師意。根本無明。唯現無種。

경 5.7 또한 세존이시여, (예를 들면) 취착(取, ⓢ upādāna)을 조건으로 한 유루업의 원인으로 세 가지 유(有)에서 태어나는 것처럼,[136] 이와 같이 무명주지번

---

133 『詳玄記』 권13(『佛全』 4, 174b2~3).
134 『新論』은 『瑜伽師地論』의 현장 역을 가리키는데, 관련 구문이 검색되지 않으므로 간접 인용인 듯하다.
135 『詳玄記』 권13(『佛全』 4, 175b4~7). 이 구문은 원효 소에 대한 응연의 간접 인용이다. 따라서 김상현본에는 결여되어 있다. 후쿠시본(2013, p.87)에는 이 구문 가운데 "丘龍師意"까지만 수록되어 있다.
136 '取緣有漏業因。而生三有。'라는 구문을 'A緣B'의 구조로 간주한 것은 십이연기 정형구에 나타난 '취연유取緣有', '취取-유有-생生'과 동등한 방식의 조건적 관계로 파악했기 때문이다.

뇌를 조건으로 한 무루업의 원인으로 아라한·벽지불·대력보살이 세 가지 의생신으로 태어납니다. 이 세 가지 단계에서 그 세 가지 의생신으로 태어나는 것과 무루업으로 태어나는 것은 무명주지번뇌를 의지한 것이고 조건이 있는 것으로서 조건이 없는 것은 아닙니다. 그러므로 세 가지 의생신과 무루업의 조건은 무명주지번뇌가 됩니다.[137] 세존이시여, 이와 같이 유애주지까지 헤아린 네 가지 주지번뇌는 무명주지번뇌와 더불어 업業이 동일하지 않습니다. 무명주지번뇌는 네 가지 주지번뇌를 원리하는 것과 다르며, 불지에서 끊어질 대상이고, 부처님의 보리지菩提智로 끊어질 대상입니다. 왜냐하면 아라한과 벽지불이 네 가지 주지번뇌를 끊더라도 무루업이 끝나지 않았으므로 자재력을 얻지 못할 것이고 또한 작증하지 못할 것이기 때문입니다. 무루업이 끝나지 않았다면 곧 이것은 무명주지번뇌 때문일 것입니다. 세존이시여, 아라한·벽지불·최후신의 보살들은 무명주지번뇌에 덮여지고 가로막혀진 자들이기 때문에 그런 저런 진리에 대해 알지 못하고 깨닫지 못하며, 알고 보지 못하기 때문에 응당 끊어야 할 것을 끊지 못하고 끝내지 못하며, 끊지 못하기 때문에 유여의 허물이 있는 해탈이라 하고, 일체 허물을 여읜 해탈이 아니므로 유여 청정이라 하고, 일체에 대한 청정이 아니므로 유여 공덕을 성취한 것이고 일체 공덕이 아니라고 합니다. 유여 해탈, 유여 청정, 유여 공덕을 성취하기 때문에 유여의 고제를 알고 유여의 집제를 끊고 유여의 멸제를 증득하고 유여의 도제를 수습하며, 이것을 소분 열반을 얻은 것이라 하는데, 소분 열반을 얻는 자는 열반계로 향한 자라고 합니다.[138]

世尊。又如取緣有漏業因。而生三有。如是無明住地緣無漏業因。生阿羅漢

---

137 『詳玄記』(『佛全』 4, 183b13~184a7)에는 "구룡 대사의 『이장의』 중에 자세하게 업을 일으키고 재생을 적시는 행상에 대해 밝히고 있지만 복잡할까 염려되어 일일이 설명하지 않겠다."라고 하면서 이 부분을 간략하게 요약하고 있다.
138 『勝鬘經』(T12, 220a15~b5).

辟支佛大力菩薩三種意生身。此三地。彼三種意生身生。及無漏業生。依無
明住地。有緣非無緣。是故三種意生及無漏業緣無明住地。世尊。如是有愛
住地數四住地。不與無明住地業同。無明住地異離四住地。佛地所斷。佛菩
提智所斷。何以故。阿羅漢辟支佛。斷四種住地。無漏不盡。不得自在力。亦
不作證。無漏不盡者。即是無明住地。世尊。阿羅漢辟支佛最後身菩薩。爲
無明住地之所覆障故。於彼彼法。不知不覺。以不知見故。所應斷者。不斷
不究竟。以不斷故。名有餘過解脫。非離一切過解脫。名有餘淸淨。非一切
淸淨。名成就有餘功德。非一切功德。以成就有餘解脫有餘淸淨有餘功德
故。知有餘苦。斷有餘集。證有餘滅。修有餘道。是名得少分涅槃。得少分涅
槃者。名向涅槃界。

소 5.7.1 구룡은 말했다.

처음 언급된 '취取'라는 것은 네 가지 취착이다. 네 가지 취착이란 네 가지 주지번뇌이다. 유애가 네 가지 주지번뇌를 취하기 때문이다. 그 가운데 수승한 것을 들어 애愛라고 설하면서 취착이라 하고, 미래를 희구하고 현재에 염착하기 때문에 취착이라 한다. 『대법론』에서는 설한다. "무엇 때문에 세존께서 오직 애만 집제라고 설하셨는가? 가장 수승하기 때문이다. 가장 수승하다는 것은 변행의 뜻이며, 애가 여섯 가지 변행의 의미를 갖추고 있기 때문이다."[139]라고 하면서 나아가 여섯 가지 변행을 갖추

---

139 『大乘阿毘達磨雜集論』 권6(T31, 722b19~c13), "若爾何故。世尊唯說愛爲集諦。由最勝故。謂薄伽梵隨勝而說。若愛。若後有愛。若貪喜俱行愛。若彼彼希樂愛。是名集諦。言最勝者。是遍行義。由愛具有六遍行義。是故最勝。何等爲六。一事遍行。謂於一切已得未得自身境界事遍行故。於已得自身起愛。於未得自身起後有愛。於已得境界起貪喜俱行愛。於未得境界起彼彼希樂愛。二位遍行。謂於苦苦性等三位諸行中遍隨行故。於已得苦苦性位起別離愛。於未得苦苦性位起不和合愛。於壞苦性位起不別離愛。及和合愛。已得未得差別故。於行苦性位起愚癡愛。由煩惱麤重所顯故。

어 밝히고 있다. '유루업'이란 삼계의 선업과 불선업을 말한다. '누漏'는 곧 바로 세 가지 누이다. 마음에서 연속적으로 물을 대어 흐르게 하면서 흩어져 끊어지지 않도록 하므로 유루라고 하고, 누에 의해 따라서 속박되어 삼계에서 태어날 수 있기 때문에 유루라고 한다.[140]

丘龍云。初言取者。卽是四取。四取者。卽四住地。是有愛取四住地故。於中擧勝。說愛名取。希求未來。染着現在。故名爲取。對法論言。何故世尊唯說愛爲集諦。由最勝故。言最勝者。是遍行義。由愛具有六遍行義。乃至具明六遍。有漏業者。謂於三界善不善業。漏卽三漏。令心連注流散不絶。故名有漏。漏所隨縛。能生三界。故名有漏。

소 5.7.2 해동 구룡은 말했다.

무루업이란 이를테면 삼승의 순결택분에서 상응하는 의도(思)이다. 누漏를 따라 대치하면서 세 가지 누를 거스르는 것을 무루업이라 한다.【이상 『승만소』】 또 말했다. 이 중에 무루업이란 가행도에서 지혜와 상응하는 의도이다.[141·142]

及不苦不樂受所顯故。唯阿賴耶識是最勝行苦位。依止此位因我癡門貪愛轉故。三世遍行。謂於三世中遍隨行故。於過去世起追憶行遍隨行愛。於未來世起希樂行遍隨行愛。於現在世起耽著行遍隨行愛。四界遍行。謂欲色無色三愛次第遍三界故。五求遍行。謂由貪愛遍求欲有邪梵行故。由欲求力不脫欲界招欲界苦。由有求力不脫二界招色無色界苦。由邪梵行求力不脫生死彼流轉故。六種遍行。謂有無有愛遍行斷常一切種故。

140 『詳玄記』 권13(『佛全』 4, 177a7~13). 이 구문이 김상현본에는 잘못 편집되어 있다. 즉 『勝鬘經』 일승장 6번의 "何以故。有煩惱……無明住地最爲大力。"에 대한 '원효소 6-⑤'로 배치되어 있다. 그러나 이 구문은 『詳玄記』에 따르면 "又如取"(『佛全』 4, 176a11)를 주석하는 내용에 해당된다. 따라서 김상현본을 기준으로 할 때, 7-①로 재배치한다.
141 이 구문에 이어서 무루업에 대한 다음과 같은 원효의 『二障義』의 내용이 서술되어 있

海東丘龍云。無漏業者。謂於三乘順決擇分。相應之思。順漏對治。違逆三
漏。名無漏業。【已上勝鬘疏】又云。此中無漏業者。是加行智相應之思。

소 5.7.3 소疏(『승만경의소』)에서 "여시如是" 이하는 다섯 가지 결박 중에
무명이 수승하다는 것이다. 『보굴』에서는 이곳에서 불지에서 끊어야 할
혹의 유무를 갖추어 밝히고 있다. 원효도 아래의 "불지에서 끊어질 대상
이고 부처님의 보리지菩提智로 끊어질 것이다."라는 문장이 있는 곳에서
불지에서 끊어야 할 혹의 유무를 자세하게 진술하고 있다.[143]

疏從如是下。五結無明勝。寶窟此處。具明佛地斷惑有無。元曉於下。佛地
所斷。佛菩提智。所斷文處。廣陳佛地斷惑有無。

소 5.7.4 **문** 위에서부터 고금의 여러 논사들이 제시한 것은 변역생사
의 원인이 된 무루업에서 근본지와 후득지라는 두 가지 지혜는 순전히 무
루이고, 그 가행도에서 지혜를 체로 하는 것은 유루라는 것이다. 그러나
『무상의경』의 설명에서는 변역생사의 원인은 미세한 허망이고, 무루업을
일으킨다고 말하고 있다. 이미 허망이라고 했다면 순수한 무루는 아닐 것
이다. 구룡이 설명한 것도 바른 도리에 합한다. 그 근본지와 후득지를 취

다. "同師二障義云。此中所發無漏業者。方便道中道分善根 不爲三漏所發所潤。不
受三有。故名無漏。當知集諦有其二種。謂有漏集諦無漏集諦。所生苦諦亦有二種。
謂有爲苦諦無爲苦諦。寶性論云。云何名爲世間。以三界相似鏡像法故。此明此義依
無漏界中有三種。意生身應知。彼由無漏善根所作名爲世間。以離有漏諸業煩惱所
作法。故亦名涅槃。依此義故。勝鬘經言。有有爲世間。有無爲世間。有有爲涅槃。有
無爲涅槃故。"(『佛全』4, 188a11~b5)
142 『詳玄記』권14(『佛全』4, 188a8~11). 이 구문이 후쿠시본에는 결여되어 있다.
143 『詳玄記』권13(『佛全』4, 176a9~11). 이 구문은 원효 소의 간접 인용이다. 따라서 김상
현본에는 결여되어 있고, 후쿠시본에는 수록되어 있다. 단지 후쿠시본에는 뒷부분에
"今此至彼處應具陳述"(2013, p.87)이라는 원효 소와 무관한 구절이 첨가되어 있다.

하는 논사들과 『무상의경』은 어찌하여 해석이 통하는가?

답 근본지와 후득지는 순수한 무루이지만 모든 인위因位 중에 얻어질 무루는 아직 끊어지지 못한 곳에서 무명의 힘 때문에 허망이 제거되지 않아 미세함과 상응한다. 그러므로 일으킬 무루를 미세한 허망이라 한 것이니, 근본지와 후득지는 이러한 상相에서 벗어나지 못한다. 그 때문에 『무상의경』과 어긋나지 않는 것이다. 구룡에 의해 설해진 것도 앞에서 이미 인용된 것과 같으며, 거기에 덧붙여 그 『승만경소』에서는 가행도에서의 관찰이 무루를 이해하는 것이고 변역생사의 원인을 짓는 것이라고 성립시키면서 『무상의경』에서 설해진 것을 널리 인용하여 자신이 세운 무루업상無漏業相을 증명하고 있다.¹⁴⁴ 그 (『승만경소』)의 문장에서 말했다. 무루업이란 이를테면 삼승의 순결택분에서 상응하는 의도(思)이다. 누에 따라 대치하면서 세 가지 누를 거스르므로 무루업이라 한다. 무명의 힘 때문에 아직 상相을 그칠 수 없어서 변역의 태어남을 초감한다. 그러므로 원인이 된다고 한 것이다. 어떻게 이 무루업이 아직 망상을 여의지 못하고 진실로 누가 없는 것이 아니라고 알 수 있는가? 경전의 나머지 다른 부분에서 "이 무루업은 원인을 일으키는 혹惑이라 하고 허망한 행이 된다."¹⁴⁵라고 설하기 때문이다.

『무상의경』에서 설한 것은 (다음과) 같다.

---

144 처음부터 이 구문까지는 원효 소에 대한 간접 인용과 응연의 주장이 섞여 있다고 할 수 있다. 전반적으로 원효 소만 추려 내는 작업이 어렵기 때문에 문장 전체를 수록하고 번역한다. 왜냐하면 앞에 제시된 질문에서는 고금의 여러 논사의 해설과 같은 맥락을 지닌 원효 해석이 포함되어 있고, 답변에서 응연은 '『무상의경』과 어긋나지 않는다'는 자신의 주장이 합당하다는 근거로서 원효 소를 통해 증명하고 있으며, 이후에는 원효 소의 직접 인용이 서술되기 때문이다.
145 『無上依經』(T16, 472b9~10)에서 이 구절과 동일한 맥락으로 간주되는 부분은 다음과 같다. "緣無明住地因微細虛妄起無漏業."

"일체 아라한·벽지불·대지大地보살은 네 가지 장애에 의해 여래의 법신의 네 가지 공덕바라밀을 얻지 못한다. 무엇이 네 가지인가? 첫째 조건을 일으키는 혹惑이고, 둘째 원인을 일으키는 혹이고, 셋째 유有가 있는 것이고, 넷째 무無가 있는 것이다. 무엇이 조건을 일으키는 혹인가? 즉 무명주지번뇌가 일체 행을 일으키는 것으로서 무명이 업을 일으킨다는 것과 같다. 무엇이 원인을 일으키는 혹인가? 이 무명주지번뇌에 의해 일어난 제행으로서 비유하면 무명에 의해 일어난 모든 업과 같다. 무엇이 유가 있는 것인가? 무명주지번뇌를 조건으로, 무명주지번뇌를 원인으로 일어난 무루행과 세 가지 의생신이다. 비유하면 네 가지 취를 조건으로 삼고 세 가지 유루업을 원인으로 삼아 세 종류의 유有를 일으키는 것과 같다. 무엇이 무가 있는 것인가? 세 가지 의생신을 조건으로 하여 각지할 수 없는 미세함(변역)으로서 소멸에 떨어지는 것이다. 비유하면 세 가지 유를 조건으로 한 것에서 태어남에 의해 생각생각 늙음과 죽음이 있다는 것과 같다. 무명주지는 일체 번뇌가 거기에 의지하는 곳으로서 그것이 아직 끊어지고 제거되지 못했기 때문에 (아라한들·벽지불들·자재력을 지닌 보살들은 번뇌의 혼탁한 더러움과 습기의 역겨운 냄새에 대해 구경의 멸진을) 보는 큰 청정바라밀에 이를 수 없다. 무명주지번뇌를 원인으로 가벼운 상혹相惑을 일으켜 허망이 있는 행에 대해 아직 소멸하고 제거하지 못했기 때문에 (지음도 없고 형성도 없는 지극한 적정을) 보는 큰 자아바라밀에 이를 수 없다. 무명주지번뇌를 조건으로 미세한 허망을 원인으로 일어난 무루업과 의생의 모든 음陰에 대해 아직 제거하고 끝내지 못했기 때문에 (극도의 소멸과 원리를) 보는 큰 즐거움의 바라밀에 이를 수 없다. 만약 일체 번뇌에 의해 여러 업으로 태어나는 어려움에서 영원히 끝나 남김이 없는 모든 여래의 감로계甘露界를 얻을 수 없다면 변역의 죽음에서 끊어짐, 흘러감, 소멸이 무량하기 때문에 극치의 변이가 없음을 보는 큰 항상함의 바라밀에 이를 수 없다."[146]

살펴보건대, 이러한 문장들에 의거하여 마땅히 알아야 할 것이다. 이 가운데 무루업이란 가행도에서 지혜와 상응하는 의도이고, 아직 분별에서 떠나지 못한 것이므로 허망한 행이라 하고, 무분별을 따르기 때문에 이것은 미세한 것이다.[147]

問。上來所擧古今諸師。變易所因無漏業中。本後二智。是純無漏。其加行智體是有漏。然無上依經說變易因云。微細虛妄。發無漏業。旣言虛妄。非純無漏。丘龍所說。是合正理。取彼中智後智之師。無上依經。云何釋通。答。中智後智。是純無漏。而皆因中所得無漏。未斷之處。無明力故。虛妄未除。微細相應。故所發無漏。言微細虛妄。中智後智。不脫此相。是故不違無上依經。丘龍所說。如前已引。加之彼勝鬘疏。成立加行觀解無漏。作變易因。廣引無上依經所說。證自所立無漏業相。故彼文云。無漏業者。謂於三乘順決擇分。相應之思。順漏對治。違逆三漏。名無漏業。由無明力。未能已相招變易生。故名爲因。云何得知。此無漏業。未離妄想。非眞無漏。餘經中說。此無漏業。名生因惑。爲虛妄行故。如無上依經言。一切阿羅漢辟支佛大地菩薩。爲四種障。不得如來法身四德波羅蜜。何者爲四。一者生緣

---

146 『無上依經』 권상 「菩提品」(T16, 472a24~b14), "一切阿羅漢辟支佛大地菩薩。爲四種障。不得如來法身四德波羅蜜。何者爲四。一者生緣惑。二者生因惑。三者有有。四者無有。何者生緣惑。卽是無明住地生一切行。如無明業生。何者是生因惑。是無明住地所生諸行。譬如無明所生諸業。何者有有。緣無明住地。因無明住地。所起無漏行。三種意生身。譬如四取爲緣。三有漏業爲因起三種有。何者無有。緣三種意生身。不可覺知微細墮滅。譬如緣三有中 生念念老死。無明住地 一切煩惱 是其依處 未斷除故。諸阿羅漢及辟支佛自在菩薩。不得至見煩惱垢濁習氣臭穢。究竟滅盡大淨波羅蜜。因無明住地 起輕相惑。有虛妄行 未滅除故。不得至見無作無行 極寂大我波羅蜜。緣無明住地 因微細虛妄 起無漏業。意生諸陰 未除盡故。不得至見極滅 遠離大樂波羅蜜。若未能得一切煩惱諸業生難 永盡無餘。是諸如來爲甘露界。則變易死斷流滅無量。不得至見極無變異大常波羅蜜。"『無上依經』 인용문 중 생략된 부분은 괄호 안에 넣어서 번역하였다.

147 『詳玄記』 권14(『佛全』 4, 149a9~150a4). 이 구문이 김상현본에는 없지만 후쿠시본 (2013, pp.87~88)에는 수록되어 있다.

惑。二者生因惑。三者有有。四者無有。何者生緣惑。卽是無明住地生一切行。如無明生業。何者生因惑。是無明住地所生諸行。譬如無明所生諸業。何者有有。緣無明住地。因無明住地。所發[1]無漏行。三種意生身。譬如四取爲緣。三有漏業爲因。起三種有。何者無有。緣三種意生身。不可覺知微細隨[2]滅。譬如緣三有中。生念念老死。無明住地一切煩惱是其依處。未斷除故。不得至見大淨波羅蜜。因無明住地。起輕相惑。有虛妄行。未滅除故。不得至見大我波羅蜜。緣無明住地。因微細虛妄。發[3]無漏業。意生諸陰。未除盡故。不得至見大樂波羅蜜。若未能得一切煩惱諸業生難。永盡無餘。是諸如來爲甘露界。則變易死斷歸[4]滅無量。不得至見極無變異大常波羅蜜。案云。依此等文。當知此中無漏業者。是加行智相應之思。未離分別。名虛妄行。順無分別故。是微細也。

----

1) ㉠『無上依經』(T16, 472b1)에는 '發'이 '起'로 되어 있다. 2) ㉠『無上依經』(T16, 472b4)에는 '隨'가 '墮'로 되어 있다. 3) ㉠『無上依經』(T16, 472b10)에는 '發'이 '起'로 되어 있다. 4) ㉠『無上依經』(T16, 472b13)에는 '歸'가 '流'로 되어 있다.

소 5.7.5 원효는 말했다.

"세 가지 의생신"이란 곧 앞에서 (설명한) 삼승의 변역생사에서 태어난 몸으로서『능가경』의 세 가지 의생신과 동일하지 않다. 거기에서 세 가지는 삼매 등에 의거하여 마음에 따라 자유자재한 것을 의생신이라 하고 도제에 포함된 것이다.[148] 여기에서 세 가지는 무명의 힘에 의거하여 이숙식이 일어나는 것을 의생신이라 하고 고제에 포함된 것이다. 이와 같은 차별이 있으므로 서로 혼동해서는 안 될 것이다.[149]

148『入楞伽經』권5「佛心品」(T16, 540b16~c14).
149『詳玄記』권14(『佛全』4, 192a14~b1).

元曉師云。三種意生身者。卽前三乘變易生身。不同楞伽三意生身。彼三種者。依三昧等。隨意自在。名意生身。道諦所攝。此中三種。依無明力。異熟識生。名意生身。苦諦所攝。如是差別。不可相濫。

소 5.7.6 구룡은 말했다.

"이 세 단계(此三地)"란 이 세 가지 유(有)의 단계로서 지금 세 가지 유가 있다고 설한 것이다. 이것은 변역생사에는 아직 이르지 못했다는 말이다. 그러므로 "차(此)"라고 설한 것이고, 통틀어 인과를 취하여 모두 세 단계라고 한 것이다. "그 세 가지 의생신으로 태어남과 무루업으로 태어남(彼三種意生身生及無漏業生)"이란 지금 삼계에서 머물게 하는 그 변역생사에서 분단의 인과는 무명에 의해 지닌 것이고, 변역의 인과는 무명에 의해 생긴 것이기 때문에 무명주지번뇌에 의지한다고 한 것이다. "조건이 있다.(有緣)"라고 한 것은 의생신과 무루업을 바라보면서 몸소 업을 일으킬 수 있고, 마음으로 이루어진 몸을 생기게 한다는 것이다. 그러므로 "조건이 있다."라고 말한 것이다. "조건이 없는 것이 아니다.(非無緣)"라는 것은 분단생사에 대해 바라보면서 몸소 업을 일으킨 것이 아니지만 도무지 통함이 없어서 의지할 조건이 아니라는 것이다. 그러므로 다만 조건이 없는 것이 아니라고 한 것이다. 무명주지번뇌의 힘이 수승하다는 것을 드러내기 위해 통틀어 두 가지 죽음을 바라보면서 의지할 힘을 밝힌 것이다.[150]

丘龍云。此三地者。此三有地。今在三有而說。是語未至變易。故說爲此。通取因果。惣名三地。彼三種意生身生及[1]漏業生者。今在三界。彼於變易。分段因果。無明所持。變易因果。無明所生。故言依無明住地。言有緣者。望意

---

150 『詳玄記』 권14(『佛全』 4, 195b15~196a5).

生身及無漏業。親能發業。令生意身。故言有緣。非無緣者。望於分段。非親
發業。而非都無通所依緣。是故但言非無緣也。爲顯無明住地力勝。通望二
死。明所依力。

---

1) ㉔『勝鬘經』(T12, 220a17)에는 '及' 뒤에 '無'가 있다. 번역은 『勝鬘經』을 따른다.

소 5.7.7 원효는 말했다.

"유애주지번뇌까지 헤아린 네 가지 주지번뇌"란 세 가지 유有에서 갈애
이다. 갈애가 가장 수승한 왕이고 네 가지 주지에서 그 나머지 번뇌는 백
성을 헤아리는 것과 같기 때문이다. 마치 심소법이 심왕을 쫓는 것과 같
다. 지금은 가장 수승한 것을 들어 그 숫자를 공통적으로 취한 것이다. 그
러므로 유애까지 헤아린 네 가지 주지번뇌라 한 것이다.[151]

元曉云。有愛住地數四住地者。是三有愛。愛是最勝王。於四住其餘煩惱。
是如數民。如心數法。從於心王。今舉最勝。通取其數。故言有愛數四住。

소 5.7.8 원효는 말했다.

"무명주지번뇌는 네 가지 주지번뇌를 원리하는 것과 다르다."라는 것
은 네 가지 주지번뇌의 원리는 이승에 있지만 무명주지는 그 원리할 대상
이 아님을 밝힌 것이다. 그러므로 다르다고 한 것이다.[152]

曉云。無明住地異離四住地者。明四住地。離在二乘。無明住地。非其所離。
故云異也。

---

151 『詳玄記』 권14(『佛全』 4, 196b15~197a1).
152 『詳玄記』 권14(『佛全』 4, 197b1~2). 이 구문이 후쿠시본(2013, p.88)에는 결여되어 있다.

소 5.7.9 구룡은 말했다.

"불지에서 끊어질 대상"이란 보살과 차이를 분간한 것이다. 보살지에서는 여읠 수 없기 때문이다. "부처님 보리지로 끊어질 대상"이란 이승과 차이를 분간한 것이다. 이승의 보리지로는 끊을 수 없기 때문이다.

문 금강심의 지위는 보살지이다. 이때 이미 일체 무명을 끊었거늘 어찌하여 불지에서 끊어야 할 대상이라 하고, 보살지에서는 여읠 수 없다고 말하는가?

(답) 만약 네 가지 주지번뇌 및 항사의 혹(恒惑)이라는 현기하는 번뇌(正使)로 논한다면 금강심에 있을 때 끊을 것이 이미 다했지만 그 두 습기와 무명주지번뇌는 이때에도 오히려 존재하며, 그 끊어야 할 대상이 아니다. 그러므로 불지에서 끊어야 할 대상이라 한 것이다. 『대지도론』 제6권에서 설명한 것과 같다.[153] 비유하면 어둠을 제거할 수 있는 등불은 켤 대상이 있고, 거기에 다시 다른 등불이 있을 때 더욱더 밝아지는 것처럼, 부처님과 보살이 끊어야 할 결박도 또한 그러하다. 보살이 끊어야 할 대상은 비록 이미 끊어졌더라도 부처님이 끊어야 할 대상에 대해서는 오히려 아직 끝내지 못한 것이다. 또한 그 논(『대지도론』) 제85권에서도 설하고 있다.[154]

---

153 『大智度論』「初品」'意無礙釋' 제12(T25, 106c7~15), "問曰. 若爾時已斷諸結. 成佛時復何所斷. 答曰. 是淸淨有二種. 一者得佛時除結都盡得實淸淨. 二者菩薩捨肉身得法身時. 斷諸結淸淨. 譬如一燈能除闇得有所作更有大燈倍復明了. 佛及菩薩斷諸結使亦復如是. 菩薩所斷雖曰已斷. 於佛所斷猶爲未盡. 是名得無量淸淨智. 故於諸法中意無罣礙."

154 『詳玄記』에서 이 구문은 『大智度論』 권85의 내용으로 소개되어 있으나, 실제로는 권84의 내용에 해당된다. 『大智度論』「釋三慧品」권84(T25, 650c23~651a13), "問曰. 十智各各有體相. 如實智有何等相. 答曰. 有人言. 能知諸法實相. 所謂如法性實際. 是名如實智相. 佛此中說如實智. 唯是諸佛所得. 何以故. 煩惱未盡者. 猶有無明故不能知如實. 二乘及大菩薩. 習未盡故不能遍知一切法一切種. 不名如實智. 但諸佛於一切無明盡無遺餘. 故能如實知. 問曰. 若除佛更無如實知者. 二乘云何得涅槃. 大菩薩得無生忍. 答曰. 如實智有二種. 一有遍滿具足. 二者未具足. 具足者佛. 不具足

"이 중에 여실지라 설한 것은 오직 부처님만 얻을 대상이다. '만약 그렇다면 어떻게 이승이 열반을 얻으며 대보살은 무생법인을 얻는가?'라는 물음에 (이렇게) 대답한다. '여실지는 두 가지가 있다. 첫째 편만하게 구족된 것이고, 둘째는 구족되지 못한 것이다. 구족한 자는 부처님이고 구족하지 못한 자는 이승과 보살이다. 비유하면 어두운 방에 만들어진 방이 있었기 때문에 등불을 태운 것이고, 이미 (등불이) 갖추어진 곳에 이후 다른 등불을 가져온다면 그 광명이 더욱 증가하는 것과 같다. 어둠에도 두 가지 구별이 있다. 두 번째 어둠은 첫 등불의 광명과 화합할 것이지만 그렇지 않을 경우라도 두 번째 등불이 소용이 없어서 첫 등불의 비춤이 없다고 말할 수 없을 것이다. 그러므로 오직 부처님만 여실지가 되는 것이다.'"

살펴보건대, 무간도라는 세제일법에서는 혹惑과 더불어 종자가 구생하므로 바로 끊을 수 없지만 해탈도라는 견도에 들어갈 때에는 종자와 구생하지 않으므로 바로 끊어진다. 이와 같이 금강심은 무명과 더불어 구생하므로 무간도라 하더라도 바로 끊을 수 없지만 여래지에 들어가면 바야흐로 무명을 여의므로 해탈도라 하며 바로 끊어짐이 많다. 금강심에서는 아직 부처님의 지혜에 의해 소지하는 인식경계를 보지 못했기 때문이고, 세제일법에서는 아직 견도에서 증득할 인식경계를 증득하지 못했기 때문이다. 만약 견도의 초념初念에 의거하여 무간도라 하고, 두 번째 염 이후를 해탈도라 한다면 이와 같은 문門 가운데 무간도에 있을 때는 혹과 종자를 이미 여의었을 것이기 때문에 바로 끊어진다고 한 것이다. 이것을 기준으로 설하면 불지의 초념에서 무명을 바로 끊는 것을 무간도라 해야 할 것이다. 이와 같이 설명한다면 또한 서로 해치지 못할 것이니, 다만 불지에

者二乘及大菩薩. 譬如闇室中爲有所作故然燈. 所爲已辦後來燈其明益增. 黑闇有二分. 一分初燈已除. 第二分後燈所除. 第二分闇與初燈明和合. 若不爾第二燈則無所用. 如是二乘及大菩薩智慧. 雖已破無明. 佛智慧所除無明分. 是諸人所不能除. 不得言初燈無照. 如是不得言二乘及菩薩智慧非遍如實智. 遍如實智是佛. 但如實智二乘及菩薩所共."

서 일체 혹이 없어지는 것이고, 그 까닭에 해탈도라 통칭할 뿐이다.[155]

丘龍云。佛地所斷者。簡異菩薩。於菩薩地中。不能離故。佛菩提智所斷者。簡異二乘。二乘菩提智。不能斷故。問。金剛心位。是菩薩地。此時已斷一切無明。云何而言佛地所斷。於菩薩地。不能離耶。若論四住及恒惑之正使者。金剛心時。斷之已盡。彼二習氣。及無明住地。此時猶有。非其所斷。故言佛地之所斷也。如智度論第六卷言。譬如燈能除闇。得有所作。更有餘燈。倍復明了。佛及菩薩。斷結亦爾。菩薩所[1] 雖曰已斷。於佛所斷。猶爲未[2] 又彼論第八十五卷云。此中說如實智。唯佛所得。問。若爾二乘。云何得涅槃。大菩薩得無生法忍。答。如實智有二種。一遍滿具足。二者不具足。具足者佛。不具足者。二乘菩薩。譬如闇室。室有所作故燃燈。所爲已辨。有後來燈。其明益增。闇有二分。第二分闇。與初燈明和合。若不爾者。第二燈無所用。而不得言初燈無照。是故唯佛爲如實智。案云。如世第一法。爲無間道。與惑種俱。不能正斷。入見道時。爲解脫道。不與種俱。是爲正斷。如是金剛。與無明俱。爲無間道。不能正斷。入如來地。方離無明。爲解脫道。是多正斷。以金剛心。未見佛智。所知境故。如世第一法。未證見道。所證境故。若依見道初念。名無間道。第二念後。名解脫道。如是門中。無間道時。已離惑種。是爲正斷。以此準說。佛地初念。正斷無明。名無間道。作如是說。亦無有傷。但於佛地。一切惑盡。所以通名爲解脫道之耳。

1) ㉠『大智度論』(T25, 106c13)에는 '所' 뒤에 '斷'이 있다. 번역은『大智度論』을 따른다. 2) ㉠『大智度論』(T25, 106c14)에는 '未' 뒤에 '盡'이 있다. 번역은『大智度論』을 따른다.

155 『詳玄記』권14(『佛全』4, 200a6~b12). 후쿠시본(2013, p.88)에는 이 구문의 "丘龍云……不能斷故"까지만 수록되어 있고 김상현본(1993, p.455, ⑥)에는 "丘龍云……所以通名爲解脫道之耳"까지 수록되어 있다. 여기에서는『詳玄記』의 인용문 표식인 '[已上]'이라는 협주가 "所以通名爲解脫道之耳" 말미에 나타나므로 김상현본을 따라 재구성한다.

경 5.8 만약 일체 고제를 알고 일체 집제를 끊고 일체 멸제를 증득하고 일체 도제를 수습한다면 무상하고 무너지는 세간과 무상하고 병든 세간에서 상주하는 열반을 얻을 것이며, 보호자가 없는 세간과 의지처가 없는 세간에서 보호자가 되고 의지처가 될 것입니다. 왜냐하면 법이 우세함과 하열함이 없으므로 열반을 얻고, 지혜가 평등하므로 열반을 얻고, 해탈이 동등하므로 열반을 얻고, 청정이 등일하므로 열반을 얻기 때문입니다. 그러므로 열반의 동일한 맛과 평등한 맛을 해탈의 맛이라 말합니다. 세존이시여, 무명주지번뇌가 끊어지지 않고 끝나지 않았다면 이를테면 해탈의 맛이라고 밝힌 동일한 맛과 평등한 맛을 얻지 못할 것입니다. 왜냐하면 무명주지번뇌가 끊어지지 않고 끝나지 않았다면 갠지스강의 모래알보다 많은 응당 끊어야 할 법이 끊어지지 않고 끝나지 않을 것이며, 갠지스강의 모래알보다 많은 응당 끊어야 할 법이 끊어지지 않았기 때문에 갠지스강의 모래알보다 많은 법에서 응당 얻어야 할 것은 얻지 못하고 응당 증득해야 할 것은 증득하지 못할 것입니다. 그러므로 무명주지번뇌가 축적되어 일체 도도의 수습에서 끊어야 할 번뇌인 상번뇌上煩惱를 일으킵니다. 그것이 심상번뇌心上煩惱, 지상번뇌止上煩惱, 관상번뇌觀上煩惱, 선상번뇌禪上煩惱, 정수상번뇌正受上煩惱, 방편상번뇌方便上煩惱, 지상번뇌智上煩惱, 과상번뇌果上煩惱, 득상번뇌得上煩惱, 역상번뇌力上煩惱, 무외상번뇌無畏上煩惱를 일으킵니다. 이와 같이 갠지스강의 모래알보다 많은 상번뇌는 여래의 보리지로 끊어야 할 대상이고, 일체가 모두 무명주지번뇌를 의지하여 건립된 것입니다. 일체 상번뇌가 일어난 것은 모두 무명주지번뇌를 원인으로 하고, 무명주지번뇌를 조건으로 한 것입니다.[156]

若知一切苦。斷一切集。證一切滅。修一切道。於無常壞世間。無常病世間。得常住涅槃。於無覆護世間。無依世間。爲護爲依。何以故。法無優劣故得

---

[156] 『勝鬘經』(T12, 220b5~22).

涅槃。智慧等故得涅槃。解脫等故得涅槃。淸淨等故得涅槃。是故涅槃一味
等味。謂解脫味。世尊。若無明住地。不斷不究竟者。不得一味等味。謂明解
脫味。何以故。無明住地。不斷不究竟者。過恒沙等。所應斷法。不斷不究
竟。過恒沙等。所應斷法。不斷故。過恒沙等法。應得不得。應證不證。是故
無明住地積聚。生一切修道斷煩惱上煩惱。彼生心上煩惱。止上煩惱。觀上
煩惱。禪上煩惱。正受上煩惱。方便上煩惱。智上煩惱。果上煩惱。得上煩
惱。力上煩惱。無畏上煩惱。如是過恒沙等上煩惱。如來菩提智所斷。一切
皆依無明住地之所建立。一切上煩惱起。皆因無明住地。緣無明住地。

소 5.8.1 원효 소의 하권에서 말했다.

"응당 얻어야 할 것"이라 한 것은 보리가 곧 무량한 공덕이라 말한 것이고, "응당 증득해야 할 것"이란 열반이 곧 그 나머지 다른 세 공덕이라 말한 것이다.[157]

元曉疏下云。言應得者。謂菩提卽是無量功德。應證者。謂涅槃是餘三種功德也。

소 5.8.2 원효는 말했다.

"심상心上번뇌"란 이것은 곧 처음 보리심을 일으켰을 때의 장애이고 발심을 미혹하게 하는 경계이며, 초발심 위를 덮는 것이다. 그러므로 심상번뇌라 한 것이다. 또한 수면隨眠과 구별하기 위해 상上이라 한 것이고, 이 가운데 오직 상上의 혹만 파악한 것이다. 그러므로 아래에서의 모든

---

157 『詳玄記』 권15(『佛全』 4, 209a14~15).

상上의 뜻도 이와 유사하게 해석해야 할 것이다.[158]

元曉云。心上煩惱者。此正障初發菩提心。迷發心境。覆發心上。是故名爲心上煩惱。又復爲別隨眠。故名爲上。此中唯取上惑。故下諸上義。類此應釋。

소 5.8.3 원효는 말했다.

"지상止上"이란 사마타를 장애하기 때문이고 "관상觀上"이란 비발사나를 장애하기 때문이다. "선상禪上"이란 여덟 가지 선정에서 말하기 때문이고 "정수正受"란 세 가지 삼마지로서 공·무원·무상을 말하기 때문이다. "방편"이란 사섭법의 방편이기 때문이고, "지상智上"이란 세 가지 지혜로서 가행도 등이라 말하기 때문이다. "결과"란 큰 열반의 결과이기 때문이고, "증득"이란 해탈의 원인을 얻기 때문이다. "힘"이란 십력이기 때문이고, "무소외"란 네 가지 무소외이기 때문이다.[159]

元曉云。止[1)]上者。障奢摩他故。觀上者。障毗鉢舍那故。禪上者。謂八禪故。正受者。三三摩地。謂空無願及無相故。方便者。四攝方便故。智上者。三智。謂加行等故。果者。大涅槃果故。得者。解脫得因故。力者。十力故。無畏者。四無畏故。

---
1) ㉠ 김상현본(1993, p.456, ③)에는 '此'로 되어 있다.

소 5.8.4 또한 앞에 구룡의 해석에서 상相과 체體가 드러나는데, 글귀로 구별한 열한 가지이다. 앞에 일곱 가지는 원인에서 결과를 덮은 것이

---
158 『詳玄記』 권15(『佛全』 4, 209b11~14).
159 『詳玄記』 권15(『佛全』 4, 209b16~210a3).

고 아래 네 가지는 결과(果)의 위(上)를 덮을 수 있다.

구룡은 말했다. "간략하게 열한 가지로 제시한 것이다. 처음, 중간, 마지막으로 포섭하면 처음 한 가지는 시작을 장애한 것이고, 그 다음 여섯 가지는 중간을 장애한 것이고, 마지막 네 가지는 끝을 장애한 것이다. 이 세 부류를 들어 갠지스강의 모래알만큼 많은 숫자(恒沙)를 모두 포섭한 것이다. 처음, 중간, 마지막이란 것에서 발심은 처음이 되고 수행은 중간이 되며 불과(佛果)는 마지막이 된다."

지(止)와 관(觀) 등 여섯 가지는 큰 수행을 덮어 버리기 때문에 구룡이 먼저 '무명의 축적……'이라 해석한 것이다.

"'무명주지번뇌의 축적'이란 무명 안에 있는 네 가지 주지번뇌로서 이를테면 한 개의 생득주지와 세 개의 작득주지이다. 이 네 가지가 화합하여 모든 번뇌를 일으키기 때문에 '축적으로 일체……을 일으킨다'고 한 것이다. '일체 도의 수습에서 끊어야 할 번뇌'란 일체 도의 수습에서 끊어야 할 번뇌를 구별하기 위해서이다. 네 가지 주지번뇌의 수습에서 소분으로 통하는 것이고 또한 끊어 없앨 수 있다. 이것은 소지장이고 이(理)를 미혹하는 일체 번뇌가 된다. 다음으로 상번뇌라 한 것은 곧 소지장 가운데 사(事)를 미혹하는 일체 번뇌이다. 그러나 이 두 가지 종류는 그 체가 다르지 않으니, 모든 사를 집착함으로 말미암아 이를 미혹하기 때문이다. 다만 두 가지 의미에 따라 다른 명칭을 세웠을 뿐이다."

원효가 주장한 세 가지 무거운 번뇌는 무명주지번뇌·항사번뇌와 조금 다르지만 여러 논사들이 앞에서처럼 상세하게 인용하고 있다.[160]

---

160 『詳玄記』 권15(『佛全』 4, 210a13~b7). 단락 말미의 "元曉所立。三重煩惱。無明恒沙少異。諸師如前具引。"이라는 구문을 제외한 나머지 부분들이 김상현본(1993, p.456, ④, ⑤)에는 두 구문으로 편집되어 있고 후쿠시본에는 모두 하나로 편집되어 있다. 하지만 후자에는 "初中後者。發心爲初。修行爲中。佛果爲終。止觀等六覆大行故。"라는 구문이 결여되어 있다. 이 구문을 전체적으로 살펴보면 첫 단락은 원효 소 인용 전에 간략하게 그 내용을 소개한 것이고, 두 번째 단락은 원효 소의 직접 인용이며, 세 번

又前丘龍釋。相體顯了。別句十一。前七覆因果。下四種能覆果上。丘龍云。略擧十一。攝初中後。初一障初。次六障中。後四障後。擧此三類。總攝恒沙。【已上】初中後者。發心爲初。修行爲中。佛果爲終。止觀等六。覆大行故。丘龍釋前無明積聚等云。無明住地積聚者。此無明內。有四住地。謂生得一。及作得三。此四和合。生諸煩惱故。言積聚生一切等。一切修道斷煩惱者。修一切道。所斷煩惱爲別。四住修少分通。亦能斷盡。此是所知障。爲一切迷理煩惱。次言上煩惱者。卽於所知障中。一切迷事煩惱。然此二種。其體無別。由執諸事。而迷理故。但隨二義。立別名耳。【已上】元曉所立。三重煩惱。無明恒沙少異。諸師如前具引。

소 5.8.5 원효는 말했다.

"무명주지번뇌를 원인으로 한다."라는 것은 작득주지를 바라보는 것이다. 가까운 원인이기 때문이니, 마치 과보가 업을 바라보는 것처럼, 이것 또한 이와 같다. "무명주지번뇌를 조건으로 한다."라는 것은 생득주지를 바라보는 것이다. 먼 조건이기 때문이니, 마치 번뇌를 바라보는 것처럼, 이것 또한 이와 같기 때문이다.[161]

元曉云。因無明住地者。是望作[1]得住地。是近因故。如果望業。此亦如是。緣無明住地者。是望生得。是遠緣故。如望煩惱。此亦如是故。

1) ㉠『詳玄記』(『佛全』4, 211a2)에는 '作' 옆에 '報歟'라는 협주가 달려 있다.

째 단락은 다시 원효 소에 대한 응연의 간접 인용이고, 네 번째 단락인 "'무명주지번뇌의 축적'이란……다른 명칭을 세웠을 뿐이다."라는 부분은 재차 원효 소를 직접 인용한 것이며, 마지막 단락은 네 번째 단락에 대한 응연의 요약적 해설이다. 따라서 전후 문맥을 고려하여 전체 원문을 수록한다.

161 『詳玄記』권15(『佛全』4, 211a1~4).

경 5.9 세존이시여, 여기에서 기번뇌는 찰나의 마음이 찰나에 상응하는 것입니다. 세존이시여, 마음과 상응하지 않는 것이 무시의 무명주지번뇌입니다. 세존이시여, 또한 여래의 보리지로 응당 끊어야 할 법이 갠지스강의 모래알보다 많더라도 일체가 모두 무명주지번뇌에 의해 유지되고 건립된 것입니다. 비유하면 일체 씨앗이 모두 땅을 의지하여 생겨나고 건립되어 증장된 것과 같습니다. 만약 땅이 무너진다면 그것들도 그에 따라 무너지듯이 이와 같이 여래의 보리지로 응당 끊어야 할 법이 갠지스강의 모래알보다 많더라도 일체가 모두 무명주지번뇌를 의지하여 생겨나고 건립되고 증장된 것입니다. 만약 무명주지번뇌가 끊어진다면 여래의 보리지로 응당 끊어야 할 법이 갠지스강의 모래알보다 많더라도 또한 모두 (무명주지에) 따라 끊어질 것입니다. 이와 같이 갠지스강의 모래알보다 많은 일체의 번뇌 가운데 상번뇌가 끊어집니다.

여래는 일체 제법을 얻었고 걸림 없이 일체 지견에 통달했고 일체 나쁜 허물을 여의었고, 일체 공덕을 성취하셨고 법왕이시고 법의 주재자이시고 자유자재를 얻은 분이시고 일체 법에 대해 자유자재한 단계에 오른 분이십니다. (그때) 여래·아라한·정등각자는 곧바로 '나의 태어남은 끝났고, 법행은 이미 세워졌으며, 지어야 할 것은 이미 갖추었고, 후유를 받지 않는다'고 사자후할 것입니다. 그런 까닭에 세존이시여, 이러한 사자후로써 요의에 의지하여 일향기로 설한 것입니다.

세존이시여, '후유를 받지 않는다'는 지혜는 두 가지 종류가 있습니다. 이를테면 여래는 최고의 조어장부이므로 네 종류 마라들을 항복받고 일체 세간을 뛰어넘어 일체중생에게 우러러 볼 대상이 되며, 부사의한 법신을 얻는 자로서 일체 이염爾焰의 단계에서 걸림 없는 법의 자재를 얻고, 그 위에 더 이상 지어야 할 대상도 없고 얻어야 할 대상도 없는 단계에서 십력을 지니고, 용맹스럽게 최고로 위없고 두려움 없는 단계에 올라 일체 이염爾炎에 대해 걸림 없는 지혜로 다른 사람을 말미암지 않는다고 관찰합니다. (이것이) '후유를 받지 않는다'는 지혜의 사자후입니다. 세존이시여, 아라한과 벽지불은 생사의 두려움을 뛰어넘어 차제대로 해탈의 즐거움을 얻으면 '나는 생사의 공포로부터 떠나 생사의 고통을 받지 않는다'고 생각할 것입니다. 세존이시여, 아라한과 벽지불은 (그것을) 관찰할 때 '후유를 받지 않는다'는 관찰을 얻어 최고로 소식蘇息하는 열반의 단계(涅槃地)에 머무릅니다. 세존이시여, 그들은 이전에 증득했던 지위에서 진리에 대해 미혹하지 않는 자들(不愚於法)[162]이고, 다른 사람을 말미암지 않은 자들이며, 또한 스스로 유여의 단계를 얻었다고 아는 자들이고, 반드시 아뇩다라삼먁삼보리阿耨多羅三藐三菩提를 얻어야 할 자들입니다. 왜냐하면 성문승과 연각승이 모두 대승에 들어가고, 그 대승은 곧 불승이기 때문입니다. 그러므로 삼승이 곧 일승입니다. 일승을 증득한 것은 아뇩다라삼먁삼보리를 얻은 것이고, 아뇩다라삼먁삼보리라는 것은 곧 열반계이고, 열반계는 곧 여래의 법신입니다. 구경의 법신을 얻는 자는 곧바로 구경의 일승을 지닌 자이며, 여래와 조금도 다르지 않고 법신과 조금도 다르지 않으므로 여래가 곧 법신입니다. 구경의 법신을 얻는다는 것은 구경의 일승이고, 구경이란 끝이 없고 단절되지 않는 것입니다.[163]

世尊。於此起煩惱。刹那心刹那相應。世尊。心不相應。無始無明住地。世尊。若復過於恒沙。如來菩提智。所應斷法。一切皆是無明住地。所持所建立。譬如一切種子。皆依地生建立增長。若地壞者。彼亦隨壞。如是過恒沙等。如來菩提智。所應斷法。一切皆依無明住地生建立增長。若無明住地斷

---

162 진리에 대해~않는 자들(不愚於法) : 원문의 '不愚於法'이란 '愚法'의 반대로서 이승에 대한 분류 가운데 하나이다. 말하자면 우법이승은 대승의 법공에 대한 진리를 미혹하는 성문과 연각이고, 불우법이승은 소승의 진리를 증득할 수 있고 또한 대승의 진리도 이해할 수 있는 성문과 연각이라는 것이다. 특히 불우법이승은 법공의 진리를 미혹하는 기존의 성문과 달리, 대승으로 전향하기 때문에 회심이승迴心二乘이라고 칭한다. 이런 측면에서 'Ⓢ sammūḍha' 혹은 'Ⓢ sammoha'의 한역인 '愚'는 '미혹하다'로, '法'은 '진리'로 번역한다.
163 『勝鬘經』(T12, 220b22~c26).

者. 過恒沙等. 如來菩提智. 所應斷法. 皆亦隨斷. 如是一切煩惱上煩惱斷.
過恒沙等. 如來所得一切諸法. 通達無礙一切智見. 離一切過惡. 得一切功
德. 法王法主. 而得自在. 登一切法自在之地. 如來應等正覺. 正師子吼. 我
生已盡. 梵行已立. 所作已辦. 不受後有. 是故世尊. 以師子吼. 依於了義.
一向記說. 世尊. 不受後有智. 有二種. 謂如來以無上調御. 降伏四魔. 出一
切世間. 爲一切衆生之所瞻仰. 得不思議法身. 於一切爾焰地. 得無礙法自
在. 於上更無所作無所得地十力. 勇猛昇於第一無上無畏之地. 一切爾炎
無礙智. 觀不由於他. 不受後有智師子吼. 世尊. 阿羅漢辟支佛. 度生死畏.
次第得解脫樂. 作是念. 我離生死恐怖. 不受生死苦. 世尊. 阿羅漢辟支佛.
觀察時. 得不受後有觀. 第一蘇息. 處涅槃地. 世尊. 彼先所得地. 不愚於
法. 不由於他. 亦自知得有餘地. 必當得阿耨多羅三藐三菩提. 何以故. 聲
聞緣覺乘. 皆入大乘. 大乘者. 卽是佛乘. 是故三乘. 卽是一乘. 得一乘者.
得阿耨多羅三藐三菩提. 阿耨多羅三藐三菩提者. 卽是涅槃界. 涅槃界者.
卽是如來法身. 得究竟法身者. 則究竟一乘. 無異如來. 無異法身. 如來卽
法身. 得究竟法身者. 則究竟一乘. 究竟者. 卽是無邊不斷.

소 5.9.1 구룡은 말했다.

일체 소지所知를 일념에 두루 관찰하는 것을 걸림 없는 지혜라 한다.[164]

丘龍云. 一切所知一念遍觀. 名無礙智.

소 5.9.2 구룡은 말했다.

---

164 『詳玄記』 권15(『佛全』 4, 212a8~9). 응연은 이 구문을 "言無礙智觀者"에 대한 주석의 차원에서 인용하고 있다.

"다른 사람을 말미암지 않는다."라는 것은, 다른 사람이 가르친 것을 말미암아 증득하는 것이 궁극적이지 않다고 분간한 것이다.[165]

丘龍云。不由佗[1]者。簡不究竟必由於佗所教而得。

1) ㉎『勝鬘經』의 '不由於他'에 대응하는 내용이므로 '佗'와 '他'를 같은 글자로 간주한다.

소 5.9.3 **문** "이렇게 관찰할 때(觀察時)"와 앞 단락의 "이러한 생각을 짓는다(作是念)"라는 것은 어떤 차별이 있는가?[166]

답 앞 단락에서 설해진 것은 차제로 해탈함에 있어서 관찰하는 마음으로 들어가는 것이다. 다음으로 '이러한 생각을 짓는다'는 것은 관찰에서 나올 때이다. 구룡은 이와 같이 배대하여 해석하고 있다. 다만 그 논사는 처음 결과를 얻을 때에 들어감과 나옴이 많다고 뜻풀이하고 있다.[167]

問。此觀察時。與前段作是念。有何差別。答。前段所說。次第解脫。是入觀心。次作是念。是出觀時。丘龍如是配對解。但彼師意。多在初得果時入出。

소 5.9.4 구룡은 곧바로 장차 열반에 든다는 것을 가리키면서 앞의 '처

---

165 『詳玄記』 권15(『佛全』 4, 212a12~13).
166 이러한 질문이 도출된 앞 단락을 살펴보면 다음과 같다. "'관찰할 때(觀察時)'라 한 것은 이를테면 사제를 관조할 때라는 것이다. 이것은 아라한의 진지盡智 이후 열반 이전을 밝힌 것이다. 예류에 들어갈 때 사제에 대해 관조하는데, 이 관조 중에 짓는 첫 번째 사유이다. 어떤 사람이 '사제를 관조할 때 스스로 진리 등을 유추할 수 있다면 이 뜻이 유학과 무학의 단계에 모두 통할 것이다. 이때에 이 관찰을 짓는다'고 한다."(『佛全』 4, 213a10~13)
167 『詳玄記』 권15(『佛全』 4, 213a13~16). 『詳玄記』의 본문에 '修出恐心'이라는 협주가 달려 있는데, 후쿠시본(2013, p.89)에서는 앞의 문답과 함께 '修出恐心'까지 수록하고 있다. 여기에서는 '丘龍' 이전 문답은 응연의 간접 인용으로 간주하여 후쿠시본처럼 삽입하지만 마지막 협주 내용은 뺀다.

음 결과를 얻을 때'와 배대하여 나누고 있기 때문이다. 그러므로 그의 주석에서는 말했다.

관찰할 때 '후유를 받지 않는다'는 관찰을 얻는다면 장차 무여열반에 들어갈 때이고, 다시 후유의 유무를 살필(察) 때일 것이다. 이때는 아직 변역의 태어남을 통달하지 못했더라도 곧바로 '분단에서 영원히 후유가 없다'고 살피기 때문에 '후유를 받지 않는다'는 관찰을 얻을 수 있다. 이러한 관찰은 앞에서 살펴본 무여열반에 들기 위한 것이므로 '최고로 소식하는 등'이라 한 것이다. 최후의 몸을 여의기 때문에 '소(蘇)'라 하고, 심과 심소법을 소멸하기 때문에 '식(息)'이라 한다. 그러나 소식할 때도 두 종류가 있다. 첫째, 길 중간에 그쳐 쉬는 때이다. 분단의 죽음을 여의고 적정을 얻기 때문이다. 둘째, 이미 도착하여 영원히 그쳐 쉬는 때이다. 변역의 죽음을 여의고 피안에 도달했기 때문이다. 지금 이것은 이승이 길 중간에서 적정해진 것이다. 그것을 쓰기 때문에 '최고로 소식한다'고 말하더라도 이때 소분 열반에 머물 수 있다는 것이며, 그것을 쓰기 때문에 열반의 단계에 머무른다고 한 것이다. '처(處)'란 머무는 것이다. 이러한 열반에서 얼마 동안 머무는 것인가? 근기의 우열과 멀고 가까운 것에 따라 동일하지 않다. 만약 현재 몸에서 오직 처음 과(果)를 얻어 일곱 번의 유(有)를 일일이 받고서 열반에 들어간다면 8만 겁 동안 머물 것이다. 만약 현재 몸에서 두 가지 과를 얻어 한 번의 왕래를 받고서 열반에 들어간다면 6만 겁 동안 머물 것이다. 만약 현재 몸에서 아나함과나 불환과를 얻어 욕계에서 열반에 들어간다면 4만 겁 동안 머물 것이다. 만약 현재 몸에서 아라한과를 얻고 곧바로 이 몸으로부터 열반에 들어간다면 2만 겁 동안 머물 것이고, 벽지불이라면 1만 겁 동안 머물 것이다. 경에서 "성문과 연각이 8만, 6만, 4만, 2만, 1만 겁 동안 머무는 것을 열반이라 하지만 대열반은 아니다."[168]라고 설하고 있는데, 이것을 말한 것이다.[169]

丘龍卽指將入涅槃。對前始得果時分故。故彼疏云。觀察時。得不受後有觀
者。將入無餘涅槃之時。更察後有有無之時。此時。未達有變易生。直察分
段永無後有。故得不受後有之觀。此觀爲前尋入無餘。故言第一蘇息等也。
離最後身。故名爲蘇。滅心心法。故名爲息。然蘇息時有其二種。第一中道
且蘇息時。離分段死。得寂靜故。第二已至永蘇息時。離變易死。至彼岸故。
今此二乘中道且寂。以之故言第一蘇息。此時得住少分涅槃。以之故言處
涅槃地。處者住也。於此涅槃。幾時處者。隨根優劣久近不同。若於現身。唯
得初果。其受七有。入涅槃者。八萬劫住。若於現身。得二果。受一往來。入
涅槃者。六萬劫住。若於現身。得那含果不還。欲界入涅槃者。四萬劫住。若
於現身。得羅漢果。卽從此身。入涅槃者。二萬劫住。辟支佛者。十千劫住。
如經說言。聲聞緣覺。八萬六萬四萬二萬十千劫住。是名涅槃。非大涅槃。
此之謂也。

소 5.9.5 "소식蘇息"은 곧 유여열반과 무여열반에 통한다. 원효는 '소식'
에 대해서도 또한 무여열반으로 준거하고 있다. 그의 소 중에 비록 분명하
지 않고 해석도 확실하지 않지만 전부 무여열반으로 준거하고 있다.[170]

蘇息卽通有餘無餘。元曉蘇息。且約無餘。疏中雖不分明。解釋未必。全約
無餘涅槃。

---

168 『大般涅槃經』 권23 「光明遍照高貴德王菩薩品」(T12, 502b28~c1), "聲聞緣覺。八萬
六萬四萬二萬一萬住處。名爲涅槃。無上法主聖王住處。乃得名爲大般涅槃。以是故
名大般涅槃."
169 『詳玄記』 권15(『佛全』 4, 213b1~17). 첫 단락은 뒤따르는 원효 소의 내용을 응연이 인
용 직전에 요약한 것이다. 따라서 간접 인용으로 간주하여 함께 수록한다.
170 『詳玄記』 권15(『佛全』 4, 213b17~214a1). 이 구문은 원효 소의 간접 인용이다. 따라서
김상현본(1993, p.457)에는 결여되어 있고, 후쿠시본(2013, p.89)에는 수록하고 있지
만 '元曉'라는 구문 앞에 '蘇息卽通有餘無餘'라는 구절까지 첨가하고 있다.

소 5.9.6 구룡은 말했다.

"그들이 이전에 증득했던 지위에서 진리에 대해 미혹하지 않는다."라는 것은 그 이전 (문장)의 "열반의 단계에 머문다."라는 것을 증명한 것이다.[171] 그때 비록 여섯 가지 전식轉識을 소멸했더라도 말나식의 평등성지를 조건으로 있는 아뢰야식에 대해 그것이 무아임을 관찰할 때 무아법에 대해 아치我癡를 원리했다는 것을 이 지혜로 비밀스럽게 드러낸 것이다. 그러므로 "미혹하지 않는다."라고 한 것이다. 이것에 의지한 이후 의식을 일으킬 때 (다른 사람의) 가르침을 말미암지 않음에도 구경이 아님을 안다는 것을 밝히고자 한 것이다. 이것은 초발심자가 대승으로 나아가기 위한 것이기 때문에 "다른 사람을 말미암지 않는 자들이며, 스스로 유여의 단계를 얻었다고 아는 자들"이라 한 것이다. 그 아직 들어가지 않았을 때에는 스스로 "무여에 들어가야 할 때"라고 말하고, 이미 나온 지금의 시기에서는 앞으로 들어가야 할 바가 유여의 단계라고 아는 것이다. "또한 스스로 안다."라는 것은 부정종성의 성문을 바라보는 것이다. 그들은 아직 무여에 들어가지 못하는 때일지라도 이미 들어가야 할 바가 무여의 단계가 아님을 알았기 때문에 그 즉시 발심하여 대과大果를 향해 나아갈 것이다. 지금 이것은 결정취적決定趣寂 이승이 무여에 들어간 이후, 바야흐로 이 사태를 아는 것이며, 이후에도 또한 앞서기 때문에 '또한 안다'고 한 것이다.

문 이것이 부정종성의 성문이 아니라는 것을 어떻게 알 수 있는가? 또한 무엇으로 결정決定 이승도 또한 대과로 나아간다고 알 수 있는가? 『유가사지론』에서는 "네 종류 성문 중에 보리로 회향하는 성문은 오직 유여

---

171 여기에서 원효가 주석한 경문의 전후 문맥을 소개하면 "世尊。阿羅漢辟支佛。觀察時。得不受後有觀。第一蘇息。處涅槃地。世尊。彼先所得地。不愚於法。不由於他。亦自知得有餘地。必當得阿耨多羅三藐三菩提。"(밑줄 친 부분이 주석됨)이다.

의열반有餘依涅槃에만 머문다. 발취할 수 있기 때문이다."[172]라고 설한다. 그러므로 무여에 들어간 이후 발취할 수 있다면 다분히 부정종성의 성문이 아님을 알 것이다.『열반경』에서도 "수다원인 사람도 또한 부정종성이기 때문에 8만 겁을 지나 위없는 보리심에 이른다."라고 자세하게 설명하면서 "……벽지불도 또한 부정종성이다. 부정종성이기 때문에 만 겁을 지나 위없는 보리심에 이른다."[173]라고 설하고 있다.『법화론』에서도 "퇴보리심성문退菩提心聲聞과 응화성문應化聲聞은 여래가 수기를 주고, 결정決定과 증상만增上慢이라는 두 종류의 성문은 근기가 아직 성숙하지 않았기 때문에 여래가 수기를 주지 않는다. 보살에게 수기를 주는 것은 방편으로써 발심하게 하기 위해서이다."[174]라고 설하고 있다.

살펴보건대, 네 종류 성문 중에 결정취적성문이 무여에 들어간다는 것을 밝히기 위해 일향취적성문一向趣寂聲聞을 건립한 것이다. 그러나 그 마지막을 바라보면서 대부분 대승으로 나아가 그것을 결정하기 때문에 또한 다시 부정종성이라 한 것이다. 이 네 종류 성문에서 벽지불까지는 그 멀고 가까운 것에 따라 마음을 일으킬 때 스스로 유여임을 알고서 보리심을 일으킨다. 그러므로 '8만에서부터 만 겁까지 위없는(阿耨) 보리심에 이

---

172 『瑜伽師地論』 권80(T30, 749a5~9), "問。 迴向菩提聲聞。 爲住無餘依涅槃界中。 能發趣阿耨多羅三藐三菩提耶。 爲住有餘依涅槃界耶。 答。 唯住有餘依涅槃界中可有此事。 所以者何。 以無餘依涅槃界中。 遠離一切發起事業。 一切功用 皆悉止息"

173 『大般涅槃經』 권20 「高貴德王菩薩品」의 2(T12, 737c3~12), "善男子。 須陀洹果 亦復不定。 不決定故。 經八萬劫。 得阿耨多羅三藐三菩提心。 斯陀含果。 亦復不定。 不決定故。 經六萬劫。 得阿耨多羅三藐三菩提心。 阿那含果。 亦復不定。 不決定故。 經四萬劫。 得阿耨多羅三藐三菩提心。 阿羅漢果。 亦復不定。 不決定故。 經二萬劫。 得阿耨多羅三藐三菩提心。 辟支佛道。 亦復不定。 不決定故。 經十千劫。 得阿耨多羅三藐三菩提心。"

174 『妙法蓮華經優波提舍』 권하 「譬喩品」 제3(T26, 9a15~20), "言聲聞人得授記者。 聲聞有四種。 一者決定聲聞。 二者增上慢聲聞。 三者退菩提心聲聞。 四者應化聲聞。 二種聲聞 如來授記。 謂應化者。 退已還發菩提心者。 若決定者增上慢者。 二種聲聞。 根未熟故。 不與授記。 菩薩與授記者。 方便令發菩提心故。"

른다'고 한 것이다. 앞의 구절은 맨 처음의 발취發趣를 바로 밝힌 것이고, 그다음에 마땅히 위없는 보리심을 많이 증득해야 한다고 한 것은 돌아가야 할 마지막을 드러낸 것이며, 이미 발취한 이승이 보살들과 동일하다는 것을 밝히고자 한 것이다. (또한) 육바라밀행을 세 대겁의 아승기를 지나도록 수습한다면 부처님과 동일한 무상보리를 증득할 것이다.[175]

丘龍云。彼先所得地。不愚於法者。是牒其先處涅槃地。彼時雖滅六種轉識。而有末那平等性智緣於賴耶。觀其無我。於無我法。遠離我癡。密顯此智。故言不愚。欲明依此後生意識。不由敎知非究竟。以此爲初發心趣大。故言不由於他。自知得有餘地。其未入時。自謂當入無餘之時。今已出時。知前所入是有餘地。亦自知者。是望不定種性聲聞。彼於未入無餘之時。已知所入非無餘地。卽時發心。趣向大果。今此決定趣寂二乘。入無餘後。方知是事。以後亦前。故言亦知。問云。何得知此非不定種性聲聞。又何以知決定二乘亦趣大果。瑜伽論說。四種聲聞中。廻向菩提聲聞。唯住有餘依涅槃中。能發趣故。故知入無餘後能發趣者。多非不定種性聲聞。涅槃經說。須陀洹人。亦復不定。故八萬劫。至阿耨菩提心。廣說乃至。辟支佛者。亦復不定。以不定故。十千劫至阿耨菩提心。法華論云。退菩提心聲聞。應化聲聞。如來與授記。決定增上慢二種聲聞。根未熟故。如來不與授記。菩薩與授記。爲以方便令發心故。案云。建立四種聲聞中。爲明決定趣入無餘故。一向趣寂聲聞。然望其終。多趣大乘。以定之故。言亦復不定也。此四聲聞乃辟支佛。隨其久近。生心之時。知自有餘。發菩提心。故言八萬乃至十千至於阿耨菩提心也。前句正明初始發趣。次言多當得阿耨菩提心者。是顯

---

175 『詳玄記』 권15(『佛全』 4, 216a4~b10). 김상현본과 달리 후쿠시본(2013, p.89)에는 이 구문 가운데 앞의 "故言亦知"까지만 수록되어 있다. 하지만 『詳玄記』에서 나타난 인용문 표식인 '{已上}'이라는 협주(『佛全』 4, 126b10)의 위치를 고려하여 여기에서는 김상현본에 따라 수록한다.

終歸。欲明二乘既發趣。已同諸菩薩。修六度行。過三大劫阿僧企耶。同佛
證得無上菩提也。

소 5.9.7 구룡은 부정종성이란 처음부터 끝까지 진리에 대해 미혹하지
않는 자라는 뜻으로 생각했다.[176]

丘龍義意。不定性者。始終卽是不愚法也。

소 5.9.8 경전에서 "성문승과 연각승이 모두 대승에 들어간다."라고 한
것은 바로 (이것들을) 모아 대승으로 돌아간다는 것이다. 원효는 말했다.

이것은 이승에 의해 수습된 모든 수행이 보살의 대승행 밖을 벗어나지
않는다는 것을 밝힌 것이다.[177]

經聲聞緣覺乘皆入大乘者。直會歸大。曉云。是明二乘所修諸行。不出菩薩
大乘行外。

소 5.9.9 원효는 말했다.

이것은 보살의 대승적 수행과 공덕이 여래의 수행과 공덕 밖을 벗어나

---

[176] 『詳玄記』 권15(『佛全』 4, 216b13~14). 이 구문은 김상현본(1993, p.458)에 빠져 있다.
이에 비해 후쿠시본(2013, p.89)에서는 "嘉祥本乘聲聞……是保執故"라는 단락이 앞
에 첨가되어 있지만 여기에서는 앞의 첨가 구문을 뺀다.
[177] 『詳玄記』 권15(『佛全』 4, 217b5~6). 김상현본(1993, p.458, ⑥)에서는 '曉云' 이전 구
문이 결락되어 있지만, 후쿠시본(2013, p.90)에서는 모두 수록되어 있다. 여기에서 첫
단락은 해당 경문에 대한 응연의 해석이지만 뒤따르는 원효 소 이해에 도움이 되므로
함께 수록한다.

지 않는다는 것을 밝힌 것이다. 이 도리로 인해 삼승의 수행과 공덕은 일승에 들어가지 못함이 없다. 그러므로 '삼승이 곧 일승이다'라고 한 것이다.[178]

> 曉云。是明菩薩大乘行德。不出如來行德之外。由是道理。三乘行德。莫不入一。故言三乘卽是一乘。

경 5.10 세존이시여, 여래는 무한하게 시간과 가지런히 머무는 자이고, 여래는 응공이고 정등각자로서 미래의 끝(後際)과 동등하게 머무는 자이고, 여래는 무한하게 대비와 가지런한 자이고, 또한 무한하게 세간을 안위하려는 것(誓願)[179]과 가지런한 자입니다. 무한한 대비를 지니고 무한하게 세간을 안위하기 위해 이렇게 설명하는 자를 선설善說 여래라고 합니다. 만약 다함없는 법, 상주하는 법을 설명하여 일체 세간인에게 귀의를 받는 자라면 또한 선설 여래일 것입니다. 그러므로 아직 제도 받지 못한 세간과 의지처가 없는 세간에서 미래의 끝과 동등하게 다함없는 귀의처, 상주하는 귀의처를 만드는 자를 여래·응공·정등각자라고 말합니다.

법法이란 곧 일승도를 설한 것이고, 승가란 삼승의 무리입니다. 이 둘에 대한 귀의는 구경의 귀의가 아니므로 소분 귀의라고 합니다. 왜냐하면 일승도를 설하는 법은 구경법신을 증득하는 것일 뿐, 그 위에 더 이상 일승의 법신을 설한 것이 아니기 때문이고, 삼승의 무리는 공포가 있어서 여래에게 귀의해야 하는 자들이고, 출리를 구하여 수학하는 자들이고 아뇩다라삼먁삼보리로 향하는 자들이기 때문입니다. 그러므로 둘에 대한 귀의는 구경의 귀의가 아니

---

178 『詳玄記』 권15(『佛全』 4, 217b7~9).
179 원문의 "無限大悲。無限安慰世間。"이라는 구절과 대응하는 『大寶積經』 「勝鬘夫人會」(T11, 676b13~14)의 내용은 "如來能以無限大悲。無限誓願利益世間。"으로, 즉 보리류지 역에서는 '무한하게 세간인을 이롭게 하려는 서원'으로 서술된다는 것이다.

고 한계가 있는 귀의입니다.

만약 여래에게 조복된 어떤 중생들이 여래에게 귀의하고서 진리(法)로부터 흘러나오는 윤택함을 얻어 믿음을 일으키면서 즐거운 마음으로 법과 승가에 귀의한다면 이것은 둘에 대한 귀의일 것입니다. (그러나) 이 둘에 대한 귀의는 여래에 대한 귀의가 아닙니다. 제일의第一義에 대한 귀의라야 여래에 대한 귀의이기 때문입니다. 이 둘에 대한 귀의가 제일의가 되려면 구경에는 여래에 대한 귀의가 되어야 할 것입니다. 왜냐하면 (제일의가) 여래와 조금도 다르지 않고, 둘에 대한 귀의와 조금도 다르지 않아서 여래가 곧바로 삼귀의이기 때문입니다. 그 까닭은 일승도에 대한 설명이 사무소외四無所畏를 성취한 여래의 사자후설이기 때문입니다. 만약 여래가 그들이 욕망하는 바를 따라 방편으로 설하신 것이라면 이것은 대승일 것이며 삼승은 있지 않을 것입니다. 삼승이라면 일승에 들어갈 것이고, 일승이라면 곧 제일의승第一義乘일 것입니다."[180]

世尊。如來無有限齊時住。如來應等正覺後際等住。如來無限齊大悲。亦無限齊安慰世間。無限大悲。無限安慰世間。作是說者。是名善說如來。若復說言無盡法常住法。一切世間之所歸依者。亦名善說如來。是故於未度世間無依世間。與後際等。作無盡歸依常住歸依者。謂如來應等正覺也。法者。即是說一乘道。僧者。是三乘衆。此二歸依。非究竟歸依。名少分歸依。何以故。說一乘道法。得究竟法身。於上更無說一乘法身。三乘衆者。有恐怖歸依如來。求出修學。向阿耨多羅三藐菩提。是故二依。非究竟依。是有限依。若有衆生如來調伏。歸依如來。得法津澤。生信樂心。歸依法僧。是二歸依。非此二歸依是歸依如來。歸依第一義者。是歸依如來。此二歸依第一義。是究竟歸依如來。何以故。無異如來。無異二歸依。如來即三歸依。何以故。說一乘道。如來四無畏成就師子吼說。若如來隨彼所欲。而方便說。即

---

180 『勝鬘經』(T12, 220c27~221a18).

是大乘。無有三乘。三乘者。入於一乘。一乘者。卽是第一義乘。

소 5.10.1 구룡은 말했다.

두 구절[181] 중에 앞의 것은 구경의 용用이고 나중의 것은 구경의 체體이다. 체는 곧 법신이고 용은 곧 두 가지 신身이다. 논(『대승기신론』)에서는 "모든 부처님이신 여래들은 오직 법신일 뿐이고, 지혜의 특징을 신체로 한 자들이고 제일의제를 지닌 분들이므로 세제世諦의 경계가 있지 않고, 시작施作에서 떠났음에도 다만 중생의 견문에 따라 이익을 얻을 뿐이다. 그러므로 용이 된다고 설한다. 이것(진여)의 용에 두 종류가 있다. 첫째는 범부와 이승에 의해 보여진 대상으로서 응신이라 하고, 둘째는 초발의 보살에서 구경지 보살까지 마음에 의해 보여진 대상으로서 보신이라 한다."라고 설하면서 이에 자세하게 설명하고 있다.[182] 지금 이 문장에서는 먼저 그 용을 밝힌 것이다. '여래'라고 한 것은 여실과를 타고 도래해 세간인을 교화하는 자이다. 그러므로 여래라고 한다. 여실과는 살바야薩婆若(⑤ sarvajña)를 말하는 것이다. 『인왕경』에서 "살바야를 타고 도래해 삼계 중생을 교화하기 때문이다."[183]라고 설한 것과 같다. 이것은 보신과 응신이라는 두 용이다. 다만 세간인을 따라 생멸상을 보이지만 법신에 의지하여 한계가 없고 다함이 없다. 그러므로 '무한하게 시간과 가지런히 머무는 자'라고 한 것이다. 이것은 용의 구경이다. 다음은 그 체를 밝힌 것이

---

181 『詳玄記』에 따르면 두 구절 중 첫째는 '無有限齊時住'이고, 둘째는 '後際等住'로서 모두 상주하는 자를 해명한 것이다.(『佛全』 4, 219b10~11 참조)
182 『大乘起信論』(T32, 579b17~25), "諸佛如來。唯是法身。智相之身。第一義諦。無有世諦境界。離於施作。但隨衆生見聞得益。故說爲用。此用有二種。云何爲二。一者依分別事識。凡夫二乘心所見者。名爲應身。以不知轉識現故。見從外來。取色分齊。不能盡知故。二者依於業識。謂諸菩薩從初發意。乃至菩薩究竟地。心所見者。名爲報身。"
183 『仁王般若波羅蜜經』권상(T8, 826c28), "乘薩婆若乘。來化三界。"

다. 여실한 도를 타고 도래해 정각을 성취하기 때문에 '여래·응공·정등각자'라고 한 것이다. 이것은 앞에서 설명한 것처럼 '구경의 법신은 영원히 전후나 시절의 차별이 없어서 전제와 후제에 편만하고 평등하고 상주한다'는 것이다. 이 때문에 '미래의 끝과 가지런히 머무는 자'라고 한 것이다. 이와 같은 것을 체의 구경이라 한다.[184·185]

丘龍云。二句先究竟用。後究竟體。體卽法身。用卽二身。如論說言。諸佛如來。唯是法身。智相之身。第一義諦。無有世界[1]境界。離於施作。但隨衆生見聞得益。故說爲用。此用有二種。一凡夫二乘所見者。名爲應身。二諸菩薩從初發意。乃至菩薩究竟地心所見者。名爲報身。乃至廣說。今此文中。先明其用。言如來者。乘如實果。來化世間。故曰如來。如實果者。謂薩婆若。如仁王經言。乘薩婆若。來化三界故。此是報應二身之用。但隨世間。示生滅相。而依法身無限無盡。故言無有限齊時住。是用究竟。次明其體。乘如實道。來成正覺。故名如來應等正覺。此如前說。究竟法身永無前後時節差別。遍前後際。平等常住。以之故言後際等住。如是名爲體究竟也。

1) 옌『大乘起信論』(T32, 579b19)에는 '界'가 '諦'로 되어 있다.

소 5.10.2 구룡 등의 소에서는 "여래는 무한하게 대비와 가지런한 자이고, 무한과 가지런한 자이다."라는 것을 증명하고 있다.[186]

---

184 응연은 이 인용문을 소개한 다음 "이 논사의 해석은 두 가지 신체로 배대하지만『보굴』의 논사와 앞뒤로 상반된다."(『佛全』 4, 220b1~2)라고 서술하고 있는데, 후쿠시본 (2013, p.90)에는 이 문장까지 수록되어 있다.
185 『詳玄記』 권15(『佛全』 4, 220a6~b1).
186 『詳玄記』 권15(『佛全』 4, 221a9~10).『詳玄記』에서 응연은 경문에서 두 번 제시된 대비와 안위를 해석하기 위한 것으로서 안위가 대비의 행이기 때문에 대비를 제시하여 과목의 명칭을 삼은 것이며,『述記』에서 이 과목은 변화신이 된다고 하는데, 자은은 여래가 무한하기 때문에 그 대비도 무한과 가지런하고, 화신이 법신에 의지하기 때문에 법신을 제시한 것이라고 해석하고 있다.(『佛全』 4, 221a5~9) 한편 김상현본(1993,

---

p.458)에는 이 구문이 결여되어 있고 후쿠시본(2013, p.90)에는 "今疏科意別。舉應身攝化本末故。"까지 수록되어 있지만 여기에서 '今疏'는 성덕태자의 『勝鬘經義疏』를 가리키므로 이 구절은 뺀다.

제6 무변성제장 無邊聖諦章

경 6.1 세존이시여, 성문과 연각이 성인의 진리[187]를 첫 번째로 현관할 때 유일한 지혜로써 모든 주지번뇌를 끊고, 유일한 지혜로써 끊고(斷), 알고(知), 공덕(功德), 작증(作證)이라는 네 가지를 지니고, 또한 이 네 가지 진리(法)의 의미를 잘 압니다.[188] 세존이시여, 이 출세간의 상상지(上上智)에는 네 가지 점차로 이르는 지혜와 네 가지 점차로 이르는 조건들이 있지 않습니다. 점차로 이르는 법이 없는 것이 출세간의 상상지입니다. 세존이시여, (그것은) 금강석으로 비유된 것이고, 제일의에 대한 지혜입니다. 세존이시여, 성문과 연각일지라도 무명주지번뇌를 끊지 못한 것이 아니므로 첫 번째 성인의 진리에 대한 지혜는 제일의에 대한 지혜입니다. 세존이시여, 모든 주지번뇌를 끊을 수 있는 두 번째 성인의 진리에 대한 지혜가 없기 때문입니다. 세존이시여, 여래・응공・정등각자는 일체 성문과 연각의 경계가 아닌 부사의한 공성에 대한 지혜로써 일체 번뇌장을 끊는 자들입니다. 세존이시여, 만약 일체 번뇌장을 파괴하는 구경의 지혜라면 이것을 제일의에 대한 지혜라고 할 것입니다. 성인의 진리에 대

---

187 성인의 진리 : 여기에서 '성인의 진리'라고 번역한 단어는 'ⓢ āryasatyam'이다. 이것을 '성스러운 진리'가 아닌 성인의 진리로 번역한 것은 노먼(Norman)의 분석을 참조한 것이다.(K.R. Norman, *Collected Papers*, Pāli Text Society, 1993, p.174)

188 보리류지 역에서는 다음과 같이 반대로 기술되어 있다. "성문과 연각이 처음 성인의 진리를 증득할 때 유일한 지혜로써 모든 주지 번뇌를 끊는 것도 아니고 또한 유일한 지혜로써 네 가지를 증득하여 모든 공덕 등을 두루 아는 것도 아니고 또한 이 방식으로써 이 네 가지 법의 의미를 잘 분명하게 알 수 있는 것도 아니다.(聲聞獨覺。初證聖諦。非以一智斷諸住地。亦非一智證四遍知諸功德等。亦非以法能善了知此四法義。)"(T11, 676c4~6)

한 첫 번째 지혜는 구경의 지혜가 아니며 아뇩다라삼먁삼보리로 향하는 지혜입니다. 세존이시여, '성聖'의 의미는 일체 성문과 연각이 아닌 것입니다. 성문과 연각은 헤아릴 수 있는 공덕을 성취한 자들이고 성문과 연각은 소분 공덕을 성취한 자들입니다. 그 때문에 그들을 명명하여 성인이라 하지만 '성인의 진리'란 성문과 연각의 진리가 아니고, 또한 성문과 연각의 공덕도 아닙니다. 세존이시여, 이 진리는 여래·응공·정등각자가 최초로 비로소 깨달아 안 것이고, 그 연후에 무명의 겉껍질로 은폐된 세간인을 위해 열고 나타내고 흘려 내고 설명한 것입니다. 그러므로 '성인의 진리'라고 합니다.[189]

世尊。聲聞緣覺。初觀聖諦。以一智。斷諸住地。以一智。四斷知功德作證。亦善知此四法義。世尊。無有出[1]世間上上智。四智漸至。及四緣漸至。無漸至法。是出世間上上智。世尊。金剛喩者。是第一義智。世尊。非聲聞緣覺。不斷無明住地。初聖諦智。是第一義智。世尊。以無二聖諦智。斷諸住地。世尊。如來應等正覺。非一切聲聞緣覺境界。不思議空智。斷一切煩惱藏。世尊。若壞一切煩惱藏究竟智。是名第一義智。初聖諦智。非究竟智。向阿耨多羅三藐三菩提智。世尊。聖義者。非一切聲聞緣覺。聲聞緣覺。成就有量功德。聲聞緣覺。成就少分功德。故名之爲聖。聖諦者。非聲聞緣覺諦。亦非聲聞緣覺功德。世尊。此諦如來應正等覺。初始覺知。然後爲無明㲉藏世間。開現演說。是故名聖諦。

1) ㉠ 김상현본(1993, p.458)에는 '出'이 빠져 있다.

소 6.1.1 구룡은 말했다.

"첫 번째 현관(初觀)"이라 한 것은 아직 대승에 들어가지 못한 이전이고,

---

189 『勝鬘經』(T12, 221a19~b7).

그것을 첫 번째 현관이라 통틀어 설한 것이다.[190]

丘龍云。言初觀者。未入大乘已前。通說以爲初觀。

소 6.1.2 구룡은 말했다.

"유일한 지혜로 모든 주지번뇌를 끊는다."라는 것은 진여의 무상계無相界를 증득한 지혜로써 그 응당 끊어야 할 네 가지 주지번뇌를 끊는다는 것이고, 사제를 관찰하는 여덟 가지 인忍과 여덟 가지 지혜智로 네 가지 주지번뇌의 종자를 끊을 수 있다는 것이 아니다. 그러므로 "유일한 지혜로써 모든 주지번뇌를 끊는다."라고 한 것이다. 나아가 "유일한 지혜로써 네 가지……작증"이라고 말한 것은 앞에서 "유일한 무상無相의 지혜로 알고, 끊고, 작증하고, 수습하는 네 가지 사태를 지을 수 있다."라고 설해진 것에 해당한다. 그러므로 유일한 것으로써 네 가지라고 한 것이다. 다음으로 언급된 "끊는다(斷)"라고 한 것은 집제인 번뇌를 끊는다는 것이고, "지智"란 고제의 진여를 안다는 것이고, 공덕이란 도제를 수습한 공덕이고, 작증은 멸제에 대해 작증하는 것이다. 위에서 네 가지라고 한 것은 이 네 가지를 말한 것이다.【이상】여기에서 '진여무상'이란 온전히 공空에 대한 평등지와 동일하다. 구룡 법사는 삼승의 견도가 모두 일심에 대한 관찰이라고 뜻풀이하고 있기 때문이다.[191]

---

190 『詳玄記』권16(『佛全』4, 225b14~15).
191 『詳玄記』권16(『佛全』4, 227a8~14). 이 구문은 원효 소의 직접 인용과 간접 인용이 혼합된 것으로서 김상현본과 후쿠시본에서 서로 다르게 편집되어 있다. 후쿠시본에서는 이 구문 다음에 "彼師二障義云。……云云廣說如彼。"라는 『二障義』내용이 첨가되어 있다. 따라서 김상현본의 내용에 "此眞如無相者。全同空平等智。丘龍師意。三乘見道。皆一心觀故。"라는 구문을 첨가하여 편집하지만 인용문 표식 위치를 고려하고 또한 '三乘見道。皆一心觀'이 실질적으로 『二障義』의 내용 요약임을 감안한다면 이

丘龍云。以一智斷諸住地者。以證眞如無相界智。如其所應斷四住地。非觀四諦八忍八智。能斷四種住種子。故故言一智斷諸住地。【乃至】言以一智。四乃至作證者。卽前所說一無相智。能作智斷證修四事。故言一四。次言斷者。斷集煩惱。智者知苦眞如。功德者修道功德。作證於滅作證。上言四者。謂此四也。【已上】此眞如無相者。全同空平等智。丘龍師意。三乘見道。皆一心觀故。

소 6.1.3 구룡은 말했다.

"또한 이 네 가지 진리의 의미를 잘 안다."라는 것은 비록 현관에 들어갈 때 네 가지 상相을 관찰하지 못하더라도 그 사제의 진여를 현관하는 것으로 인해 현관의 끝에 안립된 진리에 대한 지혜를 얻는다는 것이다. 그러므로 현관에서 나온 이후 세속에 대한 지혜를 일으켜 그 차제대로 사제를 현관하기 때문에 "이 네 가지 진리의 의미를 잘 안다."라고 한 것이니, 네 가지가 동일하기 때문이라는 말이다. 『대법론』에서는 말한다. "견도에서 현관의 끝에 안립된 진리로서 세속에 대한 지혜를 얻고, 그 출세

구문은 『勝鬘經』에 대한 원효 소와 『二障義』 내용이 모두 포함된 것이라 할 수 있다. 이와 관련된 『二障義』의 내용은 다음과 같다. "다음에는 내적으로 승의의 도리를 증득한다는 것을 밝힌다면 삼승의 성인이 견도에 들어갈 때 오직 일심이 있을 뿐, 내적으로 진여를 증득하며 열여섯 가지(이승)와 세 가지 차별(보살)은 있지 않다. 일심이라 한 것은 관찰에 들어갈 때 내적으로 오직 한 요소만 있을 뿐, 전후가 상사하여 차별이 없는 것이기 때문에 일심이라 설한 것이고, 찰나를 잡아 일심이라 한 것은 아니다. 『부인경』에서는 '성문·독각은 처음 성인의 진리를 관찰할 때 유일한 지혜로써 모든 주지번뇌를 끊고 유일한 지혜로써 네 가지를 끊는 것이다.'라고 설하고, 『해심밀경』에서는 '일체 성문·독각·보살은 모두 다 이 하나의 오묘한 청정한 도를 함께하고 모두 다 이 하나의 구경 청정과 동일해지기 때문이다.'라고 한다.(次明內證勝義道理者。三乘聖人。入見道時。唯有一心內證眞如。無有十六及三差別。言一心者。入觀之內唯有一品。前後相似無差別。故說名一心。非約刹那名爲一心。如夫人經言。聲聞獨覺。初觀聖諦。以一智斷諸住地。一智四斷。深密經言。一切聲聞獨覺菩薩。皆共此一妙清淨道。皆同此一究竟清淨故。)"(『佛全』 4, 227a14~b3)

간에 대한 지혜의 증상연의 힘으로 인해 그 종자를 크게 길러 낸다. 그러므로 이러한 지혜를 얻지만 현전하지 못하고 수도의 단계에서 바야흐로 눈앞에 현재하기 때문이라 말한 것이다."[192·193]

> 丘龍云。亦善知此四法義者。雖入觀時。不觀四相。而由觀其四諦眞如。得現觀邊安立諦智。故出觀後。起世俗智。如其次第。觀察四諦。故言善知此四法義。以四一故言也。對法論云。於見道中。得現觀邊安立諦世俗智。由出世智增上緣力。長養彼種子。故名得此智。而不現前。於修道位。方現在前故。

소 6.1.4 구룡은 "무유출세간無有出世間" 등을 해석하는 문장에서 말했다.

이 문장은 불교에서 예전부터 통용되어 온 것인데, 불교 경전에서 사제 현관에 십육심이 있어서 견도소단의 번뇌를 끊을 수 있다고 설하는 것과 같다. 어찌하여 지금 유일한 지혜로 끊는다고 말하는가? 이 경전과 통하기 때문에 지금 설한 것이다. 십육심을 세워 따로 사제를 현관한 것은 오직 임시로 세운 것일 뿐이고, 지금 유일한 지혜라고 설한 것은 그 진실한 현관임을 드러낸 것이다. 『유가사지론』에서 (다음과 같이) 설한 것과 다. "견도를 건립하는 것은 두 가지 도리에 의해서이다. 첫째 성인의 가르침을 널리 펼치는 도리는 희론이 있는 건립이고, 둘째 내적으로 승의제를 증득한 도리는 희론을 여읜 건립이다. 첫째 건립의 증상력에 의거하여 법지품에서 네 마음이 있고 종류지품도 또한 네 가지 지혜가 있다고 설하

---

[192] 『雜集論』 권13(T31, 756c18~c22), "又於見道中得現觀邊安立諦世俗智。由出世智增上緣力長養彼種子故。名得此智而不現前。以見道十六心刹那無有間斷。不容現起世間心故。於修道位此世俗智方現在前。"
[193] 『詳玄記』 권16(『佛全』 4, 228a1~7). 이 구문이 후쿠시본(2013, p.90)에는 결여되어 있다.

고, 둘째 건립의 증상력 때문에 일심이 있다고 설한 것이다. 이를테면 오직 하나뿐인 진여를 증득한 지혜와 상응된 마음의 종류에 의거한 견도의 마지막이라는 것이다."[194]라고 자세하게 설하고 있다.

또한 결택문에서 그 의미를 드러내어 말하고 있다. 문 고제 등의 모든 지혜는 세존께서 청정을 얻는 원인이 된다고 설하셨다. 만약 고제 등의 지혜가 고제 등의 진리에 대해 분별한 것이면 고제 등은 응당 어떤 상相을 이루어야 하고, 만약 고제 등에 대한 지혜를 분명하게 밝히지 않았다면 곧 이것도 있지 않아야 할 것이다. 그것이 있지 않음으로부터 어떻게 필경의 청정을 얻을 수 있는가? 답 무상無相에 대한 지혜의 증상력 때문에 모든 진리에 대해 극히 잘 청정하고, 세간과 출세간에 통하는 청정한 지혜가 일어나므로 곧바로 끊어야 할 번뇌가 이미 끊어졌다고 한 것이다. 그 무상無相에 대한 지혜는 고제 등에 대한 지혜의 원인이고 끊어야 할 번뇌를 바로 단멸할 수 있는 것이다. 이 원인 중에 결과의 명칭을 임시로 세우고 곧 이것이 고제 등에 대한 지혜가 된다고 가설한 것이다. 그러므로 잘못이 없다. 지금 이 경문은 이러한 의미를 드러내기 위해 "출세간의 상상지에는 점차로 이르는 네 가지 지혜와 점차로 이르는 네 가지 조건들이 있지 않다."라고 하였다. "네 가지 조건"이란 사제四諦의 경계를 말한다. 일시에 현관한 것이 아니기 때문이다. "네 가지 지혜"란 사제에 대해 현관하는 지혜이다. 전후로 일어나기 때문에 "점차로 이른다."라고 한 것이다. 이것은 경전들에서 16심에서 점차로 사제를 현관함이 있다고 한 것을 밝힌 것이지만 오직 임시로 세운 것일 뿐이고 참된 출세간에서는 점차적 현관이 없기 때문이다. 그러므로 "출세간의……점차로 이르는 것이

---

194 『瑜伽師地論』 권58(T30, 625a6~15), "建立見道由二道理。一廣布聖敎道理。有戲論建立。二內證勝義道理。離戲論建立。依初建立增上力故。說法智品有四種心。種類智品亦有四心。……第二建立增上力故說有一心。謂唯依一證眞如智相應心類。見道究竟。"

있지 않다."라고 한 것이다. 다음으로 "점차로 이르는 법이 없는 것이 출세간의 상상지이다."라고 한 것은 참된 출세간의 상상의 지혜는 오직 이것이 사제의 진여를 몰록 현관하는 것임을 밝히는 것이다. 그러므로 "점차로 이르는 법이 없다."라고 한 것이다. 그 순결택분이라면 일향의 세간지와 나중에 얻어질 세간과 출세간의 지혜에 모두 통할 것이니, 모두 점차적 현관이므로 점차로 이르는 법이 있다. 그 출세간의 지혜라면 이미 점차 이르는 것이 없을 것이므로 그 일향의 세간지 위를 벗어날 것이고, 또한 통틀어 세간과 출세간의 지혜 위를 뛰어넘어야 할 것이다. 그러므로 세간과 출세간의 상상지인 것이다.[195]

丘龍釋無有出世間等文云。此文爲通佛教故來。如佛經說。觀四諦有十六心。能斷見道所斷煩惱。云何今言一智而斷。爲通此經故。今說言。立十六心。別觀四諦。唯是假立。今說一智。顯其眞觀。如瑜伽論言。建立見道由二道理。一廣布聖敎道理。有戱論建立。二內證勝義道理。離戱論建立。依初建立增上力故。說法智品有四種心種類智品。亦有四智。[1]) 第二建立增上力故。說有一心。謂唯依一證眞如智相應心類見道究竟。乃至廣說。又決擇文。顯此意言。問。苦等諸智。世尊說爲得清淨因。若苦等智。於苦等諦分別。苦等應成有相。若不分明苦等諸智。便非是有。彼無有故。云何能得畢竟淸淨。答。由無相智增上力故。於諸諦中極善淸淨。通世出世淸淨智生。卽名已斷所斷煩惱。其無相智。是苦等智因。正能斷滅所斷煩惱。於此因中。假立果名。卽假說此爲苦等智。是故無過。今此經文。爲顯此意故。言無

---

195 『詳玄記』권16(『佛全』4, 230b6~231a12). 이 구문에 대해 김상현본은 "丘龍釋……乃至廣說"까지 수록되어 있다.(1993, p.459) 하지만 '이에 자세하게 설명하고 있다'는 내용 다음에 이어지는 '또한 분별하여 뽑은 문장(又決擇文)'이라는 부분은 앞에서 언급된 '無有出世間等文'과 연관된 것이다. 따라서 여기에서는 함께 수록하면서 뒤에 빠진 문장을 첨가한다.

有出世間上上智四智漸至及四緣漸至。言四緣者。爲四諦境。非一時觀故。
言四智者。觀四諦智。前後而起。故言漸至。是明經有十六心漸觀四諦。唯
是假立。於眞出世。則無漸觀。故言無有出世。乃至漸至。次言無漸至法是
出世間上上智者。明眞出世上上之智。唯是頓觀四諦眞如。故言無漸至法。
如其順決擇分。一向世間智。及後所得通世出世智。皆是漸觀有漸至法。其
出世智。旣無漸至。出彼一向世間智上。又過通世出世智上。故世出世上上
智也。

---
1) ㉯『瑜伽師地論』권58(T30, 625a10)에는 '智'가 '心'으로 되어 있다.

소 6.1.5 그러나 그것[196]은 오직 소승종으로 나아간 것일 뿐이다. 곧바로 성실종에서는 '일시'에 진리를 본다고 하고, 살바다薩婆多(⑤ Sarvāstivāda) 종에서는 전후로 진리를 본다고 밝힌 것이다. (말하자면) 성실종에서는 견도 이전에는 전후로 진리를 현관하고 견도 중에는 일시에 진리를 본다는 것이다. 비록 동일한 일시이더라도 많은 찰나가 지나간 것이니, 무량한 마음으로 모든 번뇌를 끊음에 있어서 총괄적으로 사제를 현관하는 것을 일시에 본다고 한 것이고, 오직 일심일 뿐인 것을 일시에 본다고 한 것은 아니다.[197] 구룡이 해석한 것은 대승종에 의거하여 그 혹惑을 끊음을 밝힌 것이다.[198]

---
196 본문에서 말한 '그것(彼)'은 바로 앞의 『寶窟』에서 인용된 옛 논사의 차제를 가리키는 것이다. 관련 구문을 살펴보면, "이것은 오직 성문의 견도에서 16찰나로만 나아간다는 뜻이므로 점차 이르는 법이라 하며, 일심의 견도이므로 점차 이르는 것이 없다고 말한 것이다. 곧바로 『보굴』에서 인용된 옛 논사의 일시에 진리를 본다는 차제와 동일하다.(此義唯就聲聞見道十六刹那。名漸至法。一心見道。名無漸至。卽同窟引古師次第一時見諦。)"(『佛全』4, 231a12~14)

197 여기까지는 응연의 해설이다. 먼저 소승종으로 나아가는 사례를 소개한 다음, 이와 달리 구룡은 대승종으로 나아간다고 설명한 것이다.

198 『詳玄記』권16(『佛全』4, 231a14~b1). 이 구문은 간접 인용으로서 김상현본에는 없고, 후쿠시본(2013, p.90)에만 있다. 응연은 구룡의 주장과 반대되는 내용을 소개한 다음, 구룡의 해석은 그렇지 않다고 인용하고 있다.

然彼唯就小乘宗。明卽成實宗。一時見諦。薩婆多宗。前後見諦。成實宗中。見道已前。前後觀諦。見道之中。一時見諦。雖同一時。經多刹那。以無量心。斷諸煩惱。惣觀四諦。名一時見。非唯一心名一時見。丘龍所解。就大乘宗。明彼斷惑。

소 6.1.6 구룡은 해석했다.

"세존이시여, 금강석으로 비유된 것"에서부터 아래 "무명주지번뇌를 끊지 못한다."라고 말하는 것에 이르기까지 앞에서 설해진 것에 의거하면 두 가지 굴복시킬 의문이 있다. 첫째, 점차 이르는 법이 출세간적인 것이 아니라면 어떻게 이승이 몰록 진여를 증득한다고 알 수 있는가? 둘째, 그 이승이 진여를 증득한다면 어떻게 무명주지번뇌를 끊지 못하는가? 무명이 통틀어 진여법을 미혹하기 때문이다.

지금 이 문장 중에 이 두 가지 의문을 결단한다. 부처님 경전에서 "아나함의 금강심에서 수도위에서 끊어져야 할 번뇌를 영원히 끊는다."라고 설명한 것과 같다. 여기에서 금강석의 비유는 진여의 지혜를 비유한 것이다. 견고하고 진실한 법을 증득함으로 인해 모든 번뇌를 파괴하기 때문이다. 그러므로 "금강석으로 비유된 것이고 제일의에 대한 지혜이다."라고 한 것이다. 이 비유 때문에 그 이승도 진여를 증득한다는 것을 알 수 있다. 이것은 첫째 의심을 해결한 것이다. 이승은 이미 인공人空의 진여를 증득했고 또한 무명주지번뇌의 소분을 끊은 자이다. 말하자면 작득주지번뇌를 끊었다는 것이다. 내적으로 이러한 인공 진여의 일부에 미혹한 것은 단지 끊어진 것이 적기 때문이다. 그러므로 위에서 "끊지 못했다."라고 설한 것이다. 마치 소금기가 적어 미미하면 역시 소금기가 없다고 하는 것과 같다. 이 도리로 말미암아 도무지 끊지 못한 것이 아니기 때문에 "성문·연각이 무명주지번뇌를 끊지 못한 것이 아니다."라고 한 것이다.

또한 말한다. 인공의 진여는 사제에 통하며 차별상이 없다. 그 때문에 "두 번째 성인의 진리에 대한 지혜가 없다."라고 한 것이다. 이것을 증득함에 있어서 두 번째가 없기 때문에 앞에서 "유일한 지혜"라고 한 것이다. 나아가 "부사의한 공성에 대한 지혜"는 여래장의 공성에 대한 지혜를 말한다. "일체 번뇌장"이란 무명주지번뇌가 일체 번뇌의 종자를 함장含藏하기 때문이다. 나아가 "첫 번째 성인의 진리에 대한 지혜"는 비록 그 이름처럼 제일의를 증득했더라도 아직 장藏의 체體를 보지 못했으므로 "구경이 아니다."라고 한 것이다. 비록 구경이 아니더라도 그 증득함에 있어서 두 번째가 없기 때문에 일승의 과위로 나아갈 수 있다. 그러므로 "아뇩보리지阿耨菩提智로 향한다."라고 한 것이다.[199]

丘龍釋。世尊金剛喩者。下至不斷無明住地云。依前所說。有二伏疑。一者。漸至法非出世者。何知二乘頓證眞如。二者。若彼二乘證眞如者。如何不斷無明住地。無明通迷眞如法故。今此文中。決此二疑。如佛經說。阿那含金剛心。永斷修道所斷煩惱。此金剛喩。喩眞如智。由證堅實法。破諸煩惱故。故言金剛喩者。是第一義智。作此譬故。知彼二乘亦證眞如。是決初疑也。二乘旣證人空眞如。亦斷無明住地少分。謂斷作得住地之內迷此人空眞如一分。但所斷少故。上說不斷耳。如微少鹽。亦言無鹽。由是道理。非都不斷。故言非聲聞緣覺不斷無明住地也。又云。人空眞如。通於四諦。無差別相。故言無二聖諦智。證此無二故。前言一智。【乃至】不思議空智者。謂如來藏空智。一切煩惱藏者。無明住地。含藏一切煩惱種故。【乃至】初聖智。雖證其如名第一義。未見藏體。名非究竟。雖非究竟。而證無二。故能趣向一乘之果。故名向阿耨菩提智也。

---

[199] 『詳玄記』 권16(『佛全』 4, 232b17~233a15).

제7 여래장장如來藏章

경 7.1 성인의 진리란 매우 심오한 의미를 설명한 것이고, 미세하여 알기 어렵고, 사량의 경계가 아니고, 지혜로운 자에 의해 알려질 대상이고, 일체 세간인들에 의해 믿어질 수 없는 대상입니다.[200] 왜냐하면 이것은 매우 심오한 여래의 태장을 설한 것이기 때문입니다. 여래장이란 여래의 경계이고, 일체 성문, 연각에 의해 알려질 대상이 아니며, 여래장이 있는 곳은 성인의 진리에 대한 의미를 설한 곳입니다. 여래장이 있는 곳이 매우 심오하기 때문에 성인의 진리에 대한 설명도 또한 매우 심오한 것이고, 미세하여 알기 어렵고, 사량의 경계가 아니고, 지혜로운 자에 의해 알려질 대상이고, 일체 세간인들에 의해 믿어질 수 없는 대상입니다.

> 聖諦者。說甚深義。微細難知。非思量境界。是智者所知。一切世間所不能信。何以故。此說甚深如來之藏。如來藏者。是如來境界。非一切聲聞緣覺所知。如來藏處。說聖諦義。如來藏處甚深故。說聖諦亦甚深。微細難知。非思量境界。是智者所知。一切世間所不能信。

소 7.1.1 구룡 법사는 "태장의 심오함처럼 상相을 여의고 성性을 여읜 것이며, 있는 것(有)도 아니고 없는 것(無)도 아니므로 장신藏身이라 한다면 마땅히 부처님의 인식 경계가 아닐 것이다. 다른 사람의 정情에 따라

---

[200] 『勝鬘經』(T12, 221b8~15).

임시방편으로 설한 것이다."라고 뜻풀이하면서 『능가경』을 인용하여 이것의 의리義理를 증명했는데, 문장의 자세함은 그와 같다.²⁰¹

> 丘龍師意。如藏深奧。離相離性。非有非無。而名藏身。非當佛境。是隨他情權方便說。引楞伽經證此義理。文廣如彼。

---

201 『詳玄記』 권16(『佛全』 4, 239a1~4).

제8 법신장法身章[202]

경 8.1 만약 무량한 번뇌장으로 속박된 여래장에 대해 의혹하지 않는다면 무량한 번뇌장에서 벗어난 법신에 대해서도 의혹이 없을 것입니다. 여래장, 여래의 법신, 부사의한 부처님의 경계, 방편설을 설명하는 것에 대해 마음에서 확신(決定)을 얻는 자라면 이들은 곧 두 가지 성인의 진리에 대한 설명을 신해信解할 것입니다. '이와 같이 알기 어렵고 이해하기 어렵다'고 한 것은 이를테면 두 가지 성인의 진리에 대한 의미로 설명한 것입니다.

두 가지 성인의 진리에 대한 의미로 설명한 것은 무엇인가? 이를테면 지음이 있는 성인의 진리에 대한 의미로 설한 것과 지음이 없는 성인의 진리에 대한 의미로 설한 것입니다. 지음이 있는 성인의 진리에 대한 의미로 설한 것은 한량이 있는 사성제에 대해 설명한 것입니다. 왜냐하면 다른 사람으로 인해 일체의 고제를 알고, 일체의 집제를 끊고, 일체의 멸제를 증득하고, 일체의 도제를 수습할 수 있는 것이 아니기 때문입니다. 그러므로 세존이시여, 유위의 생사와 무위의 생사가 있으므로 열반도 이와 같이 유여와 무여가 있습니다. 지음이 없는 성인의 진리에 대한 의미로 설명한 것은 한량이 없는 사성제에 대한 의미로서 설명한 것입니다. 왜냐하면 자신의 힘으로 일체 감수된 고제를 알

---

[202] 김상현본에서는 '제8 법신장'으로 소속된 원효 소가 없다. 그리고 『勝鬘經』의 경문도 "若於無量煩惱藏所纏如來藏不疑惑者。……世尊。如是如來法身不離煩惱藏名如來藏。"이라고 중략하고 있다. 『詳玄記』의 체계에 의하면 '**소** 8.1.1'의 내용이 '제7 여래장장'에 포함되기 때문이다.(1993, p.460) 그러므로 여기에서는 김상현본에서 여래장장의 1-②로 편집하고 있는 내용을 '제8 법신장'으로 옮겨 재구성한다.

고, 일체 감수된 집제를 끊고, 일체 감수된 멸제를 증득하고, 일체 감수된 멸제로 이끄는 도제로서 이와 같은 여덟 가지 성인의 진리를 수습할 수 있기 때문입니다.

여래가 설한 사성제는 이와 같이 네 가지 지음이 없는 성인의 진리에 대한 의미이고 오직 여래·응공·정등각자의 사태(事)의 구경이고, 아라한과 벽지불의 사태의 구경이 아닙니다. 왜냐하면 상법·중법·하법으로 열반을 얻는 것이 아니기 때문입니다. 그것은 무엇 때문인가? 여래·응공·정등각자의 지음이 없는 사성제의 의미에 대한 사태의 구경은 일체 여래·응공·정등각자가 일체 미래의 고제를 알고, 일체 번뇌와 상번뇌가 포함된 일체의 집제를 끊고, 일체 의생신을 소멸하는 것으로서 모든 고통을 제거한 멸제에 대해 작증하는 것이기 때문입니다.

세존이시여, 무너지지 않는 법이기 때문에 고통의 소멸이라 한 것입니다.[203] 이른바 고통의 소멸이란 시작이 없고, 지음이 없으며, 일어남이 없고, 다함이 없는 것이라 합니다. 다함을 여읜 것이므로 상주하는 것이고, 자성적으로 청정한 것이며, 일체 번뇌장을 여읜 것입니다. 세존이시여, 갠지스강의 모래알보다 많은 여의지도 않고, 벗어나지도 않고, 다르지도 않으며, 사의할 수 없는 불법이 성취된 것이므로 여래의 법신이라 설한 것입니다. 세존이시여, 이와 같이 번뇌장을 여의지 않는 여래의 법신을 여래장이라고 합니다.[204]

若於無量煩惱藏所纏如來藏。不疑惑者。於出無量煩惱藏法身。亦無疑惑。於說如來藏如來法身。不思議佛境界。及方便說。心得決定者。此則信解說二聖諦。如是難知難解者。謂說二聖諦義。何等爲說二聖諦義。謂說作聖諦

---

[203] 보리류지 역에서는 이 문장 다음에 도제에 대해 수습한다는 부분도 서술하고 있다. "謂諸如來應正等覺。遍知諸苦。斷諸煩惱及超煩惱所攝苦集。能證一切意生身蘊所有苦滅。及修一切苦滅之道。"(T11, 677a12~15)
[204] 『勝鬘經』(T12, 221b16~c11).

義。說無作聖諦義。說作聖諦義者。是說有量四聖諦。何以故。非因他能知
一切苦。斷一切集。證一切滅。修一切道。是故世尊。有有爲生死無爲生死。
涅槃亦如是有餘及無餘。說無作聖諦義者。說無量四聖諦義。何以故。能以
自力。知一切受苦。斷一切受集。證一切受滅。修一切受滅道。如是八聖諦。
如來說四聖諦。如是四無作聖諦義。唯如來應等正覺事究竟。非阿羅漢辟
支佛事究竟。何以故。非下中上法得涅槃。何以故。如來應等正覺。於無作
四聖諦義事究竟。以一切如來應等正覺。知一切未來苦。斷一切煩惱上煩
惱所攝受一切集。滅一切意生身。除一切苦滅作證。世尊。非壞法故。名爲
苦滅。所言苦滅者。名無始無作無起無盡。離盡常住自性清淨。離一切煩惱
藏。世尊。過於恒沙。不離不脫不異。不思議佛法成就。說如來法身。世尊。
如是如來法身。不離煩惱藏。名如來藏。

소 8.1.1 원효는 말했다.

무엇 때문에 한량이 있고 네 가지 지음이 있다고 하는가라고 이와 같이
묻는다면 그 대답은 "이승의 지혜는 다른 사람으로 인해 일어나는 것으
로서 (사제를) 알고 끊고 증득하고 수습하는 것에서 모두 두루 미칠 수 없
기 때문에 한량이 있다."라는 의미로 답해야 한다. 이와 같이 답변은 이
뜻을 반대로 드러내기 때문에 "다른 사람으로 인해 일체의 고제를 알고,
……205가 아니다."라고 한 것이다. 이를테면 이승은 다른 사람의 지혜를
원인으로 일체 고제 등을 알 수 있다는 것이 아니라는 것이고, 이승은 다
른 사람의 지혜를 원인으로 오직 분단생사에서 고제라는 네 가지 행상 등
을 안다고 반대로 드러낸 것이다.206

---

205 이 문장에서 생략된 내용은 『勝鬘經』 경문에서 "일체의 집제를 끊고 일체의 멸제를
증득하고 일체의 도제를 수습하는 것(斷一切集。證一切滅。修一切道。)"이다.
206 『詳玄記』 권16(『佛全』 4, 239a14~b1). 『詳玄記』에서 이 구문은 '제7 여래장장'에 속해

元曉云。何故爲有量四作。如是問也。答此意云。二乘之智。因他而起。知斷
證修。皆不能遍。故名有量。如是答也。反顯此意。故言非因他能知一切苦
等。謂非二乘因他之智 能知一切苦等。反顯二乘因他之智。唯知分段苦四
種行相等。

소 8.1.2 승복僧馥의 주석에서 말했다. "지음이 있음과 지음이 없음을
분별하기 때문에 여덟 가지가 된 것이다. 명칭을 고려하여 진실을 말하면
그것은 오직 고제·집제·멸제·도제일 뿐이기 때문에 네 가지이다." 이러
한 뜻으로 지음이 있음과 지음이 없음을 둘 다 합하여 총괄적으로 사제가
있다고 한 것이며, 자은과 구룡의 주해에서도 동일하다.[207]

僧馥註云。分別作及無作故爲八。考名以言實。其唯苦集滅道故四也。【已上】
此意雙合有作無作。總有四諦。慈恩丘龍解亦同。

소 8.1.3 원효 법사는 해석했다.

『승만경』에서 "지음이 있는 사성제"란 소분의 성인의 것이므로 지음이
있는 성제라 한다. (사제를) 알고 끊고 증득하고 수습하는 것에 대해 다시
지을 대상이 있기 때문이고, 지음이 있는 성인이 살필 대상이기 때문에
"지음이 있는 사성제"라고 한 것이다. "지음이 없는 사성제"란 구경의 성

있다. 또한 이것은 성덕태자의 『勝鬘經義疏』에서 "從如是難知以下。第三出八諦名
體相。"(『佛全』4, 30a2~3)을 해설한 것이라 할 수 있다. 말하자면 『勝鬘經』의 "如是難
知" 이하를 성덕태자가 해석한 내용에 대한 응연의 기記라는 것이다. 한편 『勝鬘經
義疏』에서도 이 구문이 제8장이 아닌 제7장으로 편집되어 있다.
207 『詳玄記』 권16(『佛全』4, 241a4~6). 이 구문은 원효 소의 간접 인용이다. 따라서 김상
현본에는 없고 후쿠시본(2013, p.91)에는 있다. 여기에서 앞 단락의 승복의 주석을 소
개한 것은 이것과 원효 소의 내용이 일맥상통한다고 응연이 해설하기 때문이다.

인의 것이므로 지음이 없는 성제라고 한다. (사제를) 알고 끊고 증득하고 수습하는 것에 대해 더 이상 지을 대상이 없기 때문이고, 지음이 없는 성인이 살필 대상이기 때문에 "지음이 없는 사성제"라고 한다. 또한 "한량이 있는 사성제"란 한계가 있는 분단생사에서 고제·집제·멸제·도제에 대해 아직 도리의 근원을 궁구하지 못한 것이다. 그 때문에 한량이 있다고 한 것이다. "한량이 없는 사성제"란 여래장을 통달하고 염오문과 청정문에 통하여 한량할 바가 없다는 것이다. 그 때문에 한량이 없다고 한 것이다. 또한 이승의 지혜는 부처님에 의거하여 일어난 것으로서 (사제를) 알고 끊고 증득하고 수습하는 것에서 모두 두루 미칠 수 없기 때문에 한량이 있다고 한 것이다. 보살의 지혜는 이것을 뒤집으면 알 수 있다. (즉) 자연스럽게 일어난 것으로서 (사제를) 알고 끊고 증득하고 수습하는 것에서 모두 다 두루 미쳐 다하는 것이다. 그 때문에 "한량이 없는 사성제"라고 한 것이다. 지음 있음과 지음 없음은 사람으로부터 명칭을 세운 것이고, 한량 있음과 한량없음은 상相에 해당시켜 명칭(目)을 세운 것이다.[208]

元曉師釋云。勝鬘經有作四聖諦者。少分聖人。名爲有作聖。於智斷證修。更有所作故。作聖所諦故。名有作四聖諦。無作四聖諦者。究竟聖人。名無作聖。於智斷證修。更無所作故。無作聖所諦。名無作四聖諦。又有量四聖諦者。限在分段。苦集滅道。未窮理源。故名有量。無量四聖諦者。達如來藏。通染淨門。無所限量。故名無量。又二乘之智。因佛而起。智[1)]斷證修。皆不能遍。故名有量。菩薩智翻此可知。自然而起。智斷證修。皆悉遍盡。故名無量四聖諦。有作無作。從人立名。有量無量。當相立目也。

---
1) ㉔ '智'는 '知'와 통용된다.(『守護國界章』)

---
208 최징最澄, 『守護國界章』(T74, 152a10~22). 이 구문은 福士慈稔, 『日本佛敎各宗の新羅·高麗·李朝佛敎認識に關する硏究』 第1卷, 「日本天台宗にみられる海東佛敎認識」(2011, p.27)에 수록되어 있다.

소 8.1.4 원효 법사는 해석했다.

유제有諦이든 무제無諦이든 모두 세속제이다. 세속제를 준거로 하여 지음의 유무를 나눈 것이고, 이러한 특성을 나타내기 위한 것이므로 모두 명칭에 대한 실체가 없는 것이다. 명칭이란 것은 다만 임시로 시설된 것일 뿐이고, 임시로 존재하는 의미이지만 세우면 유제有諦가 될 것이다. 실체가 없다고 한 것은 실로 법의 체가 없어 필경에 없는 것이지만 세우면 무제無諦가 될 것이다.[209]

元曉師釋云。有諦無諦。俱是世諦。約世俗諦。分作有無。爲顯此性。俱名無實。言名者。但假施設。是假有義。立爲有諦。言無實者。實無法體。是畢竟無。立爲無諦。

소 8.1.5 원효는 말했다.

세 번째 진리란 이를테면 진여의 진리이고, 유무의 상相을 여읜 것이다. 그러므로 중도이고 제일의제라고 한 것이다.[210]

曉云。第三諦者。謂眞如理。離有無相。故名中道第一義諦。

---

209 최징最澄,『守護國界章』(T74, 154c11~15). 이 구문은 福士慈稔,『日本佛敎各宗の新羅·高麗·李朝佛敎認識に關する硏究』第1卷,「日本天台宗にみられる海東佛敎認識」(2011, p.27)에 수록되어 있다.
210 최징最澄,『守護國界章』(T74, 154c17~18). 후쿠시 지닌의 편집본(2011, p.28)에서 이 구문을 원효의『金剛三昧經論』(T34, 1002b)의 내용으로 편집하고 있다. 하지만 확인 결과 대응하는 문장이『金剛三昧經論』에서 발견되지 않는다. 반면『守護國界章』의 문맥을 살펴보면 원효의『勝鬘經疏』와 내용적으로 대응하고 있어서 여기에 수록한다.

소 8.1.6 또한 원효는 말했다.

이 경전의 열여섯 가지 진리는 보살에게 갖추어진 두 종류의 지혜를 드러내기 위해서이다. 이를테면 여실한 지혜와 방편의 지혜라고 하는 것이다. 앞에 있는 일곱 가지 진리는 여실한 지혜를 나타낸 것이고, 그 뒤의 아홉 가지 진리는 방편의 지혜를 드러낸 것이다.[211]

又曉云。此經十六諦。爲顯菩薩具二種智。謂如實智及方便智。在前七諦。顯如實智。其後九諦。顯方便智。

---

211 최징最澄,『守護國界章』(T74, 154c22~23). 이 구문은 福士慈稔,『日本佛敎各宗の新羅・高麗・李朝佛敎認識に關する硏究』第1卷,「日本天台宗にみられる海東佛敎認識」에 수록되어 있다.

제9 공의은부진실장空義隱覆眞實章

경 9.1 세존이시여, 여래장에 대한 지혜는 여래의 공성에 대한 지혜입니다. 세존이시여, 여래장이란 일체 아라한·벽지불·대력보살이 이전에 보지 못한 대상이고, 이전에 얻지 못한 대상입니다. 세존이시여, 여래장에 대한 공성의 지혜는 두 종류가 있습니다. 세존이시여, (하나는) 여래장과 분리된 것이든 벗어난 것이든 다른 것이든 일체 번뇌장에 대해서는 공성입니다. 세존이시여, (다른 하나는) 여래장과 분리되지 않는 것이든 벗어나지 않는 것이든 다르지 않은 것이든 갠지스강의 모래보다 많은 부사의한 불법에 대해서는 불공입니다. 세존이시여, 이 두 가지 공성에 대한 지혜는 모든 대성문일지라도 능히 여래를 믿을 수 있는 것입니다. 일체 아라한·벽지불의 공성에 대한 지혜는 네 가지 전도되지 않는 경계에서 굴려야 할 것입니다. 그러므로 일체 아라한과 벽지불은 이전에 보지 못한 대상이고 이전에 얻지 못한 대상입니다. 일체 고통의 소멸은 오직 부처님만 증득할 수 있는 것이고, 일체 번뇌장을 파괴한 것이고, 일체 고통을 소멸하는 것으로 이끄는 도道를 수습한 것입니다.[212]

世尊。如來藏智。是如來空智。世尊。如來藏者。一切阿羅漢辟支佛大力菩薩。本所不見。本所不得。世尊。有二種如來藏空智。世尊。空如來藏。若離若脫若異。一切煩惱藏。世尊。不空如來藏。過於恒沙。不離不脫不異不思議佛法。世尊。此二空智。諸大聲聞。能信如來。一切阿羅漢辟支佛空智。於

---

212 『勝鬘經』(T12, 221c12~23).

四不顚倒境界轉。是故一切阿羅漢辟支佛。本所不見。本所不得。一切苦滅。唯佛得證。壞一切煩惱藏。修一切滅苦道。

소 9.1.1 원효는 말했다.

"대성문"이란 소승에서 돌이켜 대승에 들어간 자이다. (그러므로) 대성문이라 한 것이다. 『법화경』에서 "저희들이 오늘에야 (참된 성문이라, 불도의 소리로써) 온갖 것을 듣게 하며"[213]라고 설한 것과 같다. 이와 같이 수승한 사람이라면 여래의 두 가지 공성에 대한 지혜를 믿을 수 있을 것이다.[214]

元曉云。大聲聞者。廻小入大。名大聲聞。如法華經言。我等今者。【乃至如前】令一切聞。如是勝人。能信如來二種空智。

소 9.1.2 구룡은 말했다.

이를테면 이승은 사제법에서 인집人執과 아집我執을 여읜 자이다. 그 때문에 공성에 대한 지혜라 한다. 이와 같은 공성에 대한 지혜는 무상·고통·무아·부정을 관찰하는 것이다. 이로 말미암아 유위의 네 가지 전도를 여의기 때문에 "네 가지 전도되지 않는 경계에 대해 굴려야 할 것이다."라고 한 것이다. "전轉"이란 현행의 다른 이름이다. 이것은 이승의 출리와 현관이 네 가지 지혜임을 밝힌 것이다. 이와 같이 네 가지 전도가 없는 현관은 은폐된 여래의 법신에 대해 바라보는 것이지만 네 가지 공덕에

---

213 『法華經』 권2(T9, 18c20~21), "我等今者。眞是聲聞。以佛道聲。令一切聞。"
214 『詳玄記』 권17(『佛全』 4, 253a2~4).

위반한 것이기 때문에 모두 전도이다. 그러므로 "일체에 대해 보지 못하고 얻지 못한다."라고 하였다.[215]

丘龍云。謂二乘於四諦法。離人我執。故名空智。如是空智。觀無常苦無我不淨。由是離於有爲四倒。故言於四不顚倒境轉。轉者。現行之異名也。此明二乘出觀四智。如是四種無倒之觀。望於所覆如來法身。違反四德皆是顚倒。故言一切不見不得。

---

215 『詳玄記』 권17(『佛全』 4, 253b7~12).

제10 일제장―諦章[216]

경 10.1 세존이시여, 이 사성제에서 세 가지는 무상한 것이고 한 가지는 영원한 것입니다. 왜냐하면 세 가지 진리는 유위의 상相에 들어가는 것이기 때문입니다. 유위의 상에 들어간다면 무상할 것이고, 무상한다면 허망법일 것이고, 허망법이라면 진리도 아니고 영원한 것도 아니고 의지처도 아닙니다. 그러므로 고제·집제·도제는 제일의제가 아니고 영원한 것도 아니고 의지처도 아닙니다.[217]

世尊。此四聖諦。三是無常一是常。何以故。三諦入有爲相。入有爲相者。是無常。無常者。是虛妄法。虛妄法者。非諦非常非依。是故苦諦集諦道諦。非第一義諦。非常非依。

---

216 제10장과 제11장에 대한 원효 소는 현재 확인할 수 없다. 다만 독자로 하여금 『勝鬘經』의 전체 문맥을 쉽게 파악하도록 하고자 두 장의 경문과 한글 번역을 수록한다.
217 『勝鬘經』(T12, 221c24~28).

제11 일의장―依章[218]

경 11.1 (사성제에서 영원한 것으로서) 고통의 소멸이라는 하나의 진리는 유위의 상을 여읜 것입니다. 유위의 상을 여읜 것이라면 항상할 것이고, 항상하다면 허망법이 아닐 것이고, 허망법이 아니라면 진리인 것이고, 항상한 것이고 의지처일 것입니다. 그러므로 멸제는 제일의입니다.[219]

一苦滅諦。離有爲相。離有爲相者。是常。常者。非虛妄法。非虛妄法者。是諦是常是依。是故滅諦。是第一義。

---

218 현재 『勝鬘經』에 나타난 과단과 달리 『詳玄記』의 과단에 따르면 제11장에서 두 개의 원효 소가 발견된다. 그렇지만 두 개 모두 내용적으로 '제12 전도진실장'에 대응하기 때문에 다음 장인 제12장으로 재배치한다. 이와 같이 과단에서 차이가 발생한 까닭은 『詳玄記』의 과단이 성덕태자의 『勝鬘經義疏』에 따르고 있기 때문이다. 이런 측면에서 『詳玄記』를 근거로 편집된 김상현본(1993, p.461)에서는 두 개의 원효 소가 모두 제11장에 배대되어 있다.
219 『勝鬘經』(T12, 221c29~222a3).

제12 전도진실장顚倒眞實章

경 12.1 부사의한 멸제는 일체중생의 심식으로 반연할 대상을 뛰어넘은 것이고, 또한 일체 아라한과 벽지불의 지혜 경계도 아닙니다. 비유하면 선천적 맹인이 많은 색色을 보지 못하고, 일주일 된 젖먹이가 태양을 보지 못하는 것과 같습니다. 고통의 소멸이라는 진리도 또한 이와 같이 일체 범부의 심식으로 반연할 대상이 아니며 또한 이승의 지혜 경계도 아닙니다. 범부의 심식이라면 두 가지 전도된 견해일 것이고 일체 아라한과 벽지불의 지혜라면 곧 청정일 것이기 때문입니다. 극단적 견해(邊見)는 범부가 오온(五受陰)에 대해 자아라고 보고서 망상하고 계착하여 일으킨 두 가지 견해입니다. 이 극단적 견해라 하는 것은 상견과 단견을 말합니다. '제행이 무상하다'라고만 본다면 이것은 단견이므로 정견이 아닐 것입니다. '열반은 영원하다'라고만 본다면 이것은 상견이므로 정견이 아닐 것입니다. 망상으로 보기 때문에 이와 같이 '신체와 감관들에 대해 분별하고 사유하여 현법現法에서 무너지는 것이다'라는 견해를 일으켜 '상속이 있다'는 것을 보지 못하므로 단견을 일으킨 것입니다. 망상으로 보기 때문에 심상속心相續에 대해 어두워져 찰나 사이의 의식 경계임을 이해하지 못하고 알지 못하므로 상견을 일으킨 것입니다. 망상으로 보기 때문에 이 망상의 견해로 그것의 의미에 대해 지나치든지 미치지 못하든지 이상異想을 일으켜 단斷이든지 상常이든지 분별한 것입니다. 전도된 중생들은 오온에 대해 무상한 것에서 영원하다고 관념화(想)하고, 고통스러운 것에서 즐겁다고 관념화하고, 자아가 없는 것에서 자아가 있다고 관념화하고, 청정하지 못한 것에서 청정하다고 관념화합니다. 일체 아라한과 벽지불의 청정한 지혜란 일체 지혜의 경계와 여래의 법신에 대해 이전에 보지 못할 대상이라는 것입니다. 간혹 어떤 중생이 부처님 말씀을 믿기 때문에 영원하다는 관념·즐겁다는 관념·자아라는 관념·청정하다는 관념을 일으키지만 전도된 견해가 아니므로 이것을 정견이라고 합니다. 왜냐하면 여래의 법신은 영원한 바라밀·즐거운 바라밀·자아의 바라밀·청정의 바라밀이기 때문입니다. 부처님 법신에 대해 이러한 견해를 일으킨다면 이것을 정견이라 합니다. 정견을 지닌 자는 부처님의 친자식입니다. 부처님의 입으로부터 태어난 자이고, 정법으로부터 태어난 자이고, 정법의 교화로부터 태어난 자이고, 법의 나머지 재산을 얻는 자이기 때문입니다.

세존이시여, 청정한 지혜란 일체 아라한과 벽지불의 지혜바라밀입니다. 이 청정한 지혜라는 것을 비록 청정한 지혜라 하더라도 그 멸제에 대해서도 오히려 인식경계가 아니거늘 하물며 네 가지 의지처에 대한 지혜이겠습니까. 왜냐하면 삼승의 초업자는 진리에 대해 미혹하지 않으므로 그 의미에 대해 깨달을 것이고 얻을 것이기 때문입니다. 그들을 위해 세존께서 네 가지 의지처를 설하신 것입니다. 세존이시여, 이 네 가지 의지처란 세간법입니다. 세존이시여, 유일한 의지처는 일체의 의지처로서 출세간의 최고 중에 최고인 이를테면 멸제라고 하는 제일의第一義의 의지처입니다.[220]

不思議是滅諦。過一切衆生心識所緣。亦非一切阿羅漢辟支佛智慧境界。譬如生盲。不見衆色。七日嬰兒。不見日輪。苦滅諦者。亦復如是。非一切凡夫心識所緣。亦非二乘智慧境界。凡夫識者。二見顚倒。一切阿羅漢辟支佛智者。則是淸淨。邊見者。凡夫於五受陰我見。妄想計著。生二見。是名邊見。所謂常見斷見。見諸行無常。是斷見非正見。見涅槃常。是常見非正見。

---

[220] 『勝鬘經』(T12, 222a4~b3). 김상현본(1993, p.461)은 제12장의 경문 전체를 수록하지 않고 중략하고 있다.

妄想見故。作如是見。於身諸根。分別思惟。現法見壞。於有相續不見。起於
斷見。妄想見故。於心相續。愚闇不解不知刹那間意識境界。起於常見。妄
想見故。此妄想見。於彼義。若過若不及作異想。分別若斷若常。顚倒衆生。
於五受陰。無常常想。苦有樂想。無我我想。不淨淨想。一切阿羅漢辟支佛
淨智者。於一切智境界。及如來法身。本所不見。或有衆生。信佛語故。起常
想樂想我想淨想。非顚倒見。是名正見。何以故。如來法身。是常波羅蜜。樂
波羅蜜。我波羅蜜。淨波羅蜜。於佛法身。作是見者。是名正見。正見者。是
佛眞子。從佛口生。從正法生。從法化生。得法餘財。世尊。淨智者。一切阿
羅漢辟支佛。智波羅蜜。此淨智者。雖曰淨智。於彼滅諦。尚非境界。況四依
智。何以故。三乘初業。不愚於法。於彼義。當覺當得。爲彼故。世尊說四依。
世尊。此四依者。是世間法。世尊。一依者。一切依止。出世間上上。第一義
依。所謂滅諦。

🔲 12.1.1 원효는 말했다.

이승은 다만 법계의 차별을 볼 뿐이다. 이것으로써 원인을 삼아 나중에 고유한 특징(自相)을 보고 성불에 이르러야 멸제를 증득할 수 있다. 그러므로 "그 의미에 대해 깨달아야 하고 얻어야 할 자이다."라고 한 것이다. "각覺"이란 것은 보살의 단계에 들어갈 때 법계의 고유한 특징을 알기 때문이다. "득得"이란 불과佛果에 이를 때 현증이 자체가 되기 때문이고, 법계의 고유한 특징이란 명칭이 멸제가 되기 때문이다.[221]

元曉云。二乘但見法界差別。以此爲因。後見自相及至成佛。得證滅諦。故

---

[221] 『詳玄記』 권17(『佛全』 4, 263a12~15). 응연의 『詳玄記』에서 이 구문을 '제11 일의장'으로 배대하고 있지만 대응되는 경문이 '제12 전도진실장'이므로 여기에 재배치한다.

言於彼義當覺當得。覺者。入菩薩位時。知法界自相故。得者至佛果時。證
爲自體故。法界自相者。名爲滅諦故。

소 12.1.2 원효는 말했다.

"삼승의 초업자는 진리에 대해 미혹하지 않는다."라는 것은, 견도에 올라탄 것을 초업이라 하고, 동등하게 법계에 대해 본 것을 진리에 대해 미혹하지 않는다고 한다.[222]

元曉云。三乘初業。不愚於法者。乘見道。名爲初業。同見法界。名不愚法。

---

222 『詳玄記』권17(『佛全』4, 264a3~4). 이 구문 역시 『詳玄記』에서는 '제11 일의장'으로 배대하고 있지만 대응되는 경문에 입각하여 여기에 재배치한다. 『詳玄記』에서 웅연은 '三乘初業不愚於法'이라는 경문에 대해 여러 논사의 해설이 동일하지 않다고 하면서 가상, 정영, 원효의 해설을 비교하고 있다. (『佛全』4, 263a15~264a3 참조)

제13 자성청정장自性清浄章

경 13.1 세존이시여, 태어남이든 죽음이든 여래장을 의지한 것이고, 여래장 때문에 본제本際는 알 수 없다고 설해집니다. 세존이시여 여래장이 있기 때문에 태어남과 죽음이 있다고 설하면 이것을 선설善說이라 합니다. 세존이시여, 태어나 죽고 다시 태어나 죽는 것이란 모든 감수될 감관이 사라지는 차제이면서 감수될 감관이 일어나지 않는 것입니다. 그러므로 태어나 죽는 것이라 합니다. 세존이시여, 태어남과 죽음이라는 이 두 가지 법은 여래장입니다. 세간적 언설이기 때문에 죽음이 있고 태어남이 있는 것입니다. 죽음이란 감관들의 파괴를 말하고 태어남이란 새로운 감관들이 생기하는 것이지만 여래장에는 태어남이 있거나 죽음이 있지 않습니다. 여래장이란 유위의 상을 여읜 것이고 여래장은 항상 머무는 것이고 변하지 않는 것입니다. 그러므로 여래장은 귀의처가 되고 의지처가 되고 건립처가 됩니다. 세존이시여, (여래장은) 부사의한 불법들을 여의지 않는 것이고 단절하지 않는 것이며 벗어나지 않는 것이고 다르지 않은 것입니다. 세존이시여, 유위법들을 끊고 (유위법들에서) 벗어나고 (유위법들과) 다르고 (유위법들을) 외면하는 것이며, 귀의하고 의지하고 건립하고 세우는 것이 여래장입니다. 세존이시여, 만약 여래장이 없다면 고통을 싫어하거나 열반을 즐거이 구할 수 없을 것입니다. 왜냐하면 이 여섯 가지 식과 심법지心法智라는 이 일곱 가지 법은 찰나에도 머물지 않으며, 뭇 고통을 심지 않고, 고통을 싫어하거나 열반을 즐거이 구하지도 않기 때문입니다.[223]

---

223 『勝鬘經』(T12, 222b4~17).

世尊。生死者依如來藏。以如來藏故。說本際不可知。世尊。有如來藏故說
生死。是名善說。世尊。生死生死者。諸受根沒次第。不受根起。是名生死。
世尊。死生者。此二法。是如來藏。世間言說故。有死有生。死者。謂根壞。
生者。新諸根起。非如來藏有生有死。如來藏者。離有爲相。如來藏。常住不
變。是故如來藏。是依是持是建立。世尊。不離不斷不脫不異。不思議佛法。
世尊。斷脫異外有爲法。依持建立者。是如來藏。世尊。若無如來藏者。不得
厭苦樂求涅槃。何以故。於此六識及心法智此七法。刹那不住。不種衆苦。
不得厭苦樂求涅槃。

소 13.1.1 "지금 말하자면(今謂)" 이하는 『보굴』 주석가가 앞의 해석[224]에 대해 언급한 것을 비평하여 판정한 것이니, 곧바로 앞에서 인용된 생사가 열반이라는 뜻이다. 그 형세의 변화가 복잡다단하지만 피차 무방하다. 『승만경의소』에서는 능장과 소장을 드러낸 것이고, 『보굴』에서는 불이법을 드러낸 것이다. 구룡이 해석한 것도 가상의 것과 온전히 동일하다.[225]

今謂已下。窟主評判。言前解者。卽所前引。生死卽涅槃義。勢變多端。彼此
無方。疏顯能所藏。窟顯不二法。丘龍所解。全同嘉祥。

---

[224] 『詳玄記』에서 인용된 부분은 다음과 같다. "『보굴』에서 말하길, 이 두 가지 법이란 죽음과 태어남이라는 두 가지 법이다. 이것이 여래장이라는 것은 태어남과 죽음이 곧 여래장임을 밝힌 것이다. 도리로 나아가 말하자면, 만약 그 체體에 대해 깨달으면 생사가 곧바로 열반임을 알 것이다.……또 어떤 사람의 말을 인용하여 이 두 가지 법이 여래장이라면 이것은 공여래장일 뿐이다.……이제 도리를 말하면 알기 어려운 것이니, 또한 앞에서 해석한 것을 사용해야 한다."(『佛全』 4, 269a15~b2)

[225] 『詳玄記』 권18(『佛全』 4, 269b2~4). 이 구절은 원효 소에 대한 간접 인용이다. 『詳玄記』에서는 이 부분이 '제12 전도진실장'에 배대되어 있다. 하지만 내용적으로 '제13 자성청정장'에 대응된 것이므로 여기에 재배치한다. 한편 이 구문은 후쿠시본(2013, p.91)에는 있고, 김상현본에는 빠져 있다.

소 13.1.2 원효는 말했다.

"심법지"란 제7식으로서 항상 혜惠 심소와 상응하여 함께 일어나는 것이다. 그러므로 곳(所)에 따라 함께하는 것이고 심법지라 한 것이다.[226]

元曉云。心法智者。是第七識。恒與惠數相應俱起。故從所俱。名心法智。

소 13.1.3 원효 법사의 소 하권에서 말했다.

"심법지"란 제7식으로서 항상 혜惠 심소와 상응하여 함께 일어난다. 그러므로 곳에 따라 함께하는 것이고 심법지라 한 것이다.[227] 이와 같은 제7식은 근본을 버리고 지말을 취하는 것이지만 지말은 자체가 없으므로 스스로 머물 수 없다. 그 때문에 고통을 심거나 즐거움을 구하지 않는다. 고통을 심지 않으므로 생사의 의지처가 아니고 즐거움을 구할 수 없으므로 열반의 의지처도 아닌 것이다.[228]

元曉師疏下云。心法智者。是第七識。恆與惠數相應俱起。故從所俱。名心法智。如是七識廢本取末。末無自體。不能自住。故無□種苦求樂。不種苦非生死依。不能求樂非涅槃依。

---

[226] 『詳玄記』 권18(『佛全』 4, 271a10~12). 『詳玄記』와 김상현본(1993, p.461)에서 이 구문은 '제12 전도진실장'에 배대되어 있다. 하지만 내용상 제13장에 대응하는 원효 소이므로 여기에 재배치한다.
[227] 『詳玄記』에서는 이 구절까지만 인용되어 있다. (본문의 '**소** 13.1.2' 참조)
[228] 이 구문은 『詳玄記』가 아닌 응연의 다른 저작인 『華嚴孔目章發悟記』(『佛全』 7, 312b)에서 인용된 내용이다. 한편 이 구문은 김상현본에는 없고, 후쿠시본(2013, p.71)에는 수록되어 있다.

경 13.2 세존이시여, 여래장이란 전제前際가 없는 것으로서 일어나지 않고 소멸하지 않는 법이므로 모든 고통을 심으며, 고통을 싫어하고 열반을 즐거이 구할 수 있는 것입니다. 세존이시여, 여래장이란 자아도 아니고 중생도 아니고 수명도 아니고 개아도 아닙니다. 여래장이란 유신견에 떨어진 중생·전도된 중생·공성에 대해 산란한 마음을 지닌 중생들의 인식경계가 아닙니다. 세존이시여, 여래장이란 법계의 태장, 법신의 태장, 출세간 상상上上의 태장, 자성적으로 청정한 태장입니다. 이것이 자성적으로 청정한 여래의 태장이지만 객진번뇌나 상번뇌에 의해 염오되는 부사의한 여래의 경계입니다. 왜냐하면 찰나적 선심善心도 번뇌에 의해 염오된 것이 아니고, 찰나적 불선심不善心도 번뇌에 의해 염오된 것이 아니기 때문입니다. (이와 같이) 번뇌들도 마음과 접촉하지 않고, 마음도 번뇌들과 접촉하지 않습니다. 어떻게 접촉하지 않는 법이 염오된 마음을 얻을 수 있겠습니까. 세존이시여, 그러나 번뇌도 있고 번뇌에 의해 염오된 마음도 있습니다. 자성적으로 청정한 마음이지만 염오가 있다는 것은 분명히 알기 어려운 것입니다. 오직 부처님이신 세존만이 진실한 눈과 진실한 지혜를 지니신 분이고 교법의 근본이 되신 분이고 법을 통달하신 분이고 정법의 의지처가 되신 분이고 여실한 지견을 지니신 분입니다."[229]

世尊。如來藏者。無前際。不起不滅法。種諸苦。得厭苦樂求涅槃。世尊。如來藏者。非我非衆生非命非人。如來藏者。墮身見衆生顚倒衆生空亂意衆生。非其境界。世尊。如來藏者。是法界藏法身藏出世間上上藏自性淸淨藏。此性淸淨如來藏。而客塵煩惱上煩惱所染。不思議如來境界。何以故。刹那善心。非煩惱所染。刹那不善心。亦非煩惱所染。煩惱不觸心。心不觸煩惱。云何不觸法。而能得染心。世尊。然有煩惱。有煩惱染心。自性淸淨心。而有染者。難可了知。唯佛世尊。實眼實智。爲法根本。爲通達法。爲正

---

[229] 『勝鬘經』(T12, 222b17~c1).

法依。如實知見。

소 13.2.1 구룡은 말했다.

"공성에 대해 산란한 마음을 지닌 중생"이란 대승을 배우지만 성자가 아닌 보살들을 말한다. 일체가 공성임을 보고 스스로 마음에서 산란해지기 때문이다.[230]

丘龍云。空亂意衆生者。謂學大乘非聖菩薩。見一切空。亂自意故。

소 13.2.2 만약 구룡에게 의거한다면, 이것 역시 찰나멸에 따라 저 불선심不善心이 찰나찰나 사멸謝滅하여 또한 미혹에 물들지 않음을 밝힌 것이니, 머물 수 없기 때문이다.[231]

若依丘龍。此亦約就刹那滅。明彼不善心。念念謝滅。亦不惑染。不能住故。

경 13.3 승만 부인이 이 난해한 법을 설명하고 부처님께 질문할 때 부처님께서 곧바로 수희하셨다. "이와 같고 이와 같다. 자성적으로 청정한 마음이지만 염오되어 있다는 것은 분명하게 알기 어렵다. 두 가지 법도 분명하게 알기 어렵다. 이를테면 자성적으로 청정한 마음은 분명하게 알기 어렵고, 그 마음이 번뇌에 의해 염오되어 있다는 것도 분명하게 알기 어렵다는

---

230 『詳玄記』 권18(『佛全』 4, 272a7~8). 『詳玄記』와 김상현본(1993, p.461)에서 이 구문은 제12장으로 배대되어 있다. 하지만 대응되는 내용이 '제13 자성청정장'의 원효 소에 해당하므로 여기에 재배치한다.
231 『詳玄記』 권18(『佛全』 4, 273b5~6). 이 구문은 김상현본(1993, pp.461~462)과 후쿠시본(2013, pp.91~92)에서 모두 결여되어 있다.

것이다. 이 두 가지 법에 대해 그대와 큰 법을 성취한 보살마하살은 받아들일 수 있을 것이지만 나머지 다른 성문들은 오직 붓다의 말씀만 믿을 뿐이다.²³²

勝鬘夫人。說是難解之法。問於佛時。佛卽隨喜。如是如是。自性淸淨心。而有染汚。難可了知。有二法。難可了知。謂自性淸淨心。難可了知。彼心爲煩惱所染。亦難了知。如此二法。汝及成就大法菩薩摩訶薩。乃能聽受。諸餘聲聞。唯信佛語。

소 13.3.1 원효는 말했다.

"큰 법을 성취한 보살마하살"이란 8지라는 큰 지위(大地) 이상의 모든 대보살이며, 앞에서 제시한 승만 부인과 그와 버금가는 데에 이른 보살들이다. 이 사람들은 수승한 보살들이라고 알아야 할 것이다.²³³

元曉云。成就大法菩薩摩訶薩者。已八大地諸大菩薩。先擧勝鬘次及菩薩。當知此人勝諸菩薩。

소 13.3.2 원효는 말했다.

"청수聽受"라고 한 것에서 '청聽'은 문자이고 '수受'는 의미이다. "나머지 다른 성문들은 부처님의 말씀을 믿는다."라고 한 것은 오직 문자만 믿을

---

232 『勝鬘經』(T12, 222c2~7).
233 『詳玄記』 권18(『佛全』 4, 274b13~15). 응연은 이것과 다음 구문 사이에 "묻는다. 청수와 믿음은 어떤 차별이 있는가?(問。聽受與信有何差別?)"(『佛全』 4, 274b15)라는 내용을 서술하고 있다.

뿐, 심오한 의미는 아직 받아들이지 못한다는 것이다.[234]

元曉云。言聽受者。聽文受義。諸餘聲聞。信佛語者。唯信文言未受甚義也。

---

[234] 『詳玄記』 권18(『佛全』 4, 274b15~17).

제14 진자장眞子章

경 14.1 만약 수승한 믿음을 따르는 나의 제자들이 믿음의 광명에 의존하고서 법지法智에 수순한다면 구경을 얻을 것이다. 법지에 수순하는 것이란 시설된 감관·의식·인식경계에 대한 관찰, 업과 그 과보에 대한 관찰, 아라한의 수면(眠)에 대한 관찰, 마음의 자재를 얻은 자들의 즐거움으로서 선정에서 즐거움에 대한 관찰, 아라한·벽지불·대력보살이라는 성자들의 자재로운 신통에 대한 관찰이다. 이러한 다섯 선교방편으로서 관찰이 성취된다면 내가 멸도한 이후 미래세에 수승한 믿음을 따르는 나의 제자들이 믿음의 광명에 의존하고서 '자성적으로 청정한 마음이지만 그것이 번뇌에 염오되어 있다'는 법지에 수순하여 구경을 얻을 것이다. 이 구경이란 것은 대승도大乘道에 들어가는 원인이다. 여래를 믿는 자는 큰 이익을 지니게 되어 심오한 의미를 비방하지 않을 것이다."

이때에 승만이 부처님께 아뢰었다. "다시 나머지 다른 더 큰 이익이 있습니다. 제가 마땅히 부처님의 위신력을 이어받아 재차 그 의미를 설명하게 해 주십시오."

부처님께서 말씀하셨다. "곧바로 설하라."

승만이 부처님께 아뢰었다. "세 종류의 선남자·선여인은 매우 심오한 의미에 대해 훼손하는 것으로부터 떠나고 큰 공덕을 일으켜 대승의 깨달음에 들어갑니다. 무엇이 세 가지인가? 이를테면 스스로 매우 심오한 법지를 성취한 선남자·선여인이거나 혹은 법지에 대한 수순을 성취한 선남자·선여인이거나 혹은 모든 심오한 법에 대해 스스로 분명하게 알지 못하더라도 오직 세존만을 우러러보면서 '나의 인식 경계가 아니다. 오직 부처님에 의해 알려진 대상이다'라고 하는 선남자·선여인입니다. 이들(세 번째)을 선남자·선여인이라 명명하는 것은 오직 여래만을 우러러 보는 자들이기 때문입니다. 이러한 모든 선남자·선여인을 제외하고 난[235·236]

> 若我弟子隨信增上者。依明信已。隨順法智。而得究竟。隨順法智者。觀察施設根意解境界。觀察業報。觀察阿羅漢眠。觀察心自在樂禪樂。觀察阿羅漢辟支佛大力菩薩聖自在通。此五種巧便觀成就。於我滅後。未來世中。我弟子。隨信增上。依於明信。隨順法智。自性清淨心。彼爲煩惱染汚。而得究竟。是究竟者。入大乘道因。信如來者。有是大利益。不謗深義。爾時。勝鬘白佛言。更有餘大利益。我當承佛威神。復說斯義。佛言。更說。勝鬘白佛言。三種善男子善女人。於甚深義。離自毀傷。生大功德。入大乘道。何等爲三。謂若善男子善女人。自成就甚深法智。若善男子善女人。成就隨順法智。若善男子善女人。於諸深法。不自了知。仰惟世尊。非我境界。唯佛所知。是名善男子善女人。仰惟如來。除此諸善男子善女人已。

소 14.1.1 **문** 경에서 "구경을 얻는다."라고 했거늘 어찌하여 무생법인이 아닌가? 무엇 때문에 무생을 들지 않는가?

답 여기에서 구경이란 7지를 가리키는 것이다. 7지가 수순인의 구경이기 때문에 구경이라 한 것이고 8지를 가리키는 것이 아니다. (그러나) 정

---

235 승만경의 열다섯 가지 과단에서 이 부분은 제14장에 포함되어 있고, 내용적으로 이어지는 다음 단락은 제15장으로 분류되어 있다. 이 두 장으로 나뉜 문장을 합치면 다음과 같다. "이러한 모든 선남자·선여인을 제외하고 난, 나머지 다른 모든 중생들은 매우 심오한 법들에 대해 허망한 설명에 굳게 집착하여 정법을 거슬러 등지고 외도들의 것을 익혀 (깨달음의) 씨앗을 썩어 버리게 하는 자들입니다.(除此諸善男子善女人已。諸餘衆生。於諸甚深法。堅著妄說。違背正法。習諸外道。腐敗種子者。)"(T12, 222c26~29 참조)
236 『勝鬘經』(T12, 222c8~26).

영 등의 해석에서는 동일하지 않다. 구경을 무생법인으로 판단하고 있기 때문이다. 가상은 해석하길, 수신은 십신위이고, 수승한 믿음을 지니는 것은 십해위이며, 믿음의 광명을 지닌 것도 십해위이고, 법지에 수순하는 것은 해행위이며, 구경을 얻는 것은 초지 이상이라 하면서 네 번째로 삼고 있는데, 정영도 그러하다. 구룡의 해석으로는 수신은 낮은 단계이고 수승한 믿음을 지니는 것은 중간 단계이고 최상의 믿음을 지니는 것은 높은 단계이다. 믿음을 세 요소로 나누면 이것은 순해탈분의 선근과 견주는 것이고, 법지에 수순하는 것은 순결택분의 단계이고, 구경을 얻는 것은 견도 이상일 것이다. 큰 맥락에서는 같지만 정영과 가상의 것과 그의 것은 다르며 『승만경의소』의 해석과도 조금 다르다.[237]

> 問。經云而得究竟。豈非無生法忍乎。而何故言不擧無生。答。此究竟者。指七地也。以七地是順忍究竟。故云究竟。非指八地。不同淨影等釋。判究竟爲無生。嘉祥解釋。隨信是十信位。信增是十解位。明信亦是十解位。隨順法智。是解行位。而得究竟。是初地上。以爲第四。淨影亦爾。丘龍解釋。隨信是下。信增是中。信上是上。信分三品。竝是順解脫分善根。隨順法智。是順決擇分位。而得究竟。是見道上。大途卽同。淨影嘉祥彼別。本疏解釋少異。

소 14.1.2 (성덕태자의) 『승만경의소』에서 본의本義로 말한 것 이하, 두 번째 본의로서 "나의 제자이거나(若我弟子)"라고 말한 것에서부터 그 아래는 여덟 번째 진자장이고, 앞의 자성청정장의 여래의 설명 중에 "만약 수승한 믿음을 따르는 나의 제자들" 이하는 나누자면 진자장으로 삼아야 한다. 정영·가상·구룡 등의 논사들에 의해 나뉜 문제도 모두 이와 같다.

---

237 『詳玄記』 권18(『佛全』 4, 275a16~b7). 『詳玄記』에서 이 구문은 제13장에 배치되어 있지만 대응되는 경문에 따라 제14장에 대한 원효 소로 재배치한다. 한편 김상현본에는 이 구문이 없고, 후쿠시본(2013, p.92)에는 수록되어 있다.

그런저런 논사들은 '승만사자후장'을 첨가하여 15장으로 삼고 있다. 하지만 그 논사들은 "이때에 승만이 부처님께 아뢰었다. 다시 나머지 다른 더 큰 이익이 있습니다.(爾時勝鬘白佛言。更有餘大利益。)" 이하부터를 사자후장으로 취하고, 그 이전 여덟 가지 행으로 된 나머지 다른 경문들은 진자장으로 삼고 있다. 본의는 그렇지 않더라도 (문장) 전후를 하나로 갖추어 모두 진자장으로 해야 할 것이다. 진자임을 밝힘에 있어서 자세함과 간략함이 있기 때문이다.²³⁸

疏本義云下。二本義。言若我弟子故下。八眞子章者。前自性淸淨章。如來述成中。若我弟子隨信信增上者。已下判爲眞子章。淨影嘉祥丘龍等師。所判分齊。皆亦如是。彼彼諸師加勝鬘師子吼章。爲十五章。然彼諸師。從爾時勝鬘白佛言更有餘大利益下。取師子吼章。爾前八行餘之經文。爲眞子章。本義不爾。前後一具。皆是眞子。以明眞子有廣略故。

소 14.1.3 이것은 위의 수신隨信 등을 배대한 것이며 정영과 원효가 배대한 지위도 동일하다. 그것을 기준으로 말하면 처음 십해의 의취意趣는 초지 이상이고, 매우 심오한 법지法智를 지닌 자는 십지 이전 삼현의 단계이다. 법지에 수순하는 자는 십신일 것이니, 우러러 찬탄하기 때문이다. 대승도는 초지 이상이다. 이러한 배대가 적절하다면 어찌 허물이 있으리오.²³⁹

---

238 『詳玄記』 권18(『佛全』 4, 276b13~277a4). 이 구문은 제14장과 제15장의 과단에 대한 다양한 해석을 소개한 것으로서 이를 통해 원효 소에서 나타난 『勝鬘經』의 과단에 대한 일면을 유추할 수 있다. 한편 이 구문이 김상현본에는 없다. 또한 후쿠시본(2013, p.92)에서는 "爲十五章"까지만 수록되어 있다.
239 『詳玄記』 권18(『佛全』 4, 278a2~4). 이 구문은 김상현본과 후쿠시본에 모두 결여되어 있다.

此卽配對上隨信等。淨影元曉配位亦同。準此言之。初解意趣。初地已上。甚深法智。地前三賢。隨順法智。十信仰推故。大乘道。初地已上。如此配當。亦有何過。

제15 승만장勝鬘章[240]

경 15.1 나머지 다른 모든 중생들은 매우 심오한 법들에 대해 허망한 설명에 굳게 집착하여 정법을 거슬러 등지고 외도들의 것을 익혀 (깨달음의) 씨앗을 썩어 버리게 하는 자들입니다. 마땅히 왕의 힘과 천신·용·귀신의 힘으로써 그들을 조복해야 할 것입니다."

이때에 승만이 모든 권속들과 함께 이마로 부처님 발에 예배하였다.

부처님께서 말씀하셨다. "좋고 좋구나. 승만이여, 매우 심오한 법에 대해 방편으로 수호하여 비법자들을 항복시키고 그 마땅함을 잘 얻었구나. 그대가 이미 십만억 부처님들을 친근히 하였으므로 이러한 의미를 설명할 수 있었다."

이때에 세존께서 뛰어난 광명을 내놓으시어 널리 대중들을 비추시고서 몸이 허공으로 올라가셨는데, 그 높이가 일곱 다라(S tāla)의 나무만큼이었고 발로 허공에서 걸어서 사위국(S Śrāvastī)으로 돌아가셨다.

그때에 승만 왕비는 그 권속들과 함께 부처님을 향해 합장하면서 싫증냄 없이 눈으로 잠시도 놓치지 않고 바라보다가 시야에서 벗어난 이후 뛸 듯이 환희하면서 각기 여래의 공덕을 찬탄하고, 부처님에 대한 정념을 구족하였다. 성안으로 돌아와 우칭(S Yaśomitra)왕을 향해 대승을 찬탄하고 성안의 일곱 살 이상의 여인들을 대승으로써 교화하였다. 우칭 대왕도 또한 대승으로써 모든 일곱 살 이상의 남자들을 교화함에, 온 나라의 인민人民들이 모두 대승으로 향하게 되었다.

---

[240] 『勝鬘經』(T12, 222c27~223b14).

諸餘衆生。於諸甚深法。堅著妄說。違背正法。習諸外道。腐敗種子者。當以 王力及天龍鬼神力。而調伏之。爾時。勝鬘與諸眷屬。頂禮佛足。佛言。善哉 善哉。勝鬘。於甚深法。方便守護。降伏非法。善得其宜。汝已親近百千億 佛。能說此義。爾時世尊。放勝光明。普照大衆。身昇虛空高七多羅樹。足步 虛空。還舍衛國。時勝鬘夫人與諸眷屬。合掌向佛。觀無厭足目不暫捨。過 眼境已。踊躍歡喜。各各稱歎如來功德。具足念佛。還入城中。向友稱王。稱 歎大乘。城中女人七歲已上。化以大乘。友稱大王。亦以大乘。化諸男子七 歲已上。舉國人民。皆向大乘。

경 15.2 이때에 세존께서 기원정사의 숲으로 들어가시어 장로 아난(⑤ Ānanda)에게 말씀하시면서 천제석(⑤ Devendra-śakra)을 떠올리시자, 때맞추어 제 석이 권속들과 함께 홀연히 다가와 부처님 앞에 머물렀다.

이때에 세존께서 천제석과 장로 아난을 향해 이 가르침을 자세하게 설명하 셨다. 설명하시고 나서 제석에게 말씀하셨다.

"그대들은 마땅히 이 경전을 수지하고 독송해야 한다. 교시가(⑤ Kauśika)여, (어떤) 선남자·선여인이 갠지스강의 모래알만큼 많은 겁 동안 보리 행을 수습하고 육바라밀을 행하더라도, 만약 다시 (어떤) 선남자·선여인이 이 경권經卷을 듣고 받아들여 독송하고 나아가 집지執持까지 한다면 (이) 복덕이 저것보다 많으리니, 어찌 하물며 다른 사람들을 위해 자세하게 설명하는 것 이겠는가. 그러므로 교시가여, 마땅히 이 경전을 독송해야 하며, 삼십삼천의 천신들을 위해 분별하여 자세하게 설명해야 한다."

또한 아난에게 말씀하셨다.

"그대도 또한 받아 지니고 독송하여 사부 대중을 위해 자세하게 설명해야 한다."

그때에 천제석이 부처님께 아뢰었다.

"세존이시여, 이 경전을 무엇이라고 이름해야 합니까? 어떻게 받들어 지녀야 합니까?"

부처님께서 천제석에게 말씀하셨다.

"이 경전은 무량하고 끝없는 공덕을 성취하게 하는 것으로서, 일체 성문과 연각은 구경에서 관찰하더라도 알고 볼 수 없는 것이다. 교시가여, 마땅히 알라. 이 경전은 매우 심오하고 미묘한 큰 공덕의 무더기이다. 지금 마땅히 그대들을 위해 그 명칭을 간략하게 설할 것이니, 자세하게 듣고 자세하게 들어라. 그것을 잘 기억하여 잊지 말라."

그때에 천제석과 장로 아난이 부처님께 아뢰었다.

"예. 세존이시여, 가르침을 받아 지니겠습니다."

부처님께서 말씀하셨다.

"이 경전은 여래의 진실한 제일의 공덕을 찬탄한 것이다. 이와 같이 수지하라. 부사의한 큰 서원(大受)이다. 이와 같이 수지하라. 일체의 서원이 포함된 대원이다. 이와 같이 수지하라. 부사의한 섭수정법을 설한 것이다. 이와 같이 수지하라. 일승에 들어가는 것을 설한 것이다. 이와 같이 수지하라. 끝없는 사성제를 설한 것이다. 이와 같이 수지하라. 여래장을 설한 것이다. 이와 같이 수지하라. 법신을 설한 것이다. 이와 같이 수지하라. 공성의 의미가 은폐된 진실을 설한 것이다. 이와 같이 수지하라. 유일한 진리를 설한 것이다. 이와 같이 수지하라. 상주하고 안온한 유일한 의지처를 설한 것이다. 이와 같이 수지하라. 전도와 진실을 설한 것이다. 이와 같이 수지하라. 자성적으로 청정한 마음과 은폐된 것을 설한 것이다. 이와 같이 수지하라. 여래의 친자식을 설한 것이다. 이와 같이 수지하라. 승만 왕비의 사자후를 설한 것이다. 이와 같이 수지하라. 또한 다시 교시가여, 이 경전에서 설해진 것은 일체의 의심을 끊는 것이고, 결정적 요의이고, 일승도에 들어가는 것이다. 교시가여, 지금 이렇게 설해진 '승만부인사자후경'으로 그대들에게 부촉한다. 나아가 정법이 머물 때까지 수지하고 독송하고 자세하게 분별하여 설명하라."

제석이 부처님께 아뢰었다.

"좋습니다. 세존이시여, 높으신 가르침을 정대하여 받들겠습니다."

그때에 천제석과 장로 아난 및 큰 법회에 온 모든 천신들·인간들·아수라들·건달바들이 부처님께서 설하신 것을 듣고서 환희하면서 받들어 행하였다.

爾時。世尊入祇桓林。告長老阿難。及念天帝釋。應時。帝釋與諸眷屬。忽然而至。住於佛前。爾時。世尊向天帝釋及長老阿難。廣說此經。說已告帝釋言。汝當受持讀誦此經。憍尸迦。善男子善女人。於恒沙劫。修菩提行。行六波羅蜜。若復善男子善女人。聽受讀誦乃至執持經卷。福多於彼。何況廣爲人說。是故憍尸迦。當讀誦此經。爲三十三天。分別廣說。復告阿難。汝亦受持讀誦。爲四衆廣說。時天帝釋白佛言。世尊。當何名斯經。云何奉持。佛告帝釋。此經成就無量無邊功德。一切聲聞緣覺。不能究竟觀察知見。憍尸迦。當知此經。甚深微妙大功德聚。今當爲汝。略說其名。諦聽諦聽。善思念之。時天帝釋及長老阿難白佛言。善哉世尊。唯然受教。佛言。此經歎如來眞實第一義功德。如是受持。不思議大受。如是受持。一切願攝大願。如是受持。說不思議攝受正法。如是受持。說入一乘。如是受持。說無邊聖諦。如是受持。說如來藏。如是受持。說法身。如是受持。說空義隱覆眞實。如是受持。說一諦。如是受持。說常住安隱一依。如是受持。說顚倒眞實。如是受持。說自性淸淨心隱覆。如是受持。說如來眞子。如是受持。說勝鬘夫人師子吼。如是受持。復次憍尸迦。此經所說。斷一切疑。決定了義。入一乘道。憍尸迦。今以此說勝鬘夫人師子吼經。付囑於汝。乃至法住。受持讀誦。廣分別說。帝釋白佛言。善哉世尊。頂受尊教。時天帝釋長老阿難。及諸大會天人阿修羅乾闥婆等。聞佛所說。歡喜奉行。

소 15.2.1 원효 법사는 말했다.

15장에 있어서 두 가지로 분류한다. 앞의 열세 가지 장은 올라탈 대상

인 법을 설한 것이고, 나중의 두 가지 장은 올라타는 주체인 사람을 밝힌 것이다.²⁴¹

元曉師云。有十五章爲二分。前十三章說所乘法。後二章明能乘人。

---

241 법공法空, 『上宮太子拾遺記』(『佛全』 112, 355a). 이 구문은 福士慈稔, 『日本佛敎各宗の新羅·高麗·李朝 佛敎認識に関する研究』 第1卷, 「日本天台宗にみられる海東佛敎認識」(2011, p.183)에 편집되어 있다. 하지만 이 원효 소가 제15장에 배대되는 내용인지는 확실하지 않다. 그럼에도 구나발타라 한역에만 나타난 15과단이 이 구문과 대응하는 경문에 설해져 있기 때문에 여기에 수록한다.

집일 능가경소
| 楞伽經疏 |

원효元曉
원과 옮김

집일 능가경소楞伽經疏 해제

원 과
동국대학교 외래강사

　원효의 『능가경소楞伽經疏』는 『능가경楞伽經』의 3종 한역본 가운데 『입릉가경入楞伽經』에 대한 주석이다. 『능가경』은 『능가아발다라보경楞伽阿跋多羅寶經』 4권, 『입릉가경』 10권, 『대승입릉가경大乘入楞伽經』 7권이라는 세 종류의 한문 번역본이 현존하지만, 이 중에 원효가 활동했던 통일신라에서 주로 유통된 판본은 보리류지가 513년에 한역한 두 번째 것이다. 『능가경소』의 저술 시기는 아마도 원효가 『기신론소』에서 '심생멸문'을 해설할 때 『능가경』을 주된 경증으로 삼고 있다는 점을 고려하면, 『기신론소』의 저술 이전으로 추정된다. 원효의 『능가경소』는 고려 의천(1055~1101)이 편찬한 『신편제종교장총록新編諸宗教藏總錄』의 『능가경』 표제 아래 "소 7권"(H4, 684b)으로 기록되어 있다. 하지만 현재 텍스트 전체는 존재하지 않으며, 그 간행이나 유통에 대한 정보조차 찾아보기 어렵다.

　산일된 원효 『능가경소』의 내용 일부가 발견된 텍스트들은 ① 안연安然(841?~915?)의 『진언종교시의眞言宗教時義』, ② 안연의 『태장금강보리심의략문답초胎藏金剛菩提心義略問答鈔』, ③~④ 증진證眞(1165~1207)의 『지관사기止觀私記』, ⑤ 수령壽靈(757~791)의 『화엄오교장지사華嚴五教章指事』, ⑥ 심승

審乗(1258~1313)의 『화엄오교장문답초華嚴五敎章問答抄』, ⑦ 약 12~13세기로 추정되는 저자 미상의 『성유식론본문초成唯識論本文鈔』이다. 이를 통해 일본 천태종의 안연과 증진, 화엄종의 수령과 심승, 그리고 법상종의 어떤 승려가 『능가경소』를 참고 문헌으로 활용했음을 알 수 있다. 그리고 원효 『능가경소』의 내용을 살펴보면, 총 18품으로 구성된 『입릉가경』의 품들 가운데 「청불품請佛品」, 「집일체불법품集一切佛法品」, 「불심품佛心品」, 「열반품涅槃品」, 「법신품法身品」, 「총품總品」에 대응하는 내용 일부가 남아 있음을 알 수 있다.

현존하는 원효 『능가경소』에서 다루고 있는 주제를 살펴보면, 첫 번째, 두 번째 문장은 두 법신에 대해 해석한 것이고, 세 번째 문장은 사람·계위·득실의 차원에서 『승만경』의 의생신과 『능가경』의 의생신이 어떻게 다른지를 설명하는 것이다. 네 번째 문장은 『능가경』에 설해진 우치선·관찰선·진여선·여래선에 대해 밝힌 것이고, 다섯 번째 문장은 『능가경』에서 질문된 무소유의 차제에 대해 지위의 측면에서 해석한 것이며, 여섯 번째 문장은 무여열반에 대한 정의이고, 일곱 번째 문장은 '분별된 아견을 끊을 뿐, 구생의 아견을 끊지 못했다'는 것은 보리류지·현장·규기·원효 등의 주장이라고 간접적으로 인용한 후에 분별기의 유신견과 구생의 유신견에 대해 자세하게 주석한 내용이다.

차례

집일 능가경소楞伽經疏 해제 / 185
일러두기 / 188

산일문 1 189
산일문 2 190
산일문 3 191
산일문 4 193
산일문 5 194
산일문 6 195
산일문 7 196

일러두기

1 '한글본 한국불교전서'는 문화체육관광부의 지원을 받아 동국대학교 불교학술원에서 수행하고 있는 '불교기록문화유산아카이브(ABC)사업'의 결과물을 출간한 것이다.
2 이 책은 원효의 『능가경소楞伽經疏』 산일문을 집일하여 번역한 것으로, 전거는 주로 福士慈稔, 「日本佛敎各宗の新羅高麗李朝佛敎認識に關する硏究」 第1卷 「日本天台宗にみられる海東佛敎認識」(身延山大學東アジア佛敎硏究室, 2013)에 의거하였다. 또한 산일문의 구체적인 전거는 번역문 아래 각주로 밝혔다.
3 번역문에 이어 원문을 병기하고 간단한 표점 부호를 삽입하였다.
4 원문의 교감 사항은 번역문의 각주와 별도로 원문 아래 부분에 제시하였다.
  ㉯은 번역자가 교감한 내용이다.
5 약물은 다음과 같다.
  『 』: 서명
  「 」: 편명, 산문 작품
6 역주에서 소개한 출전은 약호로 표기하였다. T는 『대정신수대장경大正新脩大藏經』, 『佛全』은 『대일본불교전서大日本佛敎全書』의 약자이다.

산일문 1

원효 법사의 『능가경소』[1]에서 말했다.

법신[2]은 두 가지가 있다. 첫째는 자성법신自性法身으로서 본유의 법성이다. 둘째는 의성법신意成法身으로서 정각을 성취할 때 일체법으로써 자신의 신체를 삼는 것이다.[3]

元曉師楞伽疏云。法身有二。一自性法身。本有法性。二意成法身。成正覺時。以一切法。爲自身也。

---

1 『楞伽經』은 『楞伽阿跋多羅寶經』 4권, 『入楞伽經』 10권, 『大乘入楞伽經』 7권이라는 세 한역본이 현존한다. 이 가운데 신라에서 가장 많이 유통된 것이 보리류지가 513년에 한역한 두 번째이며, 현존하는 『楞伽經』에 대한 원효의 주석도 마찬가지이다. 원효의 주석에 대해 안연安然의 『眞言宗敎時義』 등에서는 "元曉師楞伽疏", 증진証眞의 『止觀私記』에서는 "元曉師楞伽疏", 심승審乘의 『華嚴五敎章問答抄』에서는 "元曉入楞伽疏"로 기술되어 있다. 따라서 원효의 『楞伽經疏』는 모두 『入楞伽經疏』를 의미한다.
2 『入楞伽經』에서 법신에 대한 논의는 권6의 「法身品」(T16, 550a4~553b19)에 나타난다.
3 안연安然, 『眞言宗敎時義』(T75, 410a11~13). 福士慈稔, 『日本佛敎各宗の新羅・高麗・李朝佛敎認識に關する硏究』 第1卷, 『日本天台宗にみられる海東佛敎認識』(身延山大學東アジア佛敎硏究室, 2011) p.49 참조. 안연의 『眞言宗敎時義』(T75, 410a8~16)에서 원효의 『楞伽經疏』가 인용된 전체 문맥은 다음과 같다. "問. 若爾實業九界有情心行亦是大日如來住處歟否. 答. 華嚴云. 佛成正等覺時普得一切衆生等身. 一切國土等身. 元曉師楞伽疏云. 法身有二. 一自性法身. 本有法性. 二意成法身. 成正覺時以一切法爲自身也. 天台宗云. 一佛成之時法界無非此佛依正. 亦云. 阿鼻依正全處極聖之自心. 毘盧身土不逾凡下之一念云云故知實業九界有情陰界入等皆是大日如來住處." 안연은 헤이안(平安) 시대의 천태종 승려로서 원인圓仁과 변조遍照에게 사사하였으며, 천태밀교를 체계화하여 진언종의 동밀東密에 대한 태밀台密을 대성한 인물이다.

산일문 2

또한 원효 법사의 『능가경소』에서 말했다.

부처님이 증득한 법신도 두 가지가 있다. 첫째는 자성법신自性法身이고, 둘째는 의성법신意成法身이다. 이를테면 본성청정本性淸淨을 자성법신이라고 하고, 성불할 때 일체법을 모두 자신의 몸으로 삼는 것을 의성법신이라고 한다.【운운】[4·5]

> 又元曉法師楞伽疏云。佛證法身。亦有二種。一自性法身。二意成法身。謂本性淸淨。名爲自性法身。若成佛時。以一切法。皆爲自身。名爲意成法身。【云云】

---

4 안연安然, 『胎藏金剛菩提心義略問答鈔』(T75, 536b6~10). 福士慈稔, 『日本佛敎各宗の新羅・高麗・李朝佛敎認識に關する硏究』第1卷, 「日本天台宗にみられる海東佛敎認識」(身延山大學東アジア佛敎硏究室, 2011) p.51 참조.

5 福士慈稔, 『日本佛敎各宗の新羅・高麗・李朝佛敎認識に關する硏究』第1卷, 「日本天台宗にみられる海東佛敎認識」(身延山大學東アジア佛敎硏究室, 2011)의 p.51에서는 이 단락의 앞에 "소에서 말했다. '등'이란 '두루 미친다'는 것이다. 이를테면 등정각의 성취한 여래의 신체가 삼종 세간을 두루 미칠 수 있다는 것이다.(疏云。等者遍也。謂如來身。能遍三種世間。成等正覺。)"라는 구절을 원효의 『楞伽經疏』로 편집하고 있다. 그렇지만 "又華嚴經云。如來成等正覺時能得一切衆生等身。一切國土等身。"(T75, 536b3~5)이라는 문장 다음에 "疏云。等者遍也。謂如來身能遍三種世間成等正覺。"(T75, 536b5~6)에 기술되고, 재차 "又元曉法師楞伽疏云"으로 이어지기 때문에 이것은 『楞伽經疏』가 아니라 『華嚴經疏』로 보아야만 한다. 물론 이 문장만으로는 그 소의 저자가 누구인지 알기 어렵다. 그 때문에 원효의 『楞伽經疏』의 산일문에서 빼다. 문장 전체를 소개하면 다음과 같다. "故華嚴經第八地菩薩現十種身。謂於衆生身作己身。國土身。業報身。聲聞身。辟支佛身。菩薩身。佛身。智身。法身。虛空身。以一一身爲頭亦各現十種身爲百身也。宗人相傳云十身盧遮那也。是外現他受變化身也。又華嚴經云。如來成等正覺時能得一切衆生等身。一切國土等身。疏云。等者遍也。謂如來身能遍三種世間成等正覺。又元曉法師楞伽疏云。佛證法身亦有二種一自性法身。二意成法身。謂本性淸淨名爲自性法身。若成佛時以一切法皆爲自身。名爲意成法身云云是内證自性自受用身也。"(T75, 536a27~b10)

산일문 3

원효 법사의 『능가경소』에서 말했다.

이 경에서 설해진 세 가지 의생신意生身[6]은 『승만부인경』에서의 세 가지 의생신과 명칭이 동일하지만 의미는 다르다. 그 차이에 세 가지 뜻이 있는데, 말하자면 사람이 다르고 지위가 다르고 득실이 다르기 때문이다. 사람이 다르다는 것은, 여기서는 오직 보살일 뿐이지만, 저기서는 삼승에 의지한다는 것이다. 계위가 다르다는 것은, 여기서는 오직 십지 이상일 뿐이지만, 저기서는 십지 이전에도 통한다는 것이다. 이승이 아직 십지에 들어가지 못하는 동안에도 변역의 의생신을 받기 때문이다. 득실이 다르다는 것은, 여기서는 참된 무루의 공덕에 포섭되지만, 저기서는 무명의 조건에 말미암아 얻은 과보로서 네 가지 공덕을 장애하기 때문이다. 그러므로 그 경전[7]에서 무명주지번뇌를 조건으로 하고, 무루업을 원인으로 하여 아라한·벽지불·대력보살의 세 가지 의생신을 낳는다고 하였

---

[6] 의생신意生身: 즉 마음으로 생긴 신체에 대한 『入楞伽經』의 원문은 다음과 같다. 『入楞伽經』 권5 「佛心品」(T16, 540b19~c9), "佛告大慧. 有三種意生身. 何等爲三. 一者得三昧樂三摩跋提意生身. 二者如實覺知諸法相意生身. 三者種類生無作行意生身. 菩薩從於初地如實修行. 得上上地證智之相. 大慧. 何者菩薩摩訶薩. 得三昧樂三摩跋提意生身. 謂第三第四第五地中. 自心寂靜行種種行. 大海心波轉識之相三摩跋提樂. 名意識生. 以見自心境界故. 如實知有無相. 大慧. 是名意生身相. 大慧. 何者如實覺知諸法相意生身. 謂菩薩摩訶薩. 於八地中觀察覺了. 得諸法無相如幻等法悉無所有. 身心轉變得如幻三昧及餘無量三摩跋提樂門. 無量相力自在神通. 妙華莊嚴迅疾如意. 猶如幻夢水中月鏡中像. 非四大生似四大相具足身分. 一切修行得如意自在. 隨入諸佛國土大衆. 大慧. 是名如實覺知諸法相意生身. 大慧. 何者種類生無作行意生身. 謂自身內證一切諸法. 如實樂相樂故. 大慧. 是名種類生無作行意生身. 大慧. 汝當於彼三種身相觀察了知."
[7] 『勝鬘經』(T12, 220a16~18), "又如取緣有漏業因而生三有. 如是無明住地緣無漏業因. 生阿羅漢辟支佛大力菩薩三種意生身."

다.【운운】[8]

元曉師楞伽疏云。此經所說三意生身。與夫人經三意生身。名同意異。異有三義。謂人異。位異。得失異故。人異者。此唯菩薩。彼依三乘。言位異者。此唯地上。彼通地前。二乘未入地時。受變易意生故。得失異者。此眞無漏功德所攝。彼由無明緣所得報障四德。故彼經無明住地緣。無漏業因。生羅漢支佛大力菩薩三種意生身。【云云】

---

[8] 증진証眞,『止觀私記』(『佛全』 22, 357a8~14). 福士慈稔,『日本佛教各宗の新羅·高麗·李朝佛教認識に關する硏究』第1卷,「日本天台宗にみられる海東佛教認識」(身延山大學東アジア佛敎研究室, 2011) pp.155~156 참조. 증진은 헤이안(平安) 후기에서 가마쿠라(鎌倉) 초기의 천태종 승려로서 히에산(比叡山)에서 융혜隆慧, 영변永弁에게 사사하였으며, 천태의 전통적 교학을 부흥한 인물이다. 원평源平의 전란을 몰랐을 정도로 학문과 저술에 몰두했다고 하는데, 그의 저작으로『法華三大部私記』가 있다.

산일문 4

원효 법사의 『능가경소』에서 말했다.

우치선愚癡禪이란 이승과 외도에 의해 수습되는 선이다. 마음이 아직 법집의 허망분별을 여의지 않았기 때문에 우치라고 한 것이다.

관찰선觀察禪이란 삼현위三賢位 보살에 의해 수습되는 정定에서 교법과 비슷하고 대상(義)과 비슷한 영상을 관찰하기 때문이다.

진여선眞如禪이란 십지에 들어간 보살이 두 가지 공성으로 나타난 진여를 현증하여 보기 때문이다.

여래선如來禪이란 인지因地를 뛰어넘어 눈으로 불성의 자재함을 보기 때문이다.[9·10]

元曉師楞伽疏云。愚癡禪者。二乘外道所修禪。心未離法執虛妄分別。故名愚癡也。觀察禪者。三賢菩薩所修定中。觀察似法似義影像故。眞如禪者。入地菩薩。證見二空所顯眞如故。如來禪者。超過因地。眼見佛性自在故。

---

[9] 네 가지 선에 대한 해당 경문은 다음과 같다. 『入楞伽經』 권3 「集一切佛法品」(T16, 533a2~20), "復次大慧。有四種禪。何等爲四。一者愚癡凡夫所行禪。二者觀察義禪。三者念眞如禪。四者諸佛如來禪。大慧。何者愚癡凡夫所行禪。謂聲聞緣覺外道修行者。觀人無我自相同相骨鎖故。無常苦無我不淨執著諸相。如是如是決定畢竟不異故。如是次第因前觀次第上乃至非想滅盡定解脫。是名愚癡凡夫外道聲聞等禪。大慧。何者觀察義禪。謂觀人無我自相同相故。見愚癡凡夫外道自相同相自他相無實故。觀法無我諸地行相義次第故。大慧。是名觀察義禪。大慧。何者觀眞如禪。謂觀察虛妄分別因緣。如實知二種無我。如實分別一切諸法無實體相。爾時不住分別心中得寂靜境界。大慧。是名觀眞如禪。大慧。何者觀察如來禪。謂如實入如來地故。入內身聖智相三空三種樂行故。能成辦衆生所作不可思議。大慧。是名觀察如來禪。"

[10] 증진証眞, 『止觀私記』(『佛全』22, 368c~369a), 福士慈稔, 『日本佛敎各宗の新羅·高麗·李朝佛敎認識に關する硏究』 第1卷, 「日本天台宗にみられる海東佛敎認識」(身延山大學東アジア佛敎硏究室, 2011) p.156 참조.

산일문 5

지금 인용된 것은 4권 『능가경』의 문장이다. "무소유의 단계에 어떤 차제가 있으리오."[11]라는 것에 대해 원효 법사의 소에서는 (다음과 같이) 설명하였다.

열 가지 종류의 법계와 열 가지 바라밀행이 비록 동일한 것은 아니지만 다른 특징도 없다. 허공 끝의 자취처럼 그것은 동일한 특징도 아니고, 허공의 자성처럼 그것은 다른 특징도 없는 것이다. 동일한 특징이 아니므로 움직이지도 않고 다르지도 않을 것이고, 다른 특징이 아니므로 무너지지도 않고 하나도 아닐 것이다. 만약 다름과 무너짐이 없고 동일한 특징도 아니라면, 오직 모든 단계에서 차별을 말해야 할 것이고, 열 번째 단계가 첫 번째 단계가 된다고 말할 수는 없을 것이다. 그러나 지금은 모든 단계가 무너지지 않고 동일한 특징도 아님을 밝혀 예로 든 것에 따라 즐거움의 특징이 다르지 않다는 것을 밝히고자 한 것이다. 그 때문에 열 번째 단계가 첫 번째 단계가 된다는 등에서부터 이에 세 번째 단계가 여섯 번째 단계가 된다는 것까지라고 말한 것이다.[12]

今所引文。是四卷經。以無所有何次第故。曉法師疏云。十種法界及十度行。雖非是一。而無異相。其非一相。如空邊迹。其無異相。如虛空性。非一之相。不動不異。不異之相。不壞非一。設使無異壞非一相。唯應言無諸地差別。不得言十地爲初地。而今欲明不壞諸地。非一之相。而隨所擧。樂相無異。故言十地爲初他等。乃至三地爲六地也。

---

[11] 『楞伽阿跋多羅寶經』 권4(T16, 509c24), "無所有何次."
[12] 수령壽靈, 『華嚴五教章上卷指事』(T72, 263b20~c5; 『佛全』 10, 360c2~13). 福士慈稔, 『日本佛教各宗の新羅・高麗・李朝佛教認識に關する研究』 第3卷, 「日本華嚴宗にみられる海東佛教認識」(身延山大學東アジア佛教研究室, 2013) p.29 참조.

산일문 6

또한 원효의 『입릉가경소』에서 말했다.

무여열반無餘涅槃은 마음을 여읜 적정이기 때문에 삼매라고 한다.【운 운】[13]

又元曉入楞伽疏云。無餘涅槃。離心寂靜。故名三昧。【云云】

---

[13] 심승審乘, 『華嚴五教章問答抄』(T72, 754c13~16). 福士慈稔, 『日本佛教各宗の新羅・高麗・李朝佛教認識に關する硏究』 第3卷, 「日本華嚴宗にみられる海東佛教認識」(身延山大學東アジア佛教研究室, 2013) p.200 참조.

산일문 7

어떤 사람은 "초과初果에서 두 종류의 아견을 모두 끊는다."[14]라고 말하였다. 어떤 사람은 "다만 분별아견分別我見을 끊을 뿐, 구생아견은 끊지 못한다."라고 말하였다.【보리류지 삼장, 현장 삼장, 그리고 기사基師, 원효사元曉師, 경사鏡師 등이다.】

문 그 두 가지 전승의 의미는 어떠한가?

답 첫째 전승의 의미는, 문장이 자세하므로 이해할 수 있을 것이다. 원효의 소 3권에서 말하였다.

(『입릉가경』에서) "인무아人無我를 보아야 멀리 여읠 수 있다."[15]라고 말한 것은 분별기分別起의 신견身見이니, 견도見道에 들어갈 때 인무아의 도리를 증견證見함에 의해 비로소 소멸할 수 있다는 것이다.[16]

다음으로 구생俱生의 신견에는 세 가지가 있다. 처음은 구생의 신견의 특징을 곧장 밝히고, 다음으로는 신견의 소연인 인식경계의 특징을 나타내고, 마지막으로는 끊음과 끊지 못함의 차이를 밝힌다. 셋째 끊음과 끊

---

14 이 문장 다음의 협주는 생략하였다. 협주의 내용에 이런 주장을 한 인물로 송대宋代의 삼장三藏인 공덕현功德賢, 달마보리達磨菩提, 지엄智嚴의 3인이 언급되어 있다.

15 『入楞伽經』권4「集一切佛法品」(T16, 537a23~24), "大慧。此身見垢。見人無我乃能遠離。"

16 『入楞伽經』(T16, 537a16~24)에서 신견은 구생俱生과 허망분별로 생긴 것(虛妄分別而生)이라는 두 가지로 설명된다. 이 중에 후자에 대해 경전에서는 "비유하면 모든 인연법을 특징으로 하는 것에 의거하여 허망하게 분별하여 실상을 일으키는 것과 같다. 그 인연법에서는 있는 것도 아니고 없는 것도 아니니, 분별된 있음과 없음이 실상이 아니기 때문이다. 어리석은 범부가 갖가지 인연법을 특징으로 하는 것에 집착하는 것은 마치 모든 짐승이 아지랑이를 보고서 물이라고 취하는 것과 같다. 이것을 수다원의 분별 유신견이라고 한다. 왜냐하면 지혜가 없기 때문이고, 무시이래 허망하게 상을 취했기 때문이다. 이 유신견의 더러움은 인무아를 보아야 이에 원리할 수 있다."라고 설하고 있다.

지 못함을 밝히는 것에 두 구절이 있다.

첫째 구절은 분별의 두 종류(의 사견을) 이미 끊었음을 밝힌 것이다. 두 종류의 사견이란, 신견을 원인으로 하는 것을 나타낸 것과 신견을 원인으로 하는 것이다. 오온이 인연 화합으로 생긴 것임을 알기 때문에, 이 두 종류의 사견을 멀리 여읠 수 있다. 이는 수다원의 사람이 비록 분별기의 사견을 끊었지만 구생의 신견을 아직 끊지 못함을 밝힌 것이다.[17] 그러므로 또한 자체에 애愛 등의 수혹修惑의 탐심이 있다. 어떤 사람은 이와 같은 도리를 이해하지 못하므로, 문장을 보고 신견을 끊고서 탐심을 일으키지 않는다고 말한다. 이런 사람은 보고 들은 것이 적은데도 다른 사람에게 멋대로 말하므로 후학들은 의지하지 말아야 할 것이다. 만약 128가지 번뇌문에 의거한다면, 수도에서 끊어져야 할 번뇌 가운데 신견과 변견의 두 가지는 오직 구생俱生이지 분별기分別起가 아니다. 여기서 신견은 제6식과 제7식의 두 식에 공통적으로 있지만 변견은 오직 제6식에만 있다. 이는 『유가사지론』[18]에서 설해진 것과 같다. "시명是名" 이하는 분별아견(에 대한 설명)을 매듭지은 것이다. 이는 수다원이 끊어야 할 구생의 신

---

17 이 내용과 관련된 경문은 다음과 같다. 『入楞伽經』 권4 「集一切佛法品」(T16, 537a24~29), "大慧。何者須陀洹俱生身見。所謂自身他身俱見。彼二四陰。無色色陰生時。依於四大及四塵等。彼此因緣和合生色。而須陀洹知已能離有無邪見。斷於身見。斷身見已不生貪心。大慧。是名須陀洹身見之相。"

18 『瑜伽師地論』 권86 「攝事分中契經事行擇攝」(T30, 779c10~27), "復次有四種我見爲所依止能生我慢。一有分別我見。謂諸外道所起。二俱生我見。謂下至禽獸等亦能生起。三緣自依止我見。謂於各別內身所起。四緣他依止我見。謂於他身所起。分別我見爲所依止生我慢者。謂由此見觀自他身計有實我。由此二種我見爲依。發生我慢。譬如清淨圓鏡面上質像爲依發生影像。影像爲依於自依止發劣中勝想。如是由邪分別故。緣自依止我見爲緣。發生緣他依止我見。如依質像發生影像。又此爲緣發生我慢。方他謂己或勝或等或劣。俱生我見爲緣生我慢者。當知譬喻與前差別。如明眼人臨淨水器自觀眼耳。所餘如前應知其相。此一切種薩迦耶見。唯依善說法毘奈耶方能永斷。非餘邪敎。如是如來及衆共知同梵行者。或諸弟子同梵行者有大恩德。唯由如是一因緣故。名於大師或滅度後同梵行者眞實報恩。又由第二。謂若有能卽依如是差別句義。爲利益故勤修正行。如是亦名隨分報恩。彼所希望未滿足故。"

견이니, 이것은 수다원에서 일어나는 것이다. 그러므로 그것을 통틀어 수다원의 신견을 특징으로 하는 것이라 매듭지었다.【운운】[19]

有人云。初果並斷二種我見。……有人云。但斷分別我見。不斷俱生。【菩提留支及玄奘。此二三藏。及基師元曉師鏡師等】問。其二傳意何。答。初傳意云。文廣可見之。元曉疏三云。言見人無我乃能遠離者。是分別起身見。入見道時。證見人無我理。方能滅也。次俱生身見中有三。初正明俱生見相。次顯見所緣境相。後明斷不斷差。第三明斷不斷中有其二句。初句明已斷分別二種。二種邪見。謂顯因見及因見。由知五蘊因緣合生。是故能離此二邪見。是明須陀洹人。雖斷分別邪見。未斷俱生身見。是故亦有自體愛等修惑貪心也。有人不解如是道理。觀文言斷身已不起貪心。此人由因小見小聞。漫說人故。後學者應不可依也。若依一百二十八煩惱門。修道所斷之中。亦即身邊二見。唯是俱生。非分別起。於中身見通在六七二識。邊見唯在第六。如瑜伽說。是名以下第四結分別我見。是須陀洹所斷俱生身見。是須陀洹所起。是故通結之須陀洹身見之相。【云云】

---

19 『成唯識論本文鈔』(T65, 450b26~c14). 한편 福士慈稔, 『日本佛敎各宗の新羅・高麗・李朝佛敎認識に關する硏究』 第2卷・下, 「日本三論宗・法相宗にみられる海東佛敎認識—法相宗の部—」(身延山大學東アジア佛敎硏究室, 2012)에는 "有人云……初正明俱生見相"(p.175)까지만 편집되어 있다. 그러나 말미에 인용문 끝을 알리는 '云云'이 나타나고 또한 전후 문맥을 고려하면 "陀洹身見之相"까지 원효의 주석으로 보아야 한다.

집일 능가경종요

| 楞伽經宗要 |

원효元曉
원과 옮김

집일 능가경종요楞伽經宗要 해제

원 과
동국대학교 외래강사

　원효의 『능가경종요楞伽經宗要』는 『입릉가경入楞伽經』의 핵심적 내용을 요약하여 밝힌 글이다. 『능가경楞伽經』은 『능가아발다라보경楞伽阿跋多羅寶經』 4권, 『입릉가경』 10권, 『대승입릉가경大乘入楞伽經』 7권이라는 세 종류의 한문 번역본이 현존한다. 이 중에 원효가 활동했던 통일신라에서 주로 유통된 판본은 보리류지가 513년에 한역한 두 번째 것이다. 원효의 『능가경종요』는 고려 의천(1055~1101)이 편찬한 『신편제종교장총록新編諸宗教藏總錄』의 『능가경』 표제 아래 "종요 1권"(H4, 684b)으로 기록되어 있다.
　산일된 『능가경종요』의 내용 일부는 ①~④ 증진證眞의 『법화현의사기法華玄義私記』, ⑤ 수령壽靈의 『화엄오교장지사華嚴五教章指事』, ⑥ 응연凝然(1240~1321)의 『오교장통로기五教章通路記』, ⑦ 심승審乘의 『화엄오교장문답초華嚴五教章問答抄』에서 인용문의 형태로 발견된다. 그러므로 일본 천태종의 증진, 화엄종의 수령·응연·심승이 『능가경종요』를 참고했음을 알 수 있다.
　『능가경종요』에서 다루고 있는 주제를 살펴보면, 첫 번째 문장은 장식藏識에 법집이 있다면 일어날 여지가 있는 네 가지 허물을 설명한 이후,

장식과 법집의 관계에 대한 다양한 주장과 그것을 뒷받침하는 여러 경론의 설명을 제시하여 장식은 모든 허물을 떠난 것이라는 결론을 도출한 것이다. 두 번째 문장은 장식에 대해『기신론』등의 여러 텍스트들에서 설명한 것을 근거로 여섯 논사들의 주장을 분석한 다음, 마치 여섯 맹인이 자신이 만진 코끼리를 다르게 설명한 것처럼, 여섯 측면의 설명이 모두 총괄적으로 일심에 포섭된다고 밝힌 것이다. 세 번째 문장은 의지문依持門과 연기문緣起門의 측면에서 두 정통한 사상가의 주장 모두가 일면 타당하다고 판별하는 것이고, 네 번째 문장은 불지佛智의 항상함과 무상함에 대해 설명하면서 정통한 두 사상가 모두에게 득실이 있다고 밝힌 것이며, 다섯 번째 문장은 구경을 제외한 일승의 구문을 설한 이유를 설명한 것이다. 여섯 번째와 일곱 번째 문장은 간접 인용문으로서 전자는 원효의『능가경종요』에서 정성定性의 돌이킴과 돌이키지 않음의 뜻에 대해 다양한 논의를 예로 들어 논파하고 있지만 복잡하여 인용하지 않는다는 것이고, 후자는 구경의 현료 일승이라는 측면에서 논의한 것을 제외한 의미가 원효의『보성론요간』과『능가경종요』에 있다는 것이다. 특히 이 가운데 다섯 번째 문장은 수령의 저술뿐만 아니라 응연의『오교장통로기』, 담예湛叡(1271~1346)의『오교장찬석五敎章纂釋』에서도 재인용되고 있으며, 영파靈波(1290~1377)의『오교장견문초五敎章見聞抄』에서는 앞의 일부만 재인용하고 있다.

차례

집일 능가경종요楞伽經宗要 해제 / 201
일러두기 / 204

산일문 1 205
산일문 2 210
산일문 3 213
산일문 4 215
산일문 5 216
산일문 6 219
산일문 7 220

일러두기

1 '한글본 한국불교전서'는 문화체육관광부의 지원을 받아 동국대학교 불교학술원에서 수행하고 있는 '불교기록문화유산아카이브(ABC)사업'의 결과물을 출간한 것이다.

2 이 책은 원효의 「능가경종요楞伽經宗要」 산일문을 집일하여 번역한 것으로, 전거는 주로 福士慈稔, 「日本佛教各宗の新羅高麗李朝佛教認識に關する研究」(身延山大學東アジア佛教研究室, 2013)에 의거하였다. 또한 집일문의 구체적인 전거는 번역문 아래 각주로 밝혔다.

3 번역문에 이어 원문을 병기하고 간단한 표점 부호를 삽입하였다.

4 원문의 교감 사항은 번역문의 각주와 별도로 원문 아래 부분에 제시하였다.
　　㉠은 번역자가 교감한 내용이다.

5 약물은 다음과 같다.
　　「　」: 서명
　　「　」: 편명, 산문 작품

6 역주에서 소개한 출전은 약호로 표기하였다. T는 「대정신수대장경大正新脩大藏經」, 「佛全」은 「대일본불교전서大日本佛教全書」의 약자이다.

산일문 1

원효 법사의 『능가경종요』에서 말했다.

장식藏識(제8식)의 반연 작용은 법집法執인가? 법집이 아닌가?
어떤 이는 다음과 같이 말한다. 이 식은 무부무기無覆無記이고 이숙법異熟法이므로 해解도 아니고 혹惑도 아니다. 통틀어 해와 혹의 소의가 되기 때문이다. 『유가사지론』에서 "아리야식은 번뇌와 함께하지 않지만 함께 상응하기 때문이다."[1]라고 설한 것과 같다. 만약 이 식에 법집法執이 있다면 법아견을 이루어 무명 등이 있어야 할 것이니, 응당 오직 다섯 가지 법[2]과 상응하지 않아야 할 것이다. 이것이 첫 번째 허물이다. 또한 만약 이 식에 법집이 있다면 곧바로 염오일 것이므로 청정의 훈습[3]을 받지 못할 것이다. 마치 마늘 등이 훈습을 받지 못하는 것과 같기 때문이다. 이것이 두 번째 허물이다. 또한 만약 이 식에 법집이 있다면 곧 이 법집은 훈습할 대상이 없기 때문에 응당 생각생각 잃어버려야 할 것이고, 대치를 필요로 하지 않아야 할 것이다. 이것이 세 번째 허물이다. 또한 법공法空에 대한 관찰이 처음 현전할 때 이 식이 응당 단절되니 장애와 대치가 서로 위배되어야 할 것이다. 함께 현행하지 못하기 때문이다. 만약 그렇다면 나머지 다른 유루의 종자는 응당 의지할 대상, 수습할 대상, 그 공덕도 없어져야 할 것이고, 마땅히 훈습도 없어야 할 것이다. 훈습할 대상이 없기 때문에 또한 대원경지(鏡智)에 대한 훈습을 말할 수 없을 것이다. 무기가 아니

---

1 『瑜伽師地論』 권63 「攝決擇分中有心地」(T30, 651c15), "復次。阿賴耶識。無有煩惱。而共相應."
2 다섯 가지 법: 변행심소인 촉觸·작의作意·수受·상想·사思를 가리킨다.
3 청정의 훈습(淨熏, Ⓢ vāsanā): 진여에 의한 훈습을 가리키는 것으로서 『大乘起信論』의 설명이다.

기 때문이고, 오히려 아직 증득하지 않았기 때문이다. 이것이 네 번째 허물이다.

> 元曉師楞伽宗要云。藏識緣用。爲是法執爲非執耶。有說。此識無覆無記。是異熟法。非解非惑。通與解惑。作所依故。如瑜伽說。何¹⁾梨耶識。不與煩惱。而共相應故。若此識中有法執者。成法我見。有無明等。不應唯與五法相應。是爲初過。又若此識有法執者。則是染汙。不受淨熏。猶如蒜等不受熏故。是第二過。又若此識有法執者。則此法執。無所熏習。故應念念失。不須對治。是第三過。又法空觀。初現前時。此識應斷障治相違。不俱行故。若爾。所餘有漏種子。應無所依所修功德。應無熏習。無所熏故。亦不可言熏於鏡智。非無記故。猶未得故。是第四過。

1) ㉯ 『瑜伽師地論』(T30, 651c15)에는 '何'가 '阿'로 되어 있다.

어떤 이는 다음과 같이 말한다. '장식의 분별은 곧 법집이고 소지장이다.' 『해심밀경』에서는 "미세한 수면이란 제8지地 이상에 (있는 것)을 말한다. 이것으로부터 이후에는 일체 번뇌가 거듭 현행하지 않으며, 오직 소지장만 있어서 의지처가 되기 때문이다."⁴라고 설한 것과 같다. (하지만) '이것'을 나머지 다른 7식이라고 말할 수 없으리니 수면과 더불어 하지 않으면서 의지처가 되기 때문이다. 마땅히 이것은 아뢰야식에 미세한 소지장(智障)이 현행하여 아직 끊어지지 않았음을 설한 것이라고 알아야 한다. 또한 10권 『능가경』에서는 "아뢰야식의 명名을 알고 상相을 식별하니, 그것이 지니고 있는 체體와 상相은 마치 허공 가운데 털로 된 수레바퀴가 머

---

4 『解深密經』 권4 「地波羅蜜多品」(T16, 707c11~19), "觀自在菩薩復白佛言。世尊。此諸地中煩惱隨眠可有幾種。佛告觀自在菩薩曰。善男子。略有三種。一者害伴隨眠。謂於前五地。何以故。善男子。諸不俱生現行煩惱。是俱生煩惱現行助伴。彼於爾時永無復有。是故說名害伴隨眠。二者贏劣隨眠。謂於第六第七地中微細現行。若修所伏不現行故。三者微細隨眠。謂於第八地已上。從此已去一切煩惱不復現行。唯有所知障爲依止故。"

무는 것처럼, 청정한 지혜로 알려지는 경계가 아니다."⁵라고 설하고 있다. 『중변분별론』에서는 "진진塵·근根·아我·식識이라는 근본식은 그것들에 대한 사현으로 일어난다. 다만 미란(亂, Ⓢ bhrānti)된 식만 있을 뿐, 그것들은 없으며, 그것들이 없기 때문에 식도 없는 것이다."⁶라고 설명하고, 또한 그 아래의 문장에서도 "이 미란된 식을 어찌하여 허망이라고 하는가? 인식대상이 실재가 아니기 때문이고, 그 체體도 산란되었기 때문이다."⁷라고 설하고 있다. 만약 이 식에 망집이 없다고 설한다면 이와 같은 문장 등은 모두 통할 수 없을 것이다. 그러나 이 식 가운데 상심소(想數)가 고통이 되어 상을 취하여 분별하는 것이며, 곧 이 상의 심소로 무상을 요달하지 못하기 때문에 무명이라 하고, 법집이라고 한 것이다. 추구하는 성性은 아니지만 실유한다고 계탁하기 때문에 혜의 심소 등의 나머지 마음과 심소법에서도 없다. 또한 이러한 법집은 미세한 염오이기 때문에 훈습을 받을 수 있더라도 극심한 냄새가 스며드는 것(所記)은 아닐 것이다. 그러므로 마치 사람의 옷 등에서 선인仙人에게 나는 냄새를 알아차리고, 또한 냄새에 의해 훈습된 것을 받을 수 있는 것은 극심한 냄새가 아니기 때문인 것과 같다. 이 식도 또한 그러하다. 그러므로 『섭대승론』에서는 "무기란 극심한 향취를 스며들게 할 수 없다는 뜻이기 때문이다."⁸라고 하고

---

5 『入楞伽經』 권1 「請佛品」(T16, 518b3~4), "阿梨耶識. 知名識相. 所有體相. 如虛空中. 有毛輪住. 不淨盡智所知境界."
6 『中邊分別論』 권상 「相品」(T31, 451b7~8), "인식대상, 유정, 자아와 요별로의 현현되는 식이 생한다. 그러나 그것들(4종의 현현)에 있어서 인식대상은 존재하지 않는다. 그것(인식대상)이 존재하지 않기 때문에 그것(식)도 존재하지 않는다.(塵根我及識. 本識生似彼. 但識有無彼. 彼無故識無.)"; arthasattvātmavijñaptipratibhāsaṃ prajāyate vijñānaṃ nāsti cāsyārthaḥ tadabhāvāt tad apy asat. (ed. Gadjin M. Nagao(1964), *Madhyāntavibhāgabhāṣya attributed to Vasubandhu on the Madhyāntavibhāgakārikā's attributed to Maitreya*)
7 『中邊分別論』 권상 「相品」(T31, 451b22~23), "此亂識云何名虛妄. 由境不實故. 由體散亂故."
8 『攝大乘論釋』 권2 「所知依分」(T31, 329c17~20), "言無記者. 是不可記極香臭義. 由此道理蒜不受熏. 以極臭故. 如是香物亦不受熏. 以極香故. 若物非極香臭所記卽可受熏."

있다. 또한 이러한 법집은 비록 훈습할 대상이 없더라도 스스로 앞과 뒤로 서로 일어나고 서로 지속되므로 아직 대치를 얻지 못한다면 마침내 잠깐의 끊어짐도 없을 것이다. 이미 그 중간에 소멸됨이 없거늘 어찌하여 훈습을 필요로 하겠는가? 만약 훈습할 대상이 없어서 바로 잃어버림이 있다면 종자도 훈습이 없을 때는 생각생각 잃어버려야 할 것이다. 그러나 이 종자는 비록 훈습할 대상이 없더라도 스스로 서로 지속되고 간격의 끊어짐이 없으며 생각생각 잃어버림을 여읜 것이다. 이 식의 법집도 마땅히 또한 그러하다고 알아야 할 것이다. 또한 이 법집은 지극히 미세하여 오직 대원경지와 더불어 해야 서로 변화하는 것이다. 그러므로 들음 등과 앎 등에 대해 방해가 없는 것이다. 이러한 의미 때문에 모든 허물을 떠난다.

有說。藏識分別。卽是法執。是知障。如深密經言。微細隨眠者。謂八地以上。從此以去。一切煩惱不復現行。唯有所知障。爲所依止故。不可說此爲餘七識。不與隨眠作依止故。當知是說阿賴耶識。微細智障現行未絶。又十卷經言。阿賴耶識。知名識相。所有體相。如虛空中。有毛輪住。不淨知所知境界。中邊論云。塵根我及識。本識生似彼。亂[1)]識有無彼。彼無故識無。又下文言。此亂識云何名虛妄。由境不實故。由體散亂故。若說此識無妄執者。如是等文。皆不能通。然此識中想數爲苦。取相分別 卽此相數。不了無相。故名無明。亦名法執。非推求性。計度實有故。無慧數等餘心心法。又此法執。是微細染故。得受熏非極香臭之所記。故如人衣等。仙人覺臭。而亦能受香臭所熏。非極臭故。此識亦爾。故攝論云。無記者。是不可記。極香臭義故。又此法執 雖無所熏。而自前後。相生相續。未得對治。終無間斷。旣無隔滅。何須熏習。若無所熏。則有失者。種子無熏。應念念失。然此種子。雖無所熏。而自相續無隔絶。離念念失。此識法執。當知亦爾。又此執最極微細。唯與鏡智相變。故無妨於聞等知等。由是義故。離諸過也。

---

1) 옛『中邊分別論』(T31, 451b8)에는 '亂'이 '但'으로 되어 있다.

문 이와 같은 두 가지 의미 가운데 무엇이 득得인가?

답 이것은 도리가 있다. 무엇이 이 식에 두 가지 측면(門)이 있다는 것인가? 모든 업과 번뇌에 의해 초감된 의미라는 측면에서는 이숙과異熟果이다. 그러므로 미집迷執이 아니다. 첫째 논사는 이 측면을 얻었다. 근본무명에 의해 발생된 의미라는 측면에서는 등류과이다. 그러므로 미란迷亂이다. 둘째 논사는 이 측면을 얻었다. 이미 각각 스스로 얻었거늘(自得) 어찌 수고롭게 다툼을 이루겠는가?[9]

問。如是二義。何者爲得。答。此有道理。何者。此識有二門。諸業煩惱所感義門。是異熟果。故非迷執。初師得此門也。根本無明所發義門。是等流果。故是迷亂。後師得此門也。旣各自得。何勞致諍耶。

---

[9] 증진證眞,『法華玄義私記』(『佛全』 21, 221a9~222a7). 福士慈稔,『日本佛敎各宗の新羅・高麗・李朝佛敎認識に關する硏究』第1卷,「日本天台宗にみられる海東佛敎認識」(身延山大學東アジア佛敎硏究室, 2011) pp.149~150 참조.

산일문 2

원효의 『능가경종요』에서 말했다.

어떤 이는 다음과 같이 말한다. 〈장식은 곧 진심의 상相이다. 비록 염오가 있더라도 그 체성은 항상 청정하다. 경에서 "본성은 청정하지만 객진(번뇌)에 의해 염오된 것이다."[10]라고 설하였다.〉

혹자는 다음과 같이 말한다. 〈심체心體가 비록 생멸하지 않지만 조건에 따라 생사에 유전한다. 경에서 "바로 이 법신이 오도五道에서 유전하는 것을 중생이라 한다."[11]라고 설하였다.〉

혹자는 다음과 같이 말한다. 〈곧 이것은 망심이다. 『기신론』에서 "아리야식에 의지하여 무명이 있다고 설한다."[12]라고 하였다.〉

혹자는 다음과 같이 말한다. 〈비록 이것이 생멸하더라도 능연과 소연은 없으므로 바로 이 마음(心神)은 무상이다. 『기신론』에서 "상相과 경境을 분별할 수 없다."[13]라고 하였다.〉

---

[10] 『阿毘達磨順正理論』 권72 「辯賢聖品」(T29, 733a12~13), "聖敎亦說心本性淨。有時客塵煩惱所染。"; 『入楞伽經』 「佛性品」(T16, 557a5~6), "以如來藏是淸淨相。客塵煩惱垢染不淨。"『入楞伽經』에서 설명된 취지와 동일한 맥락이 『增壹阿含經』(T2, 764b20~c1)에서도 나타나는데, 즉 진흙에서 생긴 연꽃이 진흙과 물에 물들지 않아 산뜻하고 깨끗한 것처럼, 모태로 인해 태어나서 성장하여 불신을 성취한 여래도 유리 보배처럼 더러운 때로 인해 물들지 않는다는 것이다.

[11] 이 구문은 혜사慧思의 『大乘止觀法門』(T46, 646b29)이나 법장法藏의 저술인 『華嚴一乘敎義分齊章』(T45, 499a20~21)에서 인용한 것이며, 또한 법장이 찬술한 『華嚴遊心法界記』(T45, 649a2~3)에서도 이와 동일한 내용을 『不增不減經』의 인용임을 밝히고 있다. 하지만 현존하는 『不增不減經』에서 이와 동일한 구문은 찾을 수 없기 때문에 직접 인용이 아닌 간접 인용으로 보인다. 혜사와 법장이 간접 인용에 사용했던 내용을 추적해 보면 아마도 "舍利弗。卽此法身。過於恒沙。無邊煩惱所纏。從無始世來。隨順世間。波浪漂流。往來生死。名爲衆生。"(T16, 467b6~8)일 것이다.

[12] 『大乘起信論』(T32, 577b4), "以依阿梨耶識。說有無明."

[13] 『大乘起信論別記』(H1, 688中14~15), "問。此識何相何境。答。相及境不可分別."

혹자는 다음과 같이 말한다. 〈비록 능연이 있더라도 그 반연이 되는 경계는 알 수 없다. 『섭대승론』에서 "이 식의 소연경所緣境은 알 수 없다."[14]라고 하였다.〉

혹자는 다음과 같이 말한다. 〈그 체는 이숙이고 소연경이 있으니, 이를테면 내적인 집수이고, 외적인 기세간이다. 『유가사지론』[15]에서 설한 것과 같다.〉

문 여섯 가지 설명에서 무엇이 득得인가?

답 모두 득得이기도 하고 부득不得이기도 하다. 『대승기신론』에서 "이 식에 두 가지 의미가 있으니, 각覺과 불각不覺이다."[16]라고 하였다. 또한 각覺에 두 가지가 있으니, 하나는 성정본각性淨本覺이고,【첫째 논사가 이를 얻었다.】 다른 하나는 수염본각隨染本覺이다.【둘째 논사가 이를 얻었다.】 불각에도 두 가지 있다. 하나는 근본불각根本不覺이니, 무명이고,【셋째 논사가 이를 얻었다.】 다른 하나는 수상불각隨相不覺이니, 세 가지 상을 일으킨다. 첫째는 업식業識이니, 무명의 힘으로 마음의 움직임을 불각하는 것이다.【넷째 논사가 이를 얻었다.】 둘째는 전식轉識이니, 움직이는 마음(動心)에 의거하여 능히 상을 보기 때문이다.【다섯째 논사가 이를 얻었다.】 셋째는 현식現識이니, 일체의 경계를 현전시켜 항상 앞에 있기 때문이다.【여섯째 논사가 이를 얻었다.】 총괄하여 말하면, 일심에 여섯 문의 모든 해설을 포섭하니, 마치 코끼리

---

14 『攝大乘論』 권상 「引證品」(T31, 116b11), "所緣境不可知故"
15 『瑜伽師地論』 권51 「攝決擇分中五識身相應地意地」(T30, 580a2~12), "云何建立所緣轉相。謂若略說阿賴耶識。由於二種所緣境轉。一由了別內執受故。二由了別外無分別器相故。了別內執受者。謂能了別遍計所執自性妄執習氣。及諸色根根所依處。此於有色界。若在無色。唯有習氣執受了別。了別外無分別器相者。謂能了別依止。緣內執受阿賴耶識故。於一切時無有間斷。器世間相譬如燈焰生時內執膏炷外發光明。如是阿賴耶識緣內執受緣外器相。生起道理應知亦爾。"
16 『大乘起信論』(T32, 579b10~11), "此識有二種義。能攝一切法生一切法。云何爲二。一者覺義。二者不覺義。"

를 여섯 (맹인에게) 만지게 하자, (각각) 다르게 설명한 것과 같다.[17]

元曉楞伽宗要云。有云。藏識直是眞心相。雖有染體性常淨。經云。本性淸淨。客塵所染。或云。心體雖非生滅。隨緣流轉生死。經云。卽此法身。流轉五道。名爲衆生。或云。直是妄心。起信論云。依梨耶識。說有無明。或云。雖是生滅。無能所緣。直是心神無相。論云。相境不可分別。或云。雖有能緣。而緣境不可知。如攝論云。此識所緣境不可知。或云。體是異熟有所緣境。謂內執受外器世界。如瑜伽說。問。六說何者得。答。皆得不得。論云。此識有二義。覺及不覺。覺亦有二。一性淨本覺。【初師得此】二隨染本覺。【二師得此】不覺有二。一根本不覺。謂無明。【三師得此】二隨相不覺。生三相。一名業識。謂無明力不覺心動。【四師得此】二名轉識。依動心能見相故。【五師得此】三名現識。現一切境常在前故。【六師得此】摠而言之。以一心攝六門諸說。如象六觸異說。

---

[17] 증진證眞,『法華玄義私記』(『佛全』21, 222c16~223a12). 福士慈稔,『日本佛敎各宗の新羅・高麗・李朝佛敎認識に關する硏究』第1卷,「日本天台宗にみられる海東佛敎認識」(身延山大學東アジア佛敎硏究室, 2011) p.50 참조.

산일문 3

원효 법사의 『능가경종요』에서 2가家를 판별하여 말하였다.

두 설명은 모두 진실이니, 모두 성전에 의거하기 때문이다. 법문은 하나가 아니니, 장애가 없기 때문이다. 이것은 무엇을 의미하는가? 진실과 허망은 서로 바라보는 것이다. 요약하면 의지문依持門과 연기문緣起門이라는 두 측면이 있다. 의지문이란 마치 허공이 풍륜 등을 지지하는 것과 같으며, 연기문이란 비유하면 바닷물이 파도 등을 일으키는 것과 같다. 의지문을 기준으로 하면 진실과 허망은 하나가 아니다. 중생의 본래 법이 그와 같이 차별된 것이기 때문이다. 중생에게는 무시이래 견고하게 익힌 것과 즐거움에 대한 집착이 있어서 흔들어도 뽑아낼 수 없다. 이러한 중생들의 육처에서 출세간의 법을 구하지만 영원히 얻을 수 없기 때문에 이(의지)문에 의거하여 그것을 건립한 것이니, 무성無性의 유정을 위해서이다. 연기문을 기준으로 하면 진실과 허망은 둘이 없다. 일체가 모두 한결같이 일심으로 그 체를 삼기 때문에 모든 중생은 무시이래로 이 법계에 즉해 유전하지 않음이 없는 것이다. 모든 중생의 심신心神 가운데 영원히 자신의 본원에 돌아가게 할 수 없다면 영원히 얻을 수 없기 때문에 이 문에 의거하여 일체를 건립한 것이니, 모두 불성이 있는 것이다. 두 논사에 의해 세워진 것은 각기 한 문을 얻은 것이다.[18]

元曉師楞伽宗要。判二家云。二說皆實。皆依聖典故。法門非一。無障礙故。是義云何。眞妄相望。略有二門。謂依持門及緣起門。依持門者。猶如虛空

---

[18] 증진證眞, 『法華玄義私記』(『佛全』 21, 347c17~348a10). 福土慈稔, 『日本佛敎各宗の新羅・高麗・李朝佛敎認識に關する研究』 第1卷, 「日本天台宗にみられる海東佛敎認識」(身延山大學東アジア佛敎硏究室, 2011) p.150 참조.

持風輪等。緣起門者。喩如海水起波浪等。約依持門。眞妄非一。衆生本來法爾差別故。有衆生無始時來堅習樂著。不可動拔。於此衆生六處之中。求於出世法。永是不可得故。依此門建立彼。爲無性有情也。約緣起門。眞妄無二。一切皆同一心爲體故。諸衆生從無始來。無不卽此法界流轉。於諸衆生心神之中。永不可令歸自源者。永不可得故。依此門建立一切。皆有佛性。二師所立。各得一門。

산일문 4[19]

원효 법사의 『능가경종요』에서는 불지佛智의 상常과 무상無常을 주장하는 2가家에게 모두 득실이 있음을 상세히 밝혔다.【운운】

元曉師楞伽宗要。廣明佛智常無常二家俱有得失。【云云】

---

[19] 증진證眞, 『法華疏私記』(『佛全』 22, 166c). 福士慈稔, 『日本佛敎各宗の新羅・高麗・李朝佛敎認識に關する硏究』第1卷, 「日本天台宗にみられる海東佛敎認識」(身延山大學 東アジア佛敎硏究室, 2011) p.153 참조.

산일문 5

문 여러 논서를 보니, 본래 모두 '열 가지 의미'에 의거하여 일승一乘을 설하였다. 어째서 (법장의 『오교장』에서는) '여덟 가지 의미'의 의취意趣에 의거하여 일승을 설하였는가?

답 문답의 의미를 관해 보니, 두 가지 의요意樂를 하나로 하였고, '(열 번째) 구경이므로 일승이라고 설한다.'라는 구절을 설하지 않았다. 그래서 '여덟 가지 의미'가 되었다.

문 어째서 '구경이므로 일승이라고 설한다.'라는 구절을 제외한 것인가?[20]

답 그 이유를 알지 못하겠다. 그런데 원효 법사의 『능가경종요』에서 다음과 같이 설했다.

또 『섭대승론』에서 일승의 취지를 설명하는 중에 구경究竟이라 한 것[21]은, 비록 수행의 지위에서 별취別趣를 결정했지만, 구경의 지위를 바라보면 끝내 유일한 결과(一果)에 돌아감을 밝힌 것이다. 어째서인가? 오로지 고요함으로만 나아가는(一向趣寂) 이승에 대해 (다음을) 밝히려는 것이다. 즉 수행의 지위를 기준으로 하면, (취적 이승은) 오로지 종성이 차별되어 결정코 무여의 영역(無餘依界)에 취입하니, 일체 제불도 그들이 무여의에 들어가는 것을 막아 위없는 깨달음을 성취하게 할 수 없다. 그러나 이후에 (고요함에) 취醉함을 떠나 깨달음을 얻어 보살행을 수습하여 끝내

---

20 이 물음은 바로 앞에 나오는 다음의 문답과 연관된 것이다. 수령壽靈, 『華嚴五教章指事』(T72, 216b17~22; 『佛全』 11, 122a15~c1), "問. 驗諸論本皆云十義故說一乘. 何故八義意趣故說一乘. 答. 觀問答意. 合二意樂爲一. 不說究竟故說一乘句故. 爲八義也."

21 『攝大乘論釋』권10 「彼果智分」(T31, 378a19~22), "究竟故者. 唯此一乘最爲究竟. 過此更無餘勝乘故. 聲聞乘等有餘勝乘. 所謂佛乘. 由此意趣. 諸佛世尊宣說一乘."

구경에 돌아가므로 '일승'이라 설하였다.[22] 아래의 10권 『능가경』에서 "삼승을 설한 것은 수행의 지위를 일으키기 위해서이다. 모든 종성의 차별은 구경의 지위가 아니라고 설하니, 결국에는 적정의 지위를 취할 수 있음을 건립하기 위해서이다.……법무아를 보고 삼매의 즐거움과 실천을 얻기 때문이고, 성문과 독각도 궁극적으로 여래의 법신을 증득하기 때문이다."[23]라고 하였다.

만약 이 설명에 의거하면, 열 번째의 구경은 밀의密義의 일승이 아니라 현료顯了의 일승이 된다. 지금 문답의 취지를 의심한 것은 위의 설명에 의거한 것과 같다. 그래서 열 번째 구경일승을 설하지 않았다.[24] 혹 어떤 곳에서는 '이 열 가지 의미 중에 법무아 등의 여덟 가지 의미이다.'라고 한다.[25]

問。驗諸論中。本皆云十義故說一乘。何故八義意趣故說一乘。答。觀問答

---

[22] 영파靈波의 『五教章見聞鈔』에서는 여기까지만 재인용되어 있다. 영파가 기록한 『五教章見聞鈔』에서는 법장의 저술인 『華嚴一乘教義分齊章』(T45, 477a14)에 서술된 "二同教"에 대한 12가지 질문(T73, 83c23~84b5)을 제시하는데, 그중에 18번째("十八. 問. 論文云. 前偈以了義說一乘. 後偈以密義說一乘文爾者. 法無我已下. 八義約不了密義見. 若爾者. 以何道理. 問答中顯了故. 除究竟一乘句釋歟")(T73, 84a23~26)에 대한 간략한 해답의 일부로서 원효의 『楞伽經宗要』가 인용(T73, 90a23~29)되고 있다.

[23] 『入楞伽經』 권2(T16, 527a15~19), "大慧. 說三乘者. 爲發起修行地故. 說諸性差別非究竟地. 爲欲建立畢竟能取寂靜之地故. 大慧. 彼三種人離煩惱障熏習得清淨故. 見法無我得三昧樂行故. 聲聞緣覺畢竟證得如來法身故."

[24] 담예湛叡, 『五教章纂釋』(『佛全』 11, 122c2~10). 『五教章纂釋』에는 여기까지만 재인용되어 있다.

[25] 수령壽靈, 『華嚴五教章指事』(T72, 216b17~c7). 이는 응연凝然의 『五教章通路記』(T72, 348a26~b11)에서도 재인용되고 있으며, 담예의 『五教章纂釋』 상권(『佛全』 11, 122c2~10)과 영파의 『五教章見聞鈔』 상권(T73, 90a23~29)에서는 내용 중 전반부 일부가 재인용되어 있다. 福士慈稔, 『日本佛教各宗の新羅‧高麗‧李朝佛教認識に關する研究』 第3卷, 「日本華嚴宗にみられる海東佛教認識」(身延山大學東アジア佛教研究室, 2013) pp.27~231 참조.

意。合二意樂爲一。不說究竟故說一乘句故。爲八義也。問。何故除究竟故說一乘句耶。答。未知所以。然元曉師楞伽宗要云。又攝論說一乘意中。言究竟者。是雖明[1]修行地決定別趣。而望究竟地。終歸一果。何者。欲門[2]一向趣寂二乘。約修行地。一向性別決定。趣入無餘依界。一切諸佛。不能令其[3]入無餘成無上覺。[4]而其後時。離醉得悟。修菩薩行。終歸究竟[5]說爲一乘。如下經言。說三乘者。爲發趣修行地故。說諸性差別非究竟。爲欲建立畢竟能取寂靜之地故。乃至見法無我。得三昧樂行故。聲聞獨覺。究竟證得如來法身故。若准此說。第十究竟。非密義一乘。而爲顯了一乘故。今疑問答意。若依此說故。不說第十究竟一乘。或有云。是十義中。法無我等八義。

---

1) ㉠『五敎章通路記』에는 '雖明'이 '明雖'로 되어 있다. 2) ㉠ '門'은 저본 주에서 '明으로 된 곳도 있다.'고 하였다. 3) ㉠『五敎章纂釋』에는 '其' 아래 '遮'가 있다. 4) ㉠『五敎章見聞抄』에는 '覺'이 '道'로 되어 있다. 5) ㉠『五敎章纂釋』에는 '竟' 다음에 '故'가 있다.

산일문 6[26]

원효 대사의 『십문화쟁론』과 『능가경종요』에서는 정성定性의 돌이킴과 돌이키지 않음의 뜻을 모두 들어서 서로 논파하거나 건립하고, 그리고 두 가지 의미를 화합하였지만, 번잡할 것 같아 인용하지 않는다.

> 元曉大師。和諍論。楞伽宗要。具擧定性迴不迴義。互致破立。及和二義。恐繁不引。

---

[26] 응연凝然, 『五敎章通路記』(T72, 608c2~14). 福士慈稔, 『日本佛敎各宗の新羅·高麗·李朝佛敎認識に關する硏究』第3卷, 「日本華嚴宗にみられる海東佛敎認識」(身延山大學東アジア佛敎硏究室, 2013) pp.27~119 참조.

산일문 7

구경의 현료 일승이기 때문에 제외한 것인가? 『보성론요간』【원효】의 의미와 『능가경종요』【원효】의 의미다.²⁷

究竟顯了一乘故除之歟。寶性論聊¹⁾簡義。【元曉】楞伽宗要義。【元曉】

1) ㉠ '聊'는 '料'의 오기인 듯하다.

---

27 심승審乘, 『華嚴五敎章問答抄』(『T72, 626b20~21), 福士慈稔, 『日本佛敎各宗の新羅·高麗·李朝佛敎認識に關する硏究』第3卷, 「日本華嚴宗にみられる海東佛敎認識」(身延山大學東アジア佛敎硏究室, 2013) p.198 참조.

집일 겁장
| 劫章* |

원효元曉
원과 옮김

---

* ㉤ 원효의 『劫章』은 현존하지 않는다. 텍스트 제목 또한 담예湛叡, 봉담鳳潭의 인용문에서는 『劫波章』, 정순貞舜과 제섬濟暹의 인용문에서는 『劫章』, 견등見登의 인용문에서는 『劫義』로 나타나 있어서 정확하게 결정하기 어렵다. 한편 영초永超가 수집한 『東域傳燈目錄』(T55, 1161c20~26)에 의하면 그 당시 겁劫에 대해 논의한 것으로 보이는 텍스트는 분황사芬皇寺 현륭玄隆의 방에서 나온 본본으로서 『劫義』 1권, 북원北院의 『劫義』 2권, 태 법사泰法師의 『劫波羅章』 1권, 규기가 찬술한 소疏에서 직접 자은 대사의 저작이라 말하는 『劫章頌』 1권, 변지遍知의 소, 겁장에 대한 『科文』 1권, 도전道詮의 기기 1권으로서 총 7개가 서술되어 있다. 이것들 중에 원효의 저술은 분황사 현륭의 방에서 나온 『劫義』 1권일 것이다. 견등, 김천학 옮김, 『화엄일승성불묘의』(동국대학교출판부, 2016) p.90 참조.

집일 겁장劫章 해제

원 과
동국대학교 외래강사

원효의 『겁장劫章』은 겁劫(Ⓢ kalpa)에 대한 의미와 도리를 설명하거나 그에 대해 잘못된 부분을 밝히는 글이다. 불교 논서들은 대부분 세계의 생성과 파괴의 과정에서 겁을 설하고 있는데, 여기에서 겁이란 계산할 수 있는 최대한의 시간 단위이다. 비유하면 위아래와 4면이 모두 쇠로 만들어진 1유순의 성안에 겨자씨를 가득 채운 다음, 백 년마다 어떤 사람이 겨자씨 한 알을 꺼내는 방식으로 그 겨자씨를 모두 꺼내 없애더라도 겁의 시간은 끝난 것이 아닌 것처럼 장대한 시간이라는 것이다.

이러한 겁에 대해 도리를 해석한 글인 원효의 『겁장』은 현존하지 않는다. 또한 "분황사芬皇寺 현륭玄隆의 방에서 나온 『겁의劫義』1권"(T.2183, 1161c20)이라는 일본 영초永超의 『동역전등목록東域傳燈目錄』의 기록을 제외하면 원효의 산일된 저술 목록에서조차 찾아보기 어렵다. 게다가 『겁장』이란 서명도 현시점에서 확정하기 어렵다. 왜냐하면 이것을 인용한 담예湛叡, 봉담鳳潭(1659~1738)은 『겁파장劫波章』, 정순貞舜(1334~1422)과 제섬濟暹(1025~1115)은 『겁장劫章』, 견등見登(?~?)은 『겁의劫義』로 그 서명을 소개하고 있기 때문이다.

산일된 것으로 알려진 원효의 『겁장』은 인용문의 형태로 모두 7문장이 발견된다. ① 정순의 『종요백원안립宗要柏原案立』, ② 담예의 『오교장찬석五教章纂釋』, ③ 봉담의 『화엄오교장광진초華嚴五教章匡眞鈔』, ④ 제섬의 『대일경주심품소사기大日經住心品疏私記』, ⑤ 제섬의 『오상성신의문답초五相成身義問答抄』, ⑥·⑦ 견등의 『화엄일승성불묘의華嚴一乘成佛妙義』 1권이 그것들이다. 말하자면 천태종의 정순, 화엄종의 담예·봉담, 후기 진언종의 제섬, 신라 출신이면서 일본에서 851년 이전에 활동한 화엄종 소속으로 추정되는 견등이 겁에 대한 원효의 해석을 참고하고 있다는 것이다.

『겁장』의 한글 번역은 ①~③의 경우 후쿠시 지닌이 편찬한 『日本佛教各宗の新羅·高麗·李朝佛教認識に關する硏究』 1권과 3권의 내용과 그에 대응하는 『대정신수대장경』(T.2374; T.2344), 『대일본불교전서』 12의 원본을 대조하여 저본으로 삼았다. 한편 후쿠시 지닌의 편찬본에서 빠진 ④~⑦은 『대정신수대장경』에 수록된 『대일경주심품소사기』, 『오상성신의문답초』, 『화엄일승성불묘의』의 원문을 저본으로 한다.

인용문 형태로 발견된 내용들을 중심으로 『겁장』의 내용을 소개해 보면, 첫 번째 정순이 인용한 것은 세 번째 아승기겁에서 상호업을 수습한다는 측면에서 정량부에서 별도의 백겁이 없다는 해석이고, 두 번째 담예가 인용한 것은 자문자답의 형태로 된 네 주제이다. 즉 (1) 세 부처님의 수기가 무엇 때문에 동일하지 않은가, (2) 이러한 세 부처님들이 하나의 겁에 존재한다면 일제히 그렇다고 말하더라도 다른 겁과 시간에 수기를 받는다고 말해야 하지 않는가, (3) 그렇다면 백겁의 처음에 수기가 있다고 해야 하는가, 아니면 세 번째 아승기겁의 나머지 3겁 가운데 수기가 있다고 해야 하는가, (4) 모두 지금 머무는 겁을 취한 것이므로 94겁이라 해야 하는가, 93겁은 모두 백겁 가운데 취한 것이므로 91겁이라 해야 하는가에 대해 묻고, 그 답에 따라 순서대로 재차 질문하는 방식이다. 세 번째 봉담이 인용한 것은 불사부처님과 견진리부처님, 비바시부처님이 머무는 겁을 밝힌 것이고, 네 번째 제섬이 인용한 것은 코끼리 왕이 머무는 향취산에 대한 해설이며, 제섬이 인용한 다섯 번째 구문은 십지 밖에 일만, 일천, 일백 겁이 있은 이후 천겁에서 부처님의 위의를 배운다는 내용이다. 여섯 번째 신라의 견등이 인용한 것은 『대지도론』에 정의한 소겁을 원효 소에 입각하여 재인용한 것이고, 견등이 인용한 일곱 번째는 백겁 → 천겁 → 만겁 → 억겁 → 10억겁 → 100억겁 → 대아승기겁이 어떤 수 단위로 점차 이루어진 것인지에 대한 설명이다.

차례

집일 겁장劫章 해제 / 223
일러두기 / 227

산일문 1 228
산일문 2 229
산일문 3 232
산일문 4 233
산일문 5 234
산일문 6 235
산일문 7 236

일러두기

1 '한글본 한국불교전서'는 문화체육관광부의 지원을 받아 동국대학교 불교학술원에서 수행하고 있는 '불교기록문화유산아카이브(ABC)사업'의 결과물을 출간한 것이다.
2 이 책은 원효의 『겁장劫章』 산일문을 집일하여 번역한 것으로, 전거는 주로 福士慈稔, 『日本佛敎各宗の新羅高麗李朝佛敎認識に關する硏究』(身延山大學東アジア佛敎硏究室, 2013)에 의거하였다. 또한 집일문의 구체적인 전거는 번역문 아래 각주로 밝혔다.
3 번역문에 이어 원문을 병기하고 간단한 표점 부호를 삽입하였다.
4 원문의 교감 사항은 번역문의 각주와 별도로 원문 아래 부분에 제시하였다.
   ㉯은 번역자가 교감한 내용이다.
5 약물은 다음과 같다.
   「 」: 서명
   「 」: 편명, 산문 작품
6 역주에서 소개한 출전은 약호로 표기하였다. T는 『대정신수대장경大正新脩大藏經』의 약자이다.

산일문 1

원효의 『겁장』에서 말했다.

정량부正量部에는 별도의 백겁百劫이 없다. 단지 세 번째 겁에서 상호업相好業을 수습한다.[1,2]

元曉劫章云。而正量部別無百劫。但第三劫中修相好業。

---

1 『宗要柏原案立』의 문맥에서 원효의 『劫章』 내용은 제3 아승기의 불퇴의 사태에 대해 경론에서 폐지하고 세우는 것이 동일하지 않고, 지위(位)의 열고 닫는 것도 하나의 준거가 아니라는 주장과 연관되어 있다. 즉 제3 아승기의 끝에 백겁을 포섭하여 세우지 않는다는 예시로 나타난 것이다. 정순貞舜은 원효의 『劫章』을 인용한 다음, "만약 그렇다면 백겁 이전 제3 아승기겁에서 세 가지 불퇴와 불가득의 의미를 얻을 것이다."(T74, 501a12~21)라고 결론 내렸다.

2 정순貞舜, 『宗要柏原案立』(T74, 501a18~20). 福士慈稔, 『日本佛教各宗の新羅·高麗·李朝佛教認識に關する研究』 第1卷, 「日本天台宗にみられる海東佛教認識」(身延山大學東アジア佛教研究室, 2011) p.184 참조. 정순은 남북조南北朝에서 무로마치(室町) 시대의 천태종 소속 승려로서 히예산에서 정제貞濟에게 사사하고, 오에이(應永) 연간에 천태교학을 진흥하였으며 저서로는 『天台名目類聚鈔』, 『三百帖見聞』, 『俗諦常住』 등이 있다.

산일문 2

원효 법사의 『겁파장』에서는 말했다.

문 무엇 때문에 이 세 부처님의 수기가 동일하지 않은가?

답 불사弗沙(⒮ Tiṣya)부처님과 견진리見眞理부처님은 모두 지금 머무는 겁을 취하기 때문에 93겁이라 한다. 비바시毘婆尸(⒮ Vipaśyin)부처님은 지금 머무는 겁을 제외하고 다만 백대겁에서만 취하기 때문에 91겁이라 한다.[3]

문 이러한 세 분의 부처님들이 하나의 겁에 존재한다면, 다른 겁과 다른 시간에서 수기한다고 말해야 하는가?

답 모두 지금 머무는 겁을 따라 취한 것이므로 도리어 93겁의 의미로 말해야 한다. 세 분의 부처님들은 다 같이 하나의 겁 가운데 일시에 나란히 수기한다고 말할 수 있다.

문 만약 그렇다면 이 수기란, 백겁의 처음에 수기한다고 해야 하는가? 세 번째 아승기의 나머지 3겁 가운데 수기한다고 해야 하는가?

답 비바시부처님에 대해 『구사론』에서 "세 번째 겁이 다 찼을 때의 부처님"[4]이라고 하였다. 그러므로 세 번째 겁의 마지막이고, 백겁의 처음이

---

[3] 『佛本行集經』 권4 「受決定記品」(T3, 670a~671a), "阿難. 我念往昔. 有一如來. 出現於世. 號見眞理多陀阿伽度阿羅呵三藐三佛陀. 我於爾時. 將種種花. 散彼佛上.【迦葉遺師說言彼佛號曰. 見一切理】乃至彼佛語侍者言. 是人過於九十三劫. 當得作佛號釋迦牟尼.……阿難. 如是次第. 九十四劫時. 有一佛出現於世. 號曰弗沙多陀阿伽度阿羅呵三藐三佛陀. 阿難. 如是次第. 九十一劫時. 有一佛出現於世. 號毘婆尸多陀阿伽度阿羅呵三藐三佛陀."

[4] 『俱舍論』 권18(T29, 95a28~b2), "言逆次者. 自後向前. 謂於第三無數劫滿所逢事佛名爲勝觀. 第二劫滿所逢事佛名曰然燈. 第一劫滿所逢事佛名爲寶髻." 여기에서 '爲勝觀' 은 '⒮ Vipaśyin'의 의역이며, 바수반두가 짓고 진제가 한역한 『阿毘達磨俱舍釋論』(T29, 249b29~c3)에서는 "於刺那尸棄佛世尊. 第一阿僧祇究竟. 於燃燈佛世尊. 第二阿僧祇究竟. 於毘婆尸佛世尊. 第三阿僧祇究竟."으로 해설되고 있다. 따라서 "第三劫滿佛"과

라고 알아야 한다.

🈩 만약 그렇다면 모두 지금 머무는 겁을 취한 것이므로 94겁이라 말해야 하는가? 93겁은 모두 백겁 가운데 취한 것이니만큼 91겁이라 말해야 하는가?

🈪 부처님은 부사의한 신통을 갖추기 때문이다. 또한 근기 따라 나투기 때문이니, 논에서 어느 때는 94겁이라 설하고 어느 때는 (근기에) 대해 나투어 수기한다[5]고 한 것이다. 그러므로 비바시부처님 이후에도 다시 수기가 있는 것이다.[6]

元曉師劫波章云. 問. 何故此三佛授記不同乎. 答. 佛[1)]沙佛與見眞理佛. 竝取今所住之劫. 故云九十三劫. 毘婆尸佛. 除今所住之劫. 但取百大劫中.

일치되는 구절은 아니지만 문맥상 동일한 의미라고 생각된다.
5 이것은 문맥상 원효 『겁파장』의 인용 이후 '윤倫'(『佛全』 12, 192上18) 아래 붙은 각주 '倫一本作論'에서 '논'을 가리키는 것 같다. 왜냐하면 윤倫 스승의 말이라 서술된 내용의 결론이 부처님들이 세간에 출현하는 것은 근기에 따라 나투기 때문에 정해지지 않았다는 것이기 때문이다. 해당 내용을 소개하면 다음과 같다. "이 석가모니부처님에게도 또한 네 가지 대겁大劫이 있다. 그러므로 첫 번째 대겁에는 오직 불사부처님에게 '그대는 당래 94겁에 부처님이 될 수 있다'라는 수기가 있을 뿐이고, 두 번째 대겁에는 오직 견진리부처님에게 '그대는 당래 93겁에 부처님이 될 것이다'라는 수기가 있을 뿐이다. 세 번째 대겁에서는 부처님이 출현하지 않으며, 네 번째 대겁에서는 비바시부처님에게 '그대는 당래 91겁에 성불할 것이다'라는 수기가 있다. 묻는다. 만약 그렇다면 비바시부처님이 먼저 출현한 것인가? 불사부처님이 먼저 출현한 것인가? 만약 불사부처님이 먼저 출현한 것이라면 무엇 때문에 『구사』에서는 '비바시부처님 이후에 불사부처님이 있다'고 하는가? 만약 비바시부처님이 먼저 출현한 것이라면 무엇 때문에 지금 '초겁初劫 가운데 불사부처님에게 수기하고 94겁에 성불한다'고 하는가? 답한다. 이 스승이 (설하는) 의미를 알기 어렵다. 그러나 회통하면 무릇 부처님께서 세간에 출현하신 것은 참으로 정해지지 않았다. 근기에 따라 나투기 때문이다."(『佛全』 12, 192上18~下8)
6 담예湛叡, 『五敎章纂釋』 下卷(『佛全』 12, 192a6~17), 福士慈稔, 『日本佛敎各宗の新羅·高麗·李朝佛敎認識に關する硏究』 第3卷, 「日本華嚴宗にみられる海東佛敎認識」(身延山大學東アジア佛敎硏究室, 2013) p.220 참조. 담예는 가마쿠라 말기부터 남북조 시대라는 격동의 시대를 살아오면서 칭명사稱名寺의 제3세 장로가 된 학승이며, 특히 계율과 화엄 연구에서 난해한 교리를 해석하는 데 뛰어난 것으로 알려져 있다.

故云九十一劫。問。此三佛有一劫中。齊語爲異劫異時記語乎。答。竝隨取今所住之劫。反云九十三劫義。三佛齊於一劫中。一時齊記可言也。問。若爾。此記者。爲在於百劫之初記耶。爲在於第三僧祇餘三劫中記乎。答。毗婆尸佛者。俱舍云。第三劫滿佛。故知第三劫終。百劫之初也。問。若爾。竝取今所住之劫。故云九十四劫。九十三劫。乃俱取百劫中。故云九十一劫乎。答。佛具不思議神通故。亦現隨機故。如論。或時說九十四劫。或時對現授記。故毘婆尸佛之後。更授記爾。

---
1) ㉮『佛本行集經』에는 '佛'이 '弗'로 되어 있다.

산일문 3

원효의 『겁파장』에서 말했다.

불사弗沙부처님과 견진리見眞理부처님은 모두 지금 머무는 겁을 취하므로 93겁이라 하였다. 비바시부처님은 머무는 겁을 제외하고 다만 백대겁百大劫을 취하므로 91겁이라 하였다. 지금은 수전隨轉의 작은 문(小門)에서 근기(機)를 따라 다르게 설하였다. 그러므로 (극한의 정진력으로) 아홉 겁을 뛰어넘는다고 한 것이다. 91겁 등은 위에서 이미 서술한 것과 같다.[7]

元曉劫波章云。弗沙與見眞理佛。並取今所住劫。故云九十三。毘婆尸佛。除所住劫。但取百大劫。故云九十一劫。今謂隨轉小門。隨機異說。故云超九劫。九十一劫等。如上已叙。

---

[7] 봉담鳳潭, 『華嚴五敎章匡眞鈔』(T73, 553b15~17). 福士慈稔, 『日本佛教各宗の新羅・高麗・李朝佛教認識に關する研究』第3卷, 「日本華嚴宗にみられる海東佛教認識」(身延山大學東アジア佛教研究室, 2013) p.240 참조. 이 내용은 『華嚴五敎章匡眞鈔』(T73, 553b12~13)의 "以極精進。超於九劫。"이라는 내용 아래 각주로 제시된 것이다. 이 각주 (T73, 553b13~15)에는 원효의 『劫波章』 앞에 『佛本行集經』의 내용도 다음과 같이 제시하고 있다. "佛本行集第三云。昔有佛出世。號曰弗沙。彼佛在雜寶窟。我見彼佛。心生歡喜。合十指掌。翹於一足。七日七夜。讚歎彼佛。佛言。是人過九十四劫。當得作佛。見眞理佛言。是人過九十三劫。當得作佛。毘婆尸佛言。是人過九十一劫。當得作佛。"

산일문 4

원효의 『겁장』에서 다음과 같이 말한 것과 같다.

염부제閻浮提(S Jambudvīpa)의 북쪽에 아홉 종류의 산이 있고, 그 아홉 종류의 산 북쪽에 설산雪山이 있으며, 그 설산 북쪽에 향취산香醉山이 있다. 그 산에서 가장 경치가 좋은 곳에 바위가 있는데, 그곳을 잡지雜地라고 한다. 일곱 가지 보배로써 이루어져 있는 그 바위는 가로 세로의 너비가 각각 50유순由旬(S yojana)이다. 여기는 오직 코끼리 왕이 머무는 곳이다.【운운】[8]

如元曉劫章云。閻浮提北有九種山。九種山北有雪山。雪山北有香醉山。山有最勝處有巖。其名雜地。以七寶所成。其巖縱廣各五十由旬。唯是象王所住處。【云云】

---

[8] 제섬濟暹, 『大日經住心品疏私記』 第3(T58, 701a20~23). 이는 "香象者。住在香醉山中之象。故名云香象。"(T58, 701a19~20)이라는 구문 다음에 제시되고 있다. 즉 향취산(S Gandhamādana)에 거주하고 있는 코끼리이기 때문에 푸른빛을 지니고 향기가 나며 바다나 강을 돌아다닌다고 하는 상상의 코끼리인 향상에 대한 부연 설명을 위해 인용된 것이다. 이 텍스트와 다음에 제시하는 『五相成身義問答抄』에서 제섬이 인용하고 있는 원효의 『劫章』 2개는 후쿠시 지닌(福士慈稔)이 『日本佛敎各宗の新羅·高麗·李朝佛敎認識に關する硏究』의 일환으로 2011~2013년 편집한 자료에 나타나지 않는다.

산일문 5

또한 원효 법사의 『겁장』에서는 말했다.

십지十地 밖에 일만 일천 일백 겁이 있고, 이후 천겁에서 부처님의 위의威儀를 배운다.[9]

又元曉師劫章云。十地外有一萬一千一百劫。後千劫學佛威儀。

---

[9] 제섬濟暹,『五相成身義問答抄』(T78, 111b29~c2).

산일문 6[10]

원효 화상의 『겁의』에서 말했다.

『대지도론』에서는 시간(時), 절기(節), 해(歲)가 무량한 것을 소겁이라 한다.[11]

元曉和尙劫義云。大論云。時節歲無量。名爲小劫。

---

10 『華嚴一乘成佛妙義』 권1 「第二辨定得人門」(T45, 780a28~29). 견등지見登之 혹은 견등見登의 생몰 연대는 현재까지 알려지지 않고 있으며, 그 이름이 제시된 것도 850년 이후에 저술된 것으로 알려진 일본 문헌인 『華嚴宗所立五敎十宗大意略抄』가 최초이다. 텍스트의 저자, 내용과 성격에 대해 더 자세한 내용은 견등, 김천학 옮김, 앞의 책, pp.6~17 참조.

11 『大智度論』 「釋往生品」(T25, 339c15~16), "復有人言。時節歲數名爲小劫." 원효의 『劫義』를 인용한 전후 문맥은 견등, 김천학 옮김, 위의 책, pp.89~90 참조.

산일문 7

원효의 『겁의』에서 말했다.

제8 성문장聲聞藏을 밝히는 것에서 20풍겁風劫 가운데 하나하나의 겁을 따라 첫 번째 수數로 삼고, 이 첫 번째 수로부터 10에 이른 것을 두 번째 수로 삼는다. 두 번째 수를 수로 삼아 10에 이르면 세 번째 수가 되니, 곧 백겁에 해당한다. 이는 곧 세 가지 수를 하나로 삼은 것이다. 이 하나의 수로부터 10까지를 네 번째 수로 삼으면 곧 천겁에 해당한다. 네 번째로써 하나의 수를 삼고, 그것부터 10에 이르면 다섯 번째 수가 되니, 곧 만겁에 해당한다. 다섯 번째 수로써 하나의 수 단위를 삼고, 이 하나의 수 단위로부터 10에 이르면 곧 여섯 번째 수가 되니, 곧 억겁에 해당한다. 여섯 번째 수로써 하나의 수를 삼고, 그 하나의 수로부터 10에 이르면 일곱 번째 수가 되니, 곧 10억겁에 해당한다. 일곱 번째 수로써 하나의 수를 삼고, 그 하나의 수로부터 10에 이르면 여덟 번째 수가 되니, 곧 이곳의 백억에 해당하고, 범어로는 구지(Ⓢ kauṭi)가 된다. 이와 같이 수를 굴려 60번째 큰 수에 이르면 하나의 대아승기겁(大僧祇劫)이라 한다. 이것은 삼단三段의 수이기 때문에 대아승기겁이라 한다. 그러므로 『구사론』에서 "80중겁[12]이 대겁이고, 대겁은 3아승기(無數)이다."[13]라고 설하였다.[14]

曉劫義云。第八明聲聞藏中。二十風劫中。隨一一劫爲第一數。從此一數至十。爲第二數。即以第二爲數至十。爲第三數。即當百劫。即以三數爲一。從此一數至十。爲第四數。即當千劫。即以第四。從一爲數至十。爲第五數。即

---

12 80중겁 : 이는 성·주·괴·공 네 가지 각각의 20중겁을 합한 것이다.
13 『俱舍論』 권12(T29, 62c6), "八十中大劫。大劫三無數."
14 『華嚴一乘成佛妙義』 권1 「第三顯教差別門」(T45, 783b8~21).

當萬劫。即以第五數爲一數。從此一數至十。爲第六數。即當億劫。以第六數爲一數。從一數至十。爲第六數。即當十億劫。以第六數爲一數。從一數至十。爲第七數。即當十億劫。[1] 以第七數爲一數。從一數至十。爲第八數。即當此間百億。梵名爲俱胝。如此轉數。至第六十大數。去[2] 一大僧祇劫。以此三段數。故云大僧祇劫。故俱舍云。八十中大劫。大劫三無數。

---

1) ㉰ '以第六數爲一數。從一數至十。爲第六數。即當十億劫。'은 김천학(2016, p.133)의 교감에 따라 연문으로 간주하며, 한글 번역은 생략한다.　2) ㉰ '去'는 문창당본 두주에 '云乎'로 되어 있다. 김천학(2016, p.133) 참조.

집일 보살영락본업경소 상권

| 菩薩瓔珞本業經疏 上卷 |

원효元曉
원과 옮김

집일 보살영락본업경소菩薩瓔珞本業經疏 상권 해제

원 과
동국대학교 외래강사

『보살영락본업경菩薩瓔珞本業經』에 대한 원효의 주석 가운데 상권은 현재 산일된 상태이다. 『보살영락본업경』은 요진의 축불념竺佛念이 376~378년에 한문 번역한 것이며, 줄여서 『본업경』, 『보살영락경』, 『영락경』, 『영락본업경』으로도 명명된다. 이 경의 중심 주제인 보살의 영락본업이란 보살이 착용한 보배 구슬 장신구(瓔珞)로서 삼취정계라는 보살계와 십주 등의 42가지 수행 계위(本業)를 가리킨 것이다. 예를 들면 보살도의 계위에 따라 십주는 동銅, 십행은 은銀, 십회향은 금金, 십지는 유리琉璃, 무구지는 마니摩尼, 묘각지는 수정水精이라는 재료로 만들어진 보배 구슬 장신구를 착용하고 있다는 것이고, 보살이 착용하는 장신구의 종류에 따라 십주보살, 십행보살, 십회향보살, 십지보살, 무구지보살, 묘각지라는 지위로 구별된다는 것이다.

『보살영락본업경』에 대한 원효 소는 전체가 현존하지 않으며, 『동문선東文選』 권83에 실린 서문과 일본 교토대 도서관에 소장된 필사본을 근간으로 『대일본속장경』에 수록된 하권만 현존한다. 현존하는 원효 소 하권의 「현성학관품賢聖學觀品」 내용에서 십지심의 관법 가운데 아홉 번째 입법제지入法際智에서부터 주석되고 있다는 점을 고려한다면 산일된 원효 소 상권의 내용은 전체 8품, 즉 「집중품集衆品」, 「현성명자품賢聖名字品」, 「현성학관품賢聖學觀品」, 「석의품釋義品」, 「불모품佛母品」, 「인과품因果品」, 「대중수학품大衆受學品」, 「집산품集散品」 가운데 「집중품」과 「현성명자품」, 「현성학관품」의 전반부에 대응할 것이다.

원효의 『보살영락본업경소』는 총 3권 혹은 2권이라는 두 가지 기록이 있다. 의천의 『신편제종교장총록』에서는 "『영락본업경소』 3권 원효 저술(瓔珞本業經疏三卷 元曉述)"(H4, 690a)이라 기술된 반면, 일본 영초永超(1014~1096)의 『동역전등목록東域傳燈目錄』에서는 "원효의 『본업영락경소』 2권"(T.2183, 1152b)으로 소개되고, 『동문선』에 실린 『본업경소』 서문에서는 "이 두 권의 영락법문을 설하셨다.(說此兩卷瓔珞法門)"라고 언급하며, 응연凝然(1240~1321)이 인용한 문장에서는 "본업영락에 대한 원효 소 2권"(『일장』 15, 37c)이라 서술하고 있기 때문이다. 하지만 『신편제종교장총록』 기록을 제외한 나머지 자료들, 즉 자신이 저술한 『본업경소』의 서문 등에서 모두 2권으로 기록하고 있다는 점을 고려한다면 『보살영락본업경』에 대한 원효 소는 3권이 아닌 2권이었을 가능성이 더 높다.

현재 원효의 『보살영락본업경소』 하권은 『한국불교전서』 제1책에 수록되어 있다. 한편 『보살영락본업경소』 상권이 인용문의 형태로 발견된 텍스트들은 ① 안징安澄(763~814)이 찬술한 『중론소기中論疏記』, ② 수령壽靈의 『법화현의사기法華玄義私記』, ③ 12~13세기경 저자 미상의 찬술서인 『성유식론본문초成唯識論本文鈔』, ④ 수령이 찬술한 『화엄오교장지사華嚴五敎章指事』, ⑤ 응연凝然의 『율종경감장律宗瓊鑑章』・『오교장통로기五敎章通路記』・『범망계본소일주초梵網戒本疏日珠鈔』, 심승審乘의 『화엄오교장문답초華嚴五敎章問答抄』이다. 한편 이 가운데 ③은 이후 성전聖詮의 『화엄오교장심의초華嚴五敎章深意鈔』, 응연의 『화엄경탐현기동유초華嚴經探玄記洞幽鈔』, 심승의 『화엄오교장문답초』, 담예湛叡의 『오교장찬석五敎章纂釋』, 승준僧濬

(1659~1738)의 『화엄오교장광진초華嚴五敎章匡眞鈔』에서 일부 혹은 전체 문장이 재인용되어 있다. 이러한 일본 저술가들의 인용뿐만 아니라 원효 자신의 저작인 『금강삼매경론』에서도 『보살영락본업경』에 대한 원효 소는 빈번하게 인용된다. 따라서 그 성립 시기에 대해 적어도 『금강삼매경론』 이전이라 추정할 수 있다.

원효의 『보살영락본업경소』의 한글 번역은 후쿠시 지닌의 편찬본을 토대로, 『대정신수대장경』 수록본(T.2255, T.2262, T.2247, T.2337, T.2339, T.2340), 『대일본불교전서』 21, 『일본대장경』 1, 15에 수록된 원문과 대조한 것을 저본으로 삼았다.

『보살영락본업경소』의 서문에서 원효는 여래께서 무연자비로 유상有相과 공무空無에 집착하는 두 부류를 불도에 들어가게 하기 위해 이 두 권의 영락 법문을 설하셨는데, 이를 통해 그 두 부류가 복덕과 지혜의 두 노를 갖추어 불법의 대해를 건널 수 있고, 사마타(止)와 위빠사나(觀)의 두 날개를 함께 운용하여 법성의 허공에 높이 날 수 있도록 한 것이 그 대의라고 밝히고 있다. 이런 측면에서 인용문 형태로 발견된 원효의 『보살영락본업경소』 상권에서 다루고 있는 내용을 소개하면, (1) 원인과 결과의 측면과 현인·성인·범부의 측면에서 십주 등의 영락본업의 지위가 어떻게 다른지에 대한 설명, (2) 십주 등의 본업과 종성의 관계를 밝힌 부분, (3) 삼세에서 천안지와 숙명지에 대한 논의, (4) 십주 등의 여섯 가지 본업을 여섯 가지 종성과의 연관 선상에서 설명, (5) 색계 사선정의 구성요소와 그 대치요소, (6) 본업에서 물러섬(退)과 물러서지 않음(不退)에 대한 해석 등이다. 그리고 『보살계본지범요기』와 달리 『보살영락본업경소』에서는 보살계의 행상에 대해 밝히고 있지 않다는 간접 인용도 있으며, 현묘한 문에 들어간다는 것과 과승천의 뜻에 대한 원효의 주석을 밝히면서 다른 논사와 다르다는 서술도 있다.

차례

집일 보살영락본업경소菩薩瓔珞本業經疏 상권 해제 / 241
일러두기 / 245

산일문 1 246
산일문 2 248
산일문 3 249
산일문 4 250
산일문 5 251
산일문 6 253
산일문 7 254
산일문 8 256
산일문 9 257
산일문 10 259
산일문 11 261
산일문 12 262

일러두기

1 '한글본 한국불교전서'는 문화체육관광부의 지원을 받아 동국대학교 불교학술원에서 수행하고 있는 '불교기록문화유산아카이브(ABC)사업'의 결과물을 출간한 것이다.
2 이 책은 원효의 『보살영락본업경소菩薩瓔珞本業經疏』 상권의 산일문을 집일하여 번역한 것으로, 전거는 주로 福士慈稔, 『日本佛敎各宗の新羅高麗李朝佛敎認識に關する硏究』(身延山大學東アジア佛敎硏究室, 2013)에 의거하였다. 또한 산일문의 구체적인 전거는 번역문 아래 각주로 밝혔다.
3 번역문에 이어 원문을 병기하고 간단한 표점 부호를 삽입하였다.
4 원문의 교감 사항은 번역문의 각주와 별도로 원문 아래 부분에 제시하였다.
   ㉠은 번역자가 교감한 내용이다.
5 약물은 다음과 같다.
   「　」: 서명
   「　」: 편명, 산문 작품
6 역주에서 소개한 출전은 약호로 표기하였다. T는 『대정신수대장경大正新脩大藏經』, 『佛全』은 『대일본불교전서大日本佛敎全書』, 『日藏』은 『일본대장경日本大藏經』의 약자이다.

산일문 1

원효 법사의 『영락경소』 상권에서는 근본(宗)에 대한 설명을 열면서 말했다.

이를테면 앞의 원인을 펼쳐 41가지를 세우고, 거기에 결과를 더하여 42가지가 된 것이다. 결과는 증감增減이 없기 때문에 한 가지로 세우고, 원인은 순차(階降)가 있으므로 41가지를 세웠으니, 십주·십행·십회향·십지·무구지를 말한다. 이 42가지 도道를 현성賢聖이라고 한다. 차별적 문으로 말하면 곧 삼구三句가 있다. (먼저) 30가지는 오직 현인이고 성인이 아니다. 범부의 법에 대해 단지 조복할 뿐 단절한 것이 아니기 때문이다. 둘째 최후의 한 가지는 오직 성인이고 현인이 아니다. 범부의 법에 대해 오직 단절할 뿐 조복하는 것이 아니기 때문이다. 셋째 11가지는 현인이기도 하고 성인이기도 하다. 모든 성인의 법에 대해 미혹이 조복되고 미혹이 단절되었기 때문이다.[1]

曉法師瓔珞經疏上卷開說宗云。謂開前因。立四十一。於中加果。爲四十二。果無增減。故立爲一。因有階降。立四十一。謂十住十行十迴向十地無垢地。四十二道名賢聖。別門而言。即有三句。則三十唯賢非聖。於凡

---

[1] 안징安澄, 『中論疏記』 권3(T65, 77c3~11). 福士慈稔, 『日本佛教各宗の新羅·高麗·李朝佛教認識に關する研究』 第2卷·上 「日本三論宗·法相宗にみられる海東佛教認識—三論宗の部—」(身延山大學東アジア佛教研究室, 2012) p.21 참조. 안징은 헤이안(平安) 시대 초기 삼론종의 승려로서 나라(奈良) 대안사大安寺의 선의善議에게 삼론의 심오한 이론을 사사하였으며, 밀교에도 통했다. 대안사 삼론종의 대표적 학승으로서 대안사에 거주하면서 변론이 뛰어나 서대사西大寺의 태연泰演과 궁중의 강연회에서 삼론과 법상의 교리에 대해 논쟁했다고 한다. 그의 저서로는 『中論疏記』 8권이 있는데, 중국과 일본의 여러 문헌에서 인용되고 있다.

夫法。但斷[1]非斷故。二最後一。唯聖非賢。於凡夫法。但斷非伏故。三者十一。亦賢亦聖。於諸聖法。惑伏惑斷故。

---

1) ㉮ '斷'은 '伏'인 듯하다.

산일문 2

원효 법사의 『영락경소』 상권에서 말했다.

만겁萬劫 동안 신심信心을 수습하여 신심이 성취해야 비로소 종성種姓을 획득할 수 있으므로 십주十住를 습종성習種姓이라고 한다. 십행十行의 지위에서는 오랫동안 수습하여 본성을 성취하고, 본성을 성취한 행이 일어나 종성에 수순하니, 행의 자성을 따라 성종성性種姓이라고 한다. 십회향에서는 평등한 공을 얻어서 평등한 도를 성취하므로 도종성道種姓이라고 한다.

종성을 통명通名하면, 종種은 종류種類의 뜻이고, 성性은 체성體性의 뜻이니, 이는 부처님의 종류이고, 부처님의 체성이다. 모든 부처님의 종성이므로 '종성'이라 하였다. 만약 법신을 종성이라고 하면 지업석持業釋이고, 태어남으로부터 공덕이 흘러넘치는 것을 종성이라고 하면 의주석依主釋이다. 나머지 세 가지도 그것에 준한다.[2]

曉法師瓔珞經疏上卷云。於十千劫修習信心。信心成就。方得種姓。故十住名習種姓。十行位中。久習成成。[1] 在姓[2]之行。轉順種姓。從行自性。名性種姓。十迴向中。得平等空。成平等道。故名道種姓。通名種姓者。種是種類義。性是體性義。是佛種類。是佛體性。諸佛種姓。故名種姓。若當法身。名種姓者。是持業釋。從生衍德。名種姓者。依主釋。餘三准之。

1) ⓔ『華嚴五教章指事』(T72, 258a2)에는 '成'이 '性'으로 되어 있다.　2) ⓔ『華嚴五教章指事』(T72, 258a2)에는 '在姓'이 '成性'으로 되어 있다.

---

2 안징安澄, 『中論疏記』 권3(T65, 78c7~14). 福士慈稔, 『日本佛教各宗の新羅・高麗・李朝佛教認識に關する研究』 第2卷・上 「日本三論宗・法相宗にみられる海東佛教認識 —三論宗の部—」(身延山大學東アジア佛教研究室, 2012) p.22 참조.

산일문 3

원효의 소에서 말했다.

하나의 성지聖智가 아래를 바라보면 지혜가 되지만 위를 바라보면 무명이 되는 것과 같다. 이와 같이 집착하므로 큰 허물을 이룬다.[3]

元曉疏云。如一聖智。望下爲智。望上無明。作如是執。故成大過。

---

[3] 증진證眞, 『法華玄義私記』(『佛全』 21, 71上10). 福士慈稔, 『日本佛敎各宗の新羅·高麗·李朝佛敎認識に關する硏究』 第1卷 「日本天台宗にみられる海東佛敎認識」(身延山大學東アジア佛敎硏究室, 2011) p.149 참조. 이 원문은 『韓國佛敎全書』(H1, 511a21~22)에는 "如一聖智。望下爲知。名爲智慧。望上不知。卽是無明。作如是執。故成大過。"라고 수록되어 있으므로 그대로 인용된 것이 아니라는 것을 알 수 있다. 아마도 증진은 간접 인용의 형식으로 이 구절을 채택한 것으로 보인다. 또한 이 구절은 증진의 『法華玄義私記』에서 '善惡一心'을 설명하기 위한 각주로 제시된 것으로, 해당 본문(『佛全』 21, 71a9~10)의 내용은 다음과 같다. "선악이 일심이라고 한 것은 병사왕국에 있는 외도 안타 스승의 게송에서 '명암이 한 모습이고, 선악이 일심이다.'라고 한 것이다.(而言善惡一心者。是洴沙王國中。外道安陀師偈。明暗一相。善惡一心。)"

산일문 4

원효의 소에서는 말했다.

중현문重玄門에 들어간다는 것은, '공공空空의 문門'을 말하니 (이는) 오직 부처님만 궁구할 수 있다. 여기서는 적은 부분(少分)을 얻은 것을 '들어간다.'【운운】라고 하였다.

답 이전에 행했던 법을 거듭 닦는다는 것은 처음의 두 가지를 거듭 닦는다는 것이다.【이는 원효 법사의 의견이다.】 그러므로 이는 전도되어 범부의 일을 닦는 것과는 다르다.[4]

元曉疏云。入重玄門。謂空空門。唯佛所窮。令[1]得少分名爲入。【云云】答。其重修先所行法者。是重修初二。【元曉師意】故異倒修凡事也。

1) ㉠『本業經疏』권하(H1, 499c19)에는 '令'이 '今'으로 되어 있다.

---

[4] 증진證眞,『法華玄義私記』(『佛全』21, 124a5~7). 福士慈稔,『日本佛敎各宗の新羅・高麗・李朝佛敎認識に關する硏究』第1卷『日本天台宗にみられる海東佛敎認識』(身延山大學東アジア佛敎硏究室, 2011) p.149 참조. 이는 증진의『法華玄義私記』(『佛全』21, 124a4~5)에서 "重修凡事。卽同重修先所行法."이라는 문장 다음에 제시된 것이다. 한편『本業經疏』(H1, 499c17~19)에서도 유사한 문장이 발견되는데, 즉 질문에 해당하는 내용으로서 "六入重玄門者。謂空空門名爲重玄。此空空門。唯佛所窮。今得少分。故名爲入。"이라는 구절이다. 따라서 '답' 이하는 원효가 찬술한『本業經疏』의 해석이라기보다 증진의 주석으로 보아야 할 것이다. 말하자면 "問。彼經明等覺十法云。一學佛不思議變通。二集菩薩眷屬。三重修先所行法。四巡一切佛國問訊一切佛。五與無明父母別。六入重玄門。七現同如佛現一切形。八二種法身具足。九無有二智。十登中道第一義諦山頂。重修凡事。卽同重修先所行法。元曉疏云。入重玄門。謂空空門。唯佛所窮。令得少分名爲入。"(『佛全』21, 123c17~124a7)이라는 앞의 질문에 대한 답변으로 제시된 것이며, 중간에 '元曉師意'라는 각주는 증진이 이해한 원효『本業經疏』의 내용을 간접 인용의 형태로 소개한 것이 된다.

산일문 5

원효 법사의 소에서 말했다.

"일체의 선은 부처님이라는 결과를 받는다."라는 것은 생득선生得善과 작득선作得善이 모두 바른 원인이 된다는 것이다. 왜냐하면 부처님이라는 결과를 받기 때문이다. "일체의 선을 무루라고 한다."라는 것은 적정寂靜을 특성으로 하는 것을 따르고 모든 번뇌(漏)를 거스르기 때문이다. 이를테면 생득선이 본각에 수순하면, 곧장 성정본각을 따라 일어나서 작득선을 이루므로, 또한 본각에 수순한다는 말이다. 또한 세간의 선은 부처님의 대비에 의거하여 복전이 생장하고 모든 누漏들을 거스르기 때문에 무루라고 한다. 이 두 조건적 특성이 무루이기 때문에 부득이하게 적정으로 돌아가 상주하는 결과를 받게 되니, 『대비경』에서 "부처님의 복전에서 보시를 행하면 비록 열반을 구하지 않더라도 반드시 열반에 든다."라고 한 것과 같다. 나머지 다른 곳에서 유루의 선이라고 설한 것은 방연傍緣을 바라보면서 설한 것이다. 다시 말해 십선 등에 대해 만약 불과를 바라보면 곧바로 정인正因이 될 것이고, 인천의 과보를 바라보면 연인緣因과 보인報因이 되니, 단지 증상연增上緣이기 때문이다.【이상 간략히 베껴 적었다.】[5]

元曉師疏云。一切善受佛果者。生得善作得善皆爲正因。受佛果故。一切善名無漏者。順寂靜性。逆諸漏故。謂生得善隨順本覺。正從性淨本覺而來轉

---

[5] 증진證眞, 『法華疏私記』(『佛全』21, 534b6~15). 福士慈稔, 『日本佛敎各宗の新羅·高麗·李朝佛敎認識に關する硏究』 第1卷 「日本天台宗にみられる海東佛敎認識」(身延山大學東アジア佛敎硏究室, 2011) p.152 참조. 이 원문은 『韓國佛敎全書』에 실려 있지만 증진이 본문에서 '간략히 베껴 적었다(略抄)'라고 밝히고 있듯이 전체 문장 중에 극히 일부만 발췌하여 사용한 것으로 보인다.

成作得善。亦順本覺。又世間善。依佛大悲福田生長逆諸漏。故名無漏。由
是二緣。性是無漏。故不得已。還歸寂靜。受常住果。如大悲經說。於佛福由
行施。雖不求涅槃。必入涅槃。面[1]餘處說有漏善者。望傍緣說。謂十善等。
若望佛果。卽爲正因。望人天報。但爲緣因報因。直是增上緣故。【已上略抄】

---

1) ㉐『本業經疏』권하(H1, 511c18)에는 '面'이 '而'로 되어 있다.

산일문 6

원효 소의 상권에서 말했다.

천안天眼과 숙명宿命에서 모두 '삼세三世'라고 한 것[6]은, 천안에서는 미래의 삼세를 설명한 것이고, 숙명에서는 과거의 삼세를 설한 것이다. 화엄종에서는 시방이 있다고 하기 때문이다.【운운】[7]

元曉疏上云。天眼宿命皆言三世者。天眼中說未來三世。宿命中說過去三世。以花嚴宗有十方故。【云云】

---

6 『菩薩瓔珞本業經』「賢聖學觀品」(T24, 1014a20~23), "天眼見三世中一切法。見微細色等。天耳得聞十方聲等。天他心智知一切人心故。天宿命智知三世六道命分故。以無生智見一切法故。"
7 『成唯識論本文鈔』(T65, 494a29~b2). 福士慈稔, 『日本佛敎各宗の新羅・高麗・李朝佛敎認識に關する硏究』第2卷・下 「日本三論宗・法相宗にみられる海東佛敎認識—法相宗の部—」(身延山大學東アジア佛敎硏究室, 2012) p.175 참조.

산일문 7

또한 (원효는) 『본업경』의 여섯 가지 종성에 대해 해석하여 말했다.

여섯 가지 종성이란 바로 일심이다. 이 마음이 숨을 때는 여래장이라 하고, 이 마음이 나타날 때는 법신이라 설한다. 이와 같은 법신이 종성의 체가 되니, 바로 삼세의 모든 부처님의 종성이고, 다섯 지위[8]의 보살들은 분分에 따라 나타낼 수 있다. 이 여섯 가지를 통틀어 종성이라고 이름한다. 종種은 종류의 뜻이고, 성性은 체성이라는 의미이니, 이것이 부처님의 종류이고 부처님의 체성이기 때문이다. 그 때문에 종성이라고 이름한 것이다. 통명通名은 이와 같다.

다음은 별명別名을 해석한다.

만겁萬劫 동안 신심信心을 수습하여 신심이 성취해야 비로소 종성을 획득할 수 있으므로 십주十住를 습종성習種性이라고 한다.

십행十行의 지위에서는 오랫동안 수습하여 본성을 성취하고, 본성을 성취한 행이 일어나 종성에 수순하니, 행의 자성을 따라 성종성性種姓이라고 한다.[9] 이 두 종성은 『유가사지론』과 『지지론』에서 설해진 두 종류의 종성과 다르므로 혼동해서는 안 된다.

십회향十回向에서는 평등한 공을 얻어서 평등한 도를 성취하므로 도종성道種姓이라고 한다.

십지十地의 지위에서 종성을 증견證見하여 범부성을 단멸하기 때문에 성종성聖種性이라고 한다.

---

8 다섯 지위 : 대승 보살의 계위로서 자량위資糧位, 가행위加行位, 통달위通達位, 수습위修習位, 구경위究竟位를 가리킨다.
9 凝然, 『華嚴經探玄記洞幽鈔』(『日藏』1, 77b), "元曉本業疏上云。十行位中。久習成性。性性之行。轉順種姓。從行目性。名性種性。"

무구지無垢地에서는 실천이 십지를 뛰어넘어 해解가 부처님과 동일하므로 등각성等覺性이라고 한다.

여래지에서는 비로소 일체의 추중麤重을 떠나 일지경계一地境界를 완전하게 비추기 때문에 묘각성妙覺性이라고 한다. 이 여섯 가지는 모두 실천으로부터 명칭을 세운 것이다.【운운】[10]

又釋本業六種姓云。六種種姓。即是一心。是心隱時。名如來藏。是心顯時。說名法身。如是法身。爲種姓體。即是三世諸佛種姓。五位菩薩隨分得顯。是六通名爲種姓者。種是種類義。性是體性義。是佛種類。是佛體性故。名種姓。通名如是。次釋別名。於十千劫。修習信心。信心成就。方得種姓。故於十住。名習種姓。十行位中。久習成性。成性之行。轉順種姓。從行自性。名性種姓。此二種性。不同瑜伽地持所說二種種性。不可相濫。十回向中。得平等空。成平等道。故名道種性。十地位中。證見種性。斷凡夫性。故名聖種性。無垢地中。行過十地。解與佛同。故名等覺性。如來地中。始離一切麁重。照窮一地境界。故名妙覺性。此六皆是從行立名。【云云】

---

10 수령壽靈,『華嚴五敎章指事』(T72, 257c23~258a9). 福士慈稔,『日本佛敎各宗の新羅・高麗・李朝佛敎認識に關する硏究』第3卷「日本華嚴宗にみられる海東佛敎認識」(身延山大學東アジア佛敎研究室, 2013) p.29 참조. 위 내용은『華嚴五敎章指事』(T72, 257c6~11)의 다음 내용에서 이어진다. "問此二種姓與仁王及本業經中六種姓等者. 仁王經上卷. 說三種姓. 一習種姓. 二姓種姓. 三道種姓. 本業經上卷. 說六種姓. 所謂習種姓. 性種姓. 道種姓. 聖種姓. 等覺姓. 妙覺姓. 案云. 今取二經初之二姓. 對論二性. 問其差別."

산일문 8

『본업영락경』에 대해 원효의 소 2권이 있지만, 보살계가 있는 곳에 별도의 다른 해석이 없다. 원효 법사의 또 다른 저작인 『보살계본지범요기』 1권에서는 보살계의 행상을 밝히고 있다.[11]

> 本業瓔珞有元曉疏二卷。而菩薩戒處無別解釋。彼師別作菩薩戒本持犯要記一卷。明菩薩戒行相。

---

11 응연凝然, 『律宗瓊鑑章』(『日藏』 15, 37c). 福士慈稔, 『日本佛敎各宗の新羅・高麗・李朝佛敎認識に關する硏究』 第3卷 「日本華嚴宗にみられる海東佛敎認識」(身延山大學 東アジア佛敎硏究室, 2013) p.97 참조. 이 부분은 산일문은 아니지만 『本業經疏』에 대한 언급이 있어 여기에 수록한다.

산일문 9

구룡 대사의 『영락경소』 상권에서 말했다.

무엇 때문에 이렇게 사지四支와 오지五支로 세운 것인가? 『대법론』에서는 세 가지 의미에 말미암기 때문이라고 하였으니, (그 내용은) 다음과 같다.
"(세 가지 의미란) 대치지對治支이기 때문이고, 이익지利益支이기 때문이고, 저 두 가지가 소의로 삼는 자성이기 때문이다. (이 세 가지) 지분支分이 만족되면, 나머지 다른 것을 필요로 하지 않기 때문이다.

초정려初靜慮에서는 심尋·사伺의 두 가지가 대치지이니, (욕계의) 탐욕·진에·악의 등을 단절할 수 있는 심·사이기 때문이다. 희喜·낙樂의 두 가지는 이익지이니, 심·사의 지支로 대치의 대상을 대치한 다음 이생離生의 희·낙을 얻기 때문이다. 심일경성心一境性은 저 두 가지가 소의로 삼는 자성지自性支이니, 정력定力에 의지하여 심·사가 일어나기 때문이다.

제2정려靜慮에서는 내등정內等淨이 대치지이니, 이를 통해 심·사를 대치할 수 있기 때문이다. 희·낙은 이익지이고, 심일경성은 자성지이니, 그 뜻은 앞에서 설한 것과 같다.【지금 이 경에서 말하는 '의猗'가 바로 다른 곳에서 말하는 내등정內等淨에 해당한다.[12]】

제3정려에서는 사捨·염念·정지正知가 대치지이니, 이 세 가지가 희열(喜)을 대치할 수 있기 때문이다. 즐거움(樂)은 이익지이고, 심일경성은 자성지이니, 그 뜻은 앞에서 설한 것과 같다.【지금 이 경에서 말하는 호護가 바로

---

12 지금 이~내등정內等淨에 해당한다 : 이는 『雜集論』에는 나오지 않는 문구이므로, 원효의 주석인 듯하여 협주로 처리하였다. 『菩薩瓔珞本業經』권1(T24, a4)에는 '의猗' 혹은 '의倚'라는 개념이 나오는데, 원효는 이 개념이 바로 『雜集論』의 '내등정'에 해당한다고 보았다.

사捨에 해당한다.[13]]

제4정려에서는 사청정捨淸淨・염청정念淸淨이 대치지이니, 이 두 가지가 즐거움을 대치할 수 있기 때문이다. 불고불락수不苦不樂受는 이익지이고, 심일경성은 자성지이다."[14・15]

丘龍大師瓔珞經疏上云。何故立此五四支者。對法論說。由三義故。謂對治支故。利益支故。彼二所依自性故。支分滿足不待餘故。初靜慮中。尋伺二種是對治支。能斷欲患害等尋伺故。喜樂二種是利益支。由尋伺支治所治已。得離生喜樂故。心一境性。是彼二所依自性支。依止定力尋伺轉故。第二靜慮中。內等淨是對治支。由此能治尋伺故。喜樂是利益支。心一境性是自性支。義如前說。今此經言猗者。卽是餘處內等淨也。第三靜慮中。捨念正知是對治支。由此三能治喜故。樂是利益支。心一境性是自性支。義如前說。今此經言護者是捨。第四靜慮中。捨淸淨念淸淨是對治支。由此二能治樂故。不苦不樂受是利益支。心一境性是自性支。

---

13 지금 이~사捨에 해당한다 : 이 역시『雜集論』에는 나오지 않는 문구이므로, 원효의 주석인 듯하여 협주로 처리하였다.『菩薩瓔珞本業經』권1(T24, a5)에는 '호護' 개념이 나오는데, 원효는 이것이『雜集論』의 '사捨'에 해당한다고 보았다.
14 『大乘阿毘達磨雜集論』권9(T31, 736b), "問法有無量。何故唯立尋等爲支。答對治支故。利益支故。彼二所依自性支故。由此三種支分滿足不待餘故。初靜慮中 尋伺二種是對治支。能斷欲界欲患害等尋伺故。喜樂二種 是利益支。由尋伺支治所治已 得離生喜樂故。心一境性 是彼二所依自性支。依止定力 尋等轉故。第二靜慮中 內等淨 是對治支。由此能治尋伺故。喜樂 是利益支。心一境性 是彼二所依自性支 義如前說。第三靜慮中 捨念正知 是對治支。由此三能治喜故。樂是利益支。心一境性 是彼二所依自性支 義如前說。第四靜慮中 捨淸淨念淸淨 是對治支。由此二能治樂故。不苦不樂受 是利益支。心一境性 是彼二所依自性支。"
15 응연凝然의『華嚴經探玄記洞幽鈔』에는 원효의 본업경소가 두 군데 인용되어 있다. 그 중 하나는 수령의『華嚴五敎章指事』(『日藏』1, 77b)에 나타난 일부 내용과 거의 동일하며, 또 다른 하나는 이 단락(『日藏』1, p.299上)이다. 福士慈稔,『日本佛敎各宗の新羅・高麗・李朝佛敎認識に關する硏究』第3卷「日本華嚴宗にみられる海東佛敎認識」(身延山大學東アジア佛敎硏究室, 2013) pp.99~100 참조.

산일문 10

원효의 『본업경소』 상권에서 말했다.

"약퇴若退"[16] 이하는 두 번째 간별로서 그 가운데 두 가지가 있다. 먼저 진실의眞實義에 나아가 그것으로 물러남과 물러나지 않음을 간별한 것이다. 십주에 들어가면 실제로 물러나지 않기 때문이다. 근기가 예리한 자라면 1겁이나 2겁일 것이고, 그 근기가 둔한 자라면 만겁에 이를 수도 있다.

"시인이시是人爾時" 이하는 둘째 권교문權敎門에 의거하여 물러나지 않음을 간별한 것이다. 칠주七住 이전을 퇴분退分이라 말한 것은 비록 실제로 물러나지 않더라도 방편으로 물러난다고 한 것이니, 겁약한 자에게 용맹심을 일으키게 하기 위해서이다. 『기신론』의 논주는 이와 같이 판단했기 때문이니, 아래의 「석의품」에서 초발심주를 불퇴전이라고 설한 것과 같다. 『화엄경』에서 설해진 것도 또한 이와 같다.[17]

元曉本業經疏上卷云。若退以下。第二簡別。於中有二。先就眞實義。以簡退不退。得入十住。實不退故。若利根者。一劫二劫。其鈍根者。乃至十千劫故。是人爾時以下。第二寄權敎門。簡不退。七住以前名退分者。雖非實退。

---

16 『菩薩瓔珞本業經』 권상 「賢聖學觀品」(T24, 1014b27~c5), "佛子。若退若進者。十住以前。一切凡夫法中。發三菩提心。有恒河沙衆生。學行佛法信想心中行者。是退分善根。諸善男子。若一劫二劫。乃至十劫。修行十信得入十住。是人爾時。從初一住至第六住中。若修第六般若波羅蜜。正觀現在前。復値諸佛菩薩知識所護故。出到第七住常住不退。自此七住以前名爲退分。"
17 응연凝然, 『五敎章通路記』 권39(T72, 519a27~b6), 福士慈稔, 『日本佛敎各宗の新羅・高麗・李朝佛敎認識に關する硏究』 第3卷 「日本華嚴宗にみられる海東佛敎認識」(身延山大學東アジア佛敎硏究室, 2013) p.117 참조.

權言爲退。爲怯弱者發勇猛心。起信論主。如是判故。如下釋義品說。初發心住。不退轉故。華嚴經說。亦如是故。

산일문 11

그러나 원효의 소에서 해석된 것은 인용된 논사들의 것과 그 의미가 온전히 다르다. 그러므로 그 소에서 말했다.

과승천果勝天이란 불번不煩 등의 오정거천五淨居天[18]에 부합하니, 업은 복과천福果天과 동일하지만 과보는 그것보다 수승하기 때문이다. 대정천大靜天이란 마혜수라천摩醯首羅天이다.[19] 【이상이 원효 법사의 소에 있는 글이다.】[20]

然元曉師疏中所釋與所引師其義全別。故彼疏云。果勝天者。合不煩等五淨居天。業同福果天而果勝彼故。大靜天者是摩醯首羅天。【已上曉師疏文】

---

18 오정거천五淨居天 : 불환과를 성취한 수행자가 거주하는 색계의 천상으로서 무번천, 무열천, 선현천, 선견천, 색구경천을 가리킨다. 색계십칠천을 주장하는 설일체유부나 경량부의 체계에서는 색계의 네 천상에 있는 여덟 개 중에 마지막 다섯을 지칭하고, 색계십팔천을 주장하는 상좌부나 대승불교에서는 색계의 네 천상에 있는 아홉 개 중에 마지막 다섯을 가리킨다.

19 여기에서 인용된 원효 소는 『菩薩瓔珞本業經』(T24, 1011a5~10)의 "梵天・梵衆天・梵輔天・大梵天。水行天・水微天・水無量天・水音天。約淨天・無相天・遍淨天・淨光明天。守妙天・微妙天・極妙天・福果天・果勝天・大靜天。"을 주석한 내용의 일부로 추정된다. 한편 응연의 『梵網戒本疏日珠鈔』(T62, 54a1~23)에서는 정거천에 대한 세 가지 설명을 소개하면서 태현, 의적의 해석이 세 번째 설에 해당한다고 하고, 이것과 다른 『本業經』의 색계십팔천을 제시하면서 이에 대한 특이한 해석의 하나로 원효 소를 인용한 것이다.

20 응연凝然, 『梵網戒本疏日珠鈔』(T62, 54a17~20). 福士慈稔, 『日本佛敎各宗の新羅・高麗・李朝佛敎認識に關する硏究』 第3卷 「日本華嚴宗にみられる海東佛敎認識」(身延山大學東アジア佛敎硏究室, 2013) p.135 참조.

산일문 12

원효 대사의 『본업경소』에서 '상근기는 일체一切이고, 매우 둔한 근기는 일만 겁이고, 중근기는 결정되지 않는다.'라고 하였다.【취의取義한 것이다.】

법선 율사法洗律師의 『범망경소』에서는 일체一切란 대겁大劫이니, 십천 겁이 모여 합쳐진 것이라고 하였다. 다만 『본업경』에서만 십신十信의 겁수劫數를 대겁으로 보았다. 천태 등은 일만 겁을 대겁이라고 하였다.

『본업경』에서는 십신十信의 시분時分을 세 종류로 나눈다. 첫째는 1겁·2겁·3겁이다. 둘째는 1겁·2겁 내지 10겁을 수행해야 십신에서 십주十住로 들어갈 수 있다. 셋째는 십천十千 겁이다. 이 세 종류가 모두 대겁이다.

📋 십신의 시분은 십천 겁으로 한계가 있는 것인가? 아니면 무량겁無量劫 등에도 통하는가?

📋 원효 대사는 매우 둔한 근기는 일만 겁이라고 하였다.[21]

元曉大師本業疏。上根一切。極鈍一萬劫。中根不定。【云云。取義】法洗律師梵網疏。一切者大劫。十千劫會合。【云云】但本業十信劫數。大劫見故。天台等。一萬劫者大劫。【云云】本業經十信時分三品。一一劫二劫三劫。二一劫二劫乃至十劫修行。十信得入十住。三十千劫。【云云】三種皆大劫。【云云】問。十信時分。限十千劫歟。又通無量劫等歟。答。元曉大師。極鈍一萬劫。【云云】

---

21 심승심승審乘,『華嚴五教章問答抄』下4(T72, 708a). 여기서는 원효가 등장하는 전후 맥락을 함께 번역하였다. 福士慈稔,『日本佛教各宗の新羅·高麗·李朝佛教認識に關する研究』第3卷「日本華嚴宗にみられる海東佛教認識」(身延山大學東アジア佛教研究室, 2013) pp.199~200 참조.

집일 인왕경소
| 仁王經疏 |

원효元曉
원과 옮김

집일 인왕경소 仁王經疏 해제

원 과
동국대학교 외래강사

　원효의 『인왕경소仁王經疏』는 구마라집鳩摩羅什(⑤ Kumārajīva)이 한역한 『인왕반야바라밀경仁王般若波羅蜜經』에 대한 주석서이다. 이 경전은 16대국의 왕이 국토를 보호하기 위한 인연을 묻는 것에서 설해지며, 그 주제는 국토를 보호하는 방편과 함께 모든 보살들을 위해 불과佛果를 보호하고 십지행十地行을 실천하는 것이다.
　동북아시아 불교에서 『인왕반야바라밀경』은 국왕이 주최한 인왕백고좌회仁王百高坐會에서 진호국가鎭護國家를 위해 정기적으로 독송하고 강설된 경전들 중의 하나이다. 이러한 취지로 시행된 신라의 백고좌 법회에서 원광圓光(555~638)이 『인왕반야바라밀경』을 최초로 강설하는데, 613년 진평왕이 황룡사에서 주최한 법회에서였다. 이 법회를 시작으로 13세기 중엽 고려 원종 때까지 약 107회 이상 백고좌회가 정기적으로 시행되었다. 따라서 그만큼 『인왕반야바라밀경』이 많이 간행되고 강설되었을 것이다. 하지만 원효의 『인왕경소』에 대한 기록은 『신편제종교장총록』의 『인왕경』 관련 목록에도 나타나지 않으며, 원효의 산일된 저술 목록에서도 찾아보기 어렵다.

산일된 것으로 알려진 원효의 『인왕경소』의 일부가 인용문의 형태로 발견된 텍스트들은 수령壽靈의 『화엄오교장지사華嚴五敎章指事』와 양분良賁(717~777)의 『인왕호국반야바라밀다경소仁王護國般若波羅蜜多經疏』이다. 한편 양분이 인용한 내용은 수령의 『화엄오교장』과 안연安然의 『태장금강보리심의략문답초胎藏金剛菩提心義略問答鈔』에도 그 일부가 재인용되어 있다. 원효의 『인왕경소』에 대한 한글 번역은 후쿠시 지닌의 편찬본을 토대로, 이에 대응하는 『대정신수대장경』 수록본(T.2337, T.1709)과 『대일본불교전서』 10에 수록된 내용을 대조하여 저본으로 삼았다.

인용문 형태로 발견된 원효의 『인왕경소』의 내용은 2권 8품으로 구성된 전체에서 제3 「보살교화품菩薩敎化品」과 제7 「수지품受持品」에 대응한다. 첫 번째 문장은 '삼계에서 마음과 몸의 번뇌, 습기를 끊는다'는 경전 구문에 대해 신인信忍·순인順忍·무생인無生忍의 지위에서 몸과 마음의 무생법인을 깊이 증득하기 때문에 그것들을 끊을 수 있다는 주석이다. 두 번째 문장은 분별사分別事에 대한 해설이고, 세 번째 문장은 습종성·성종성·도종성이라는 세 가지 종성에 대해 밝힌 것이다.

차례

집일 인왕경소仁王經疏 해제 / 265
일러두기 / 268

산일문 1 269
산일문 2 270
산일문 3 271

일러두기

1 '한글본 한국불교전서'는 문화체육관광부의 지원을 받아 동국대학교 불교학술원에서 수행하고 있는 '불교기록문화유산아카이브(ABC)사업'의 결과물을 출간한 것이다.
2 이 책은 원효의 『인왕경소仁王經疏』 산일문을 집일하여 번역한 것으로, 전거는 주로 福士慈稔, 『日本佛敎各宗の新羅高麗李朝佛敎認識に關する硏究』(身延山大學東アジア佛敎硏究室, 2013)에 의거하였다. 또한 산일문의 구체적인 전거는 번역문 아래 각주로 밝혔다.
3 번역문에 이어 원문을 병기하고 간단한 표점 부호를 삽입하였다.
4 원문의 교감 사항은 번역문의 각주와 별도로 원문 아래 부분에 제시하였다.
   ㉾은 번역자가 교감한 내용이다.
5 약물은 다음과 같다.
   『　』: 서명
   「　」: 편명, 산문 작품
6 역주에서 소개한 출전은 약호로 표기하였다. T는 『대정신수대장경大正新脩大藏經』의 약자이다.

산일문 1

원효 법사는 말했다.

"삼계에서 마음과 몸의 번뇌·습기 등을 끊는다.……"[1]라는 것은, 이 세 지위[2]에서 마음과 몸의 무생無生을 깊이 증득하므로, 몸과 마음 등의 번뇌·습기를 끊을 수 있다는 것이다.[3,4]

曉師云。斷三界心色習煩惱等者。此之三位。深證心色無生。故能斷色心等煩惱習也。

---

1 『佛說仁王般若波羅蜜經』「菩薩敎化品」(T8, 826c11~21), "又無生忍菩薩所謂遠不動觀慧。亦斷三界心色等煩惱習故。現不可說不可說功德神通。"
2 세 지위 : 문맥상 신인信忍·순인順忍·무생인無生忍의 보살의 지위를 가리킨다.
3 수령壽靈, 『華嚴五敎章指事』下卷(T72, 276b12~14), 福士慈稔, 『日本佛敎各宗の新羅·高麗·李朝佛敎認識に關する硏究』第3卷「日本華嚴宗にみられる海東佛敎認識」(身延山大學東アジア佛敎硏究室, 2013) p.30 참조.
4 원효의 『仁王經疏』가 인용된 수령壽靈의 『華嚴五敎章指事』의 전후 문맥을 살펴보면, 그는 '色心煩惱'라는 부분을 해설하기 위해 『信行集』의 "색 등을 조건으로 하는 법에 대해 색 등의 번뇌라고 한다."라는 말을 인용한 다음, "혹은 비유로부터 이름을 얻을 수 있는 것이다. 색과 심은 서로 바라보는 것이니, 색은 거친 것이고, 마음은 미세한 것이다. 그러므로 거친 미혹을 색번뇌라고 하고, 미세한 미혹을 심번뇌라고 한다. 습기도 또한 그러하다."(T72, 276b09~12)라고 서술하고 있다. 한편 『華嚴五敎章指事』에는 『仁王經疏』 이외에도 산일된 원효의 저작으로서 『華嚴經疏』, 『華嚴宗要』, 『楞伽經疏』 등이 인용되어 있다. 이에 대한 자세한 것은 福士慈稔, 『日本佛敎各宗の新羅·高麗·李朝佛敎認識に關する硏究』第3卷「日本華嚴宗にみられる海東佛敎認識」(身延山大學東アジア佛敎硏究室, 2013) pp.25~30 참조.

산일문 2

해동 (원효는) 해석하여 말했다.

진眞은 본각을 말하고, 현現은 제8식을 말하고, 나머지 일곱 가지는 모두 분별사식分別事識을 말한다. 비록 제7식이 밖의 인식대상을 반연하지 않더라도 제8식을 반연하기 때문에 분별사分別事라 한 것이다.[5,6]

海東解云。眞謂本覺。現謂第八。餘七俱名分別事識。雖第七識不緣外塵。緣第八故。名分別事。

---

5 양분良賁, 『仁王護國般若波羅蜜多經疏』 권중(T33, 479b14~16). 양분이 인용한 원효의 『仁王經疏』 내용 중 일부가 수령의 『華嚴五敎章』 하권과 안연安然이 초록한 『胎藏金剛菩提心義略問答抄』에 재인용되어 있는데, 전자는 "賁云。海東云。眞謂本覺。現謂第八。餘七俱名分別事識。"(T72, No.2337, 276b12~14)이고, 후자는 "賁云。海東云。眞謂本覺。現謂第八。餘七俱名分別事識。"(T75, No.2397, 539a28~29)이다. 수령과 안연이 인용한 원효의 『仁王經疏』 원문은 후쿠시 지닌(福士慈稔)의 『日本佛敎各宗의 新羅・高麗・李朝佛敎認識에 關한 硏究』 제3권 「日本華嚴宗にみられる海東佛敎認識」(身延山大學東アジア佛敎硏究室, 2013) p.30과 『日本佛敎各宗の新羅・高麗・李朝佛敎認識に關する硏究』 제1권 「日本天台宗にみられる海東佛敎認識」(身延山大學東アジア佛敎硏究室, 2011) p.51에서도 확인된다. 말하자면 후쿠시본은 전체 내용이 아니라 수령과 안연의 인용문만 편집하고 있다. 따라서 여기에서는 후쿠시본의 체계를 따르지 않고, 양분의 『仁王護國般若波羅蜜經疏』에서 인용하고 있는 원효의 『仁王經疏』 전체를 수록한다.
 한편 『宋高僧傳』 권5 「唐京師安國寺良賁傳」(T50, 735a27~b4)에 따르면, 양분은 당대唐代 하중河中 우향虞鄕에서 태어난 승려로서 영태永泰 원년(765), 불공不空이 『仁王般若經』을 번역할 당시에 필수筆受와 윤문潤文의 직책을 맡았다고 하며, 황명을 받들어 대명궁大明宮 남도원南桃園에서 『新譯仁王經疏』 3권을 저술했는데, 양분이 거주했던 사원의 이름으로 제목을 붙여 '청룡소靑龍疏'로 불렸다고 한다.
6 안연이 초록한 『胎藏金剛菩提心義略問答抄』에서 서술하고 있는 양분의 『仁王護國般若波羅蜜多經疏』(T75, 539a28~b2)는 다음과 같다. "賁云。海東云。眞謂本覺。現謂第八。餘七俱名分別事識。當知外道見是厭欣因故。此義以第七識名爲分別。亦名欣。"

산일문 3

원효 법사가 『인왕경』의 세 종성을 해석하여 말했다.

습종성習種姓이란, 이전의 만겁 동안 신심을 수습하여 신심이 성취되어 획득된 불종성이다. 원인으로부터 명칭(名)을 세운 것이므로 '습종성'이라고 한다. 이것은 십해十解의 지위에 있다.

성종성性種姓이란, 법공관法空觀을 얻으면 법성이 마음에서 드러나니, 마음에 드러난 법성이 행의 소의처가 된다. 근본으로부터 명칭(目)을 세운 것이므로 '성종성'이라고 한다. 이는 바로 십행十行의 지위에 있다.

도종성道種姓이란, 평등공平等空을 관하여 평등한 도를 성취한 것이니, 도道의 소의가 되는 본성을 '도종성'이라고 한다. 의지하는 주체로부터 명칭을 세운 것이니, 십회향十回向의 지위에 있다.

이 세 가지를 공통적으로 종성이라 한 것은 여래의 종성이므로 '종성'이라 이름한 것이다. 그 이유는 무엇인가? 이는 부처님의 종류이고, 여래의 체성이므로, 그것에 따라 '여래 종성'이라 이름하였으니, 이 세 지위에서 이미 여래 종성의 법신을 얻었기 때문에, 종성(이라는 이름)을 세운 것이다. 그러므로 『유가사지론』과 『지지론』에서 설한 두 가지 종자를 이종성二種姓이라고 이름하는 것과는 다르다. 저곳에서는 과덕果德을 본성의 의미로 삼았고, 지위도 아직 발심하기 이전에 있다.[7]

元曉師。釋仁王三性云。習種姓者。前十千劫。修習信心。信心成就。得佛種

---

[7] 수령壽靈, 『華嚴五教章指事』(T72, 257c11~23). 위 내용은 다음의 맥락(T72, 257c6~11)에서 이어지는 내용이다. "問此二種姓與仁王及本業經中六種姓等者。仁王經上卷。說三種姓。一習種姓。二姓種姓。三道種姓。本業經上卷。說六種姓。所謂習種姓。性種姓。道種姓。聖種姓。等覺姓。妙覺姓。案云。今取二經初之二姓。對論二性。問其差別。"

姓。從因立名。名習種姓。是在十解。性種姓者。得法空觀。法性現心。現心之性。爲行所依。從本立目。名性種姓。正在十行。道種姓者。觀平等空。成平等道。道所依性。名道種姓。此從能依。以立名也。在十迴向。此三通名爲種姓者。如來種姓。故名種姓。所以然者。是佛種類。如來體性。以之故名如來種性。此三位中。已得如來種姓法身。故立種性。不同瑜伽地持所說。二種種子。名二種姓。彼與果德爲本性義。位在未得發心之已前。

집일 일도의
| 一道義 |

원효 元曉
원과 옮김

집일 일도의一道義 해제

원 과
동국대학교 외래강사

　원효의『일도의一道義』는 일도一道에 대해 그 도리를 근본으로 하여 해석한 것이다. 의천의『신편제종교장총록』에서 이것은 "『일도장一道章』1권, 원효 저술"(H4, 681b)이라고 기록되어 있고, 일본 영초의『동역전등목록』에서도 원효의 저술로 "『일도장』1권"(T.2183, 1161c7)이라는 기록이 있지만 현존하지 않는다. 그럼에도『일도의』혹은『일도장』이라는 텍스트 서명은 현존하는 여러 원효 저술들, 예를 들면『본업경소』권하(H1, 503),『기신론소』권하(H1, 724·730),『이장의』(H1, 802),『중변분별론소』권3(H1, 830) 등에서 확인할 수 있다. 거기에서 "이 의미는『일도장』에서 모두 설한 것과 같다." 또는 "그 모습은『일도의』가운데 자세하게 설한 것과 같다."라는 등의 간접 인용 형태로 나타난다. 비록 간접 인용이더라도 원효가 직접『일도의』와 관련짓고 있다는 측면에서 산일된 그 내용을 유추해 보면 "오직 부처님만 이숙식을 벗어날 수 있으므로 법계 밖에 머물 수 있고, 응화신으로 삼계에 들어가므로 출현하여 법계장에 들어간다."라는 의미, 제불을 만나 신심을 수행한다는 측면에서 열 가지 신심을 수행하는 모습과 여섯 가지 종성의 문에서 습종성·성종성은 그 계위가 삼현보살이라는 해석, 해탈도·승진도 등 가운데 나머지 사종도에 대해 자세하게 밝힌 부분, 사선근의 세제일법 계위에 대한 상세한 해설이 포함되어 있을 것이다.

산일된 것으로 알려졌던 원효의 『일도의』 문장은 응연의 『범망계본소일주초梵網戒本疏日珠鈔』에서 직접 인용문 형태로 발견된다. 따라서 『일도의』의 한글 번역은 후쿠시 지닌이 편찬한 제3권인 「日本華嚴宗にみられる海東佛教認識」의 내용과 그에 대응하는 『대정신수대장경』 수록본(T.2247)의 원문을 대조하여 저본으로 삼은 것이다. 인용문의 형태로 발견된 원효의 『일도의』는 한 문장이 남아 있다. 그러므로 이 『일도의』가 인용된 맥락을 보다 쉽게 이해하기 위해 응연의 문헌에 나오는 문답의 내용을 먼저 소개하고 그 맥락을 살펴보고자 한다.

문 신위信位의 시분時分에는 1겁·2겁·3겁 및 십천 겁十千劫(만겁)이 있어서 가깝고 먼 것이 다르다. 어째서 이와 같으며, 어떻게 화해해야 하는가?

답 근기에 예리함과 둔함이 있으므로, 십신十信에서 겁劫을 거치는 분제分齊에 빠르고 느린 차이가 있다. 지극히 빠른 것은 1겁이니, 이보다 빠른 것은 있을 수 없다. 지극히 느린 것은 만겁萬劫이니, 이보다 느린 것은 있을 수 없다. 중간의 시분時分, 곧 2겁 이상부터 만겁을 채우지 못한 것은 위의 예에 준하여 알 수 있을 것이다. 이는 바로 지극히 예리한 근기는 1겁이고 지극히 둔한 근기는 만겁이라는 것이다. 상중上中·상하上下·하중下中·하상下上 및 중간의 3품(중상·중중·중하)은 근기의 예리함과 둔함에 따라 종류가 매우 많으니, 소승에서 예리한 근기는 시간이 오래 걸리고 둔한 근기는 시간이 빨리 걸린다고 하는 것과는 같지 않다. 지금 여기서는 저것(소승)에 반대된다. 『인왕경』과 『기신론』에서는 하근기에 의거하여 설하였고, 『영락경』에서 설하는 것은 여러 근기를 모두 거두어들이는 것이다.

구룡(원효) 대사의 『일도의』에서 "『기신론』에서는 '일만 겁을 지나야 이에 들어갈 수 있다.'고 설명하였다."라고 하였으니, '일만'이 바로 (위에서 말한) 십천十千임을 알아야 할 것이다. 이러한 경론에 의거하면【위 문장에서 먼저 『본업경』과 『인왕경』을 인용하였다.】 십신의 단계에는 물러남도 있고 나아감도 있다. 그 가운데 예리한 근기를 지닌 자가 부지런히 정진한다면 1겁이나 2겁을 지나 십주의 단계에 들어갈 수 있을 것이다. 『본업경』에서 "만약 그 근기가 둔한 자가 부지런히 정진한다면 십천 겁을 채우고서야 비로소 십주의 단계로 들어갈 것이다."라고 설한 것과 같고, 『인왕경』에서 "(지극히 빨라도) 1겁을 줄이지는 못하고, 지극히 늦어도 만겁을 넘지는 못한다. 그 중간에는 근기의 예리함과 둔함을 따라 겁의 숫자가 증감한다."라고 설한 것과 같다. 마땅히 알라. 방일한 자가 정진하지 않는다면 이미 발심했더라도 항상 몰락할 것이다. 그러므로 이 사람에게 겁의 숫자는 끝이 없을 것이다.[1]

위 문답의 주된 내용은 십신十信의 지위를 거치는 시간에 관한 것으로, 근기가 예리한 자는 1겁이면 거치는 반면 근기가 둔한 자는 십천 겁, 곧 일만 겁을 수행해야 한다는 것이다. 응연은 일만 겁에 대한 경론적 근거로서 원효의 『일도의』에서 인용된 『대승기신론』의 일만 겁 설을 제시하는데, 이는 그 다음에 인용되는 『본업경』, 『인왕경』과 같은 맥락임을 알 수 있다.

---

[1] 응연凝然, 『梵網經本疏日珠鈔』 권1(T62, 7c9~22), "問。信位時分。一二三劫及十千劫。久近不同。何故如此。云何和會。答。機有利鈍。是故十信經劫分齊。遲速不同。極速一劫。而不可有疾於此者。極遲萬劫。而不可有遲於此者。中間時分。二劫已上未滿萬劫已下之者。准例可知。此乃極利一劫。極鈍萬劫。上中上下下中下上。及中三品。隨機利鈍種類甚多。不同小乘利者時久。鈍者時疾。今此反彼。仁王起信就下根說。瓔珞所說具攝衆機。丘龍大師一道義云。起信論說逕一萬劫乃能得入。當知一萬即十千也。准此經論。【上文先引本業仁王】十信位内。有退有進。於中若有利根勤精進者。逕一二劫得入住位。如本業說。若其鈍根勤精進者。滿十千劫方入住位。如仁王說。不減一劫。極遲不過萬劫。於其中間。隨根利鈍劫數增減。如應當知。若有放逸無精進者。雖已發心。而爲常沒。故於此人。劫數無限。"

차례

집일 일도의一道義 해제 / 275
일러두기 / 279

집일 일도의一道義 280

일러두기

1 '한글본 한국불교전서'는 문화체육관광부의 지원을 받아 동국대학교 불교학술원에서 수행하고 있는 '불교기록문화유산아카이브(ABC)사업'의 결과물을 출간한 것이다.
2 이 책은 원효의 『일도의一道義』 산일문을 집일하여 번역한 것으로, 전거는 주로 福士慈稔, 『日本佛教各宗の新羅高麗李朝佛教認識に關する研究』(身延山大學東アジア佛敎硏究室, 2013)에 의거하였다. 또한 산일문의 구체적인 전거는 번역문 아래 각주로 밝혔다.
3 번역문에 이어 원문을 병기하고 간단한 표점 부호를 삽입하였다.
4 약물은 다음과 같다.
　『　』: 서명
　「　」: 편명, 산문 작품
5 역주에서 소개한 출전은 약호로 표기하였다. T는 『대정신수대장경大正新脩大藏經』의 약자이다.

구룡(원효) 대사의 『일도의』에서 말했다.

『기신론起信論』에서 "일만 겁을 지나야 이에 들어갈 수 있다."¹라고 설명하였다.²

丘龍大師一道義云。起信論說。逕一萬劫。乃能得入。

---

1 『大乘起信論』(T32, 580b22~23), "經一萬劫信心成就故. 諸佛菩薩敎令發心."
2 응연凝然, 『梵網經本疏日珠鈔』권1(T62, 7c18~19); 福土慈稔, 『日本佛敎各宗の新羅·高麗·李朝佛敎認識に關する硏究』第3卷, 「日本華嚴宗にみられる海東佛敎認識」(身延山大學東アジア佛敎硏究室, 2013), p.138 참조.

집일 해심밀경소
| 解深密經疏[*] |

원효元曉
묘주 옮김

---

* ㉠ 福士慈稔,「日本 三論宗・法相宗にみられる海東佛教認識―法相宗の部―」,『日本佛教各宗の新羅・高麗・李朝佛教認識に關する研究』第2卷・下(身延山大學東アジア佛教研究室, 2012) p.13. 원효의『解深密經疏』3권은 현존하지 않으며, 다만 본문의 지극히 일부분(육합석六合釋 관련 내용)이 아래 문헌들에 산일散逸되어 있다. 선주善珠,『唯識義燈增明記』(T65, 352b); 장준藏俊,『大乘法相宗名目』(『大日本佛教全書』82, 337a); 기변基弁,『大乘法苑義林章獅子吼鈔』(T71, 572b). 이 3종 문헌 가운데 선주와 기변의 문헌에 인용된 내용은 기본적으로 동일하므로, 연도가 빠른 선주의 문헌 위주로 소개하고자 한다.

집일 해심밀경소解深密經疏 해제

묘 주
전 동국대학교 정각원장

의천의 『신편제종교장총록』 권1(T55, 1171b21)에 따르면, 원효에게는 '해심밀경소解深密經疏 3권'이 있었다고 전하지만 현존하지는 않는다. 현재 원효 『해심밀경소』의 자취는 일본에서 저술된 3종 문헌 속에 아주 단편적으로 나타난다. 3종 문헌은 다음과 같다.

(1) 선주善珠(723~797), 『유식의등증명기唯識義燈增明記』(T65, 352b)
(2) 장준藏俊(1104~1180), 『대승법상종명목大乘法相宗名目』(『佛全』82, 337a)
(3) 기변基弁(1722~1791), 『대승법원의림장사자후초大乘法苑義林章獅子吼鈔』(T71, 572b)

이 3종 문헌 중 (1)과 (3)에 인용된 내용은 기본적으로 동일한데, 아마도 기변이 선주의 인용문을 다시 재인용한 것으로 보인다. 이를 하나씩 살펴보자.

(1) 선주의 문헌은 중국 법상종의 혜소慧沼(651~714)가 지은 『성유식론요의등成唯識論了義燈』에 대한 주석서이다. 그러므로 선주는 『성유식론요의

등』의 문구를 부연 설명하는 방식으로 내용을 전개하는데, 원효의 『해심밀경소』가 나오는 구절은 혜소의 『성유식론요의등』에서 "이는 마땅히 그래서는 안 된다. 만약 의사석과 의주석의 두 가지가 서로 포섭하지 않는다면, 응당 일곱 가지 해석이 있어야 할 것이다.(此不應爾。若依士依主。二不相攝。應有七釋。)"라고 한 내용에 바로 이어진다. 혜소가 말하는 내용은 다음과 같다. 범어 복합어의 해석 방법으로는 육합석六合釋이 있는데, 만약 '의사석'과 '의주석'이 서로 다른 것이라면 '여섯 가지'가 아니라 '일곱 가지' 해석이 있어야 한다는 것이다. 이에 일본의 선주는 원효의 『해심밀경소』에 이와 관련된 힐난과 대답이 있다고 하면서, 그 내용을 인용하고 있다. 원효의 인용문을 보면, 원효 역시 육합석의 내용인 지업석持業釋 · 의주석依主釋 · 유재석有財釋 · 인근석隣近釋 · 상위석相違釋 · 대수석帶數釋의 여섯 가지에 상대되는 지체석持體釋 · 의반석依伴釋 · 무재석無財釋 · 소원석疎遠釋 · 순속석順屬釋 · 대시석帶時釋의 여섯 가지도 성립될 수 있는 것이 아닌가 하는 질문을 던진 다음, 육합석만으로도 모든 해석이 가능함을 설명해 주고 있다. 한편 (3) 기변의 『대승법원의림장사자후초』는 중국 법상종의 규기窺基(632~682)가 쓴 『대승법원의림장大乘法苑義林章』에 대한 주석서인데, 육합석을 논하는 부분에서 원효의 인용문이 나온다. 그 내용은 위의 선주가 인용한 것과 기본적으로 동일하다.

(2) 장준의 『대승법상종명목』은 『대일본불교전서』에 수록된 문헌으로, 법상종에서 주로 나타나는 개념들의 내용들을 조목별로 풀이해 주는 내용이다. 가령 제1에는 기계器界 · 삼과三科 · 종성種姓의 세 가지 큰 범주에 들어가는 여러 개념들을 풀어 주는 등, 전권에 걸쳐 여러 법상 개념을 전거를 통해 소개해 주고 있다. 원효의 『해심밀경소』 인용문은 제5의 잡법문雜法門 가운데 열네 번째 항목인 '육종석六種釋'에 등장한다. '육종석'에 대한 설명은 그리 길지 않은데, 장준은 서두에서 "육종석은 여러 경론의 증문이 없는가? 다만 전습과 품승에 의거하여 이를 해석하고 있다.(六種

釋。無諸經論證文歟。但依傳習稟承釋此也。)"라고 밝힌 뒤, 규기의 『성유식론장중추요』, 원효의 『해심밀경소』 등을 인용하여 이를 해석한다. 원효의 인용문은 게송 형식으로 되어 있는데, 가령 "신자身子·겁빈나劫賓那【의주석依主釋】"와 같은 형태이다. 이는 '신자'와 '겁빈나'가 의주석으로 해석된다는 설명인데, '신자'의 경우 부처님의 십대제자 가운데 '사리자'를 가리킨다. 사리자에서 '사리'는 그의 어머니 이름이므로, 신자, 곧 사리자란 '사리라는 여인의 아들'을 의미하므로 의주석에 해당한다는 설명이다. 장준의 글에서는 원효의 인용이 끝난 다음 해당 사례들을 구체적으로 설명해 주고 있다.

　이상의 내용을 보면, 일본에서는 원효의 『해심밀경소』가 육합석과 관련된 내용에서 아주 일부분이 인용됨을 알 수 있다.

차례

집일 해심밀경소解深密經疏 해제 / 283

일러두기 / 287

산일문 1 288
산일문 2 292

일러두기

1 '한글본 한국불교전서'는 문화체육관광부의 지원을 받아 동국대학교 불교학술원에서 수행하고 있는 '불교기록문화유산아카이브(ABC)사업'의 결과물을 출간한 것이다.
2 이 책은 원효의 『해심밀경소解深密經疏』 산일문을 집일하여 번역한 것으로, 전거는 주로 福士慈稔, 『日本佛敎各宗の新羅高麗李朝佛敎認識に關する硏究』(身延山大學東アジア佛敎硏究室, 2013)에 의거하였다. 또한 산일문의 구체적인 전거는 번역문 아래 각주로 밝혔다.
3 번역문에 이어 원문을 병기하고 간단한 표점 부호를 삽입하였다.
4 원문의 교감 사항은 번역문의 각주와 별도로 원문 아래 부분에 제시하였다.
  ㉭은 번역자가 교감한 내용이다.
5 약물은 다음과 같다.
  『 』: 서명
  「 」: 편명, 신문 작품
6 역주에서 소개한 출전은 약호로 표기하였다. T는 『대정신수대장경大正新脩大藏經』, 『佛全』은 『대일본불교전서大日本佛敎全書』의 약자이다.

산일문 1

원효 법사의 『해심밀경소』에 또한 이런 힐난이 있으니, 그 내용은 다음과 같다.

문 이미 지업석持業釋이 있다면 어찌 지체석持體釋이 없겠는가? 자체분 등과 같다.[1]

의주석依主釋[2]에 상대하면 마땅히 의반석依伴釋이 있어야 한다. 하늘사람·인간의 스승(天人師) 등과 같다.[3]

유재석有財釋[4]에 상대하면 무재석無財釋이 있어야 한다. 가난한 아들(窮

---

[1] 지업석持業釋에 상대적으로 지체석持體釋이 있어야 한다는 주장이다. 체體가 있어야 거기서 용用이 나온다고 보기 때문이다. '자증분'이라 할 때는 실제 인식상황에서 8식이 상분相分·견분見分에 의한 인식작용을 확인하는 작용 내지 인식결과이므로 지업석이 된다. 그렇다면 8식의 '자체분'은 각각 상분·견분으로 이분화되기 이전의 질료質料로서 체이므로 지업석과 별도로 지체석이 있어야 한다는 힐난이다. 이에 대하여 원효는 **해**에서 "근본을 좇아서 명칭을 세우는 것은 지업석에 들어간다. 체는 소의所依로써 그 업을 삼기 때문이다."라고 하여, 굳이 지체석을 건립하지 않아도 된다고 회통하였다.

[2] 의주석依主釋(S tat-puruṣa) : 복합사複合詞가 명사와 명사로 연결될 때, 명사와 명사의 연결 관계를 소유의 의미로 해석하는 것이다. 예를 들면 산사山寺라고 할 때, 산山은 의지처(所依)의 주主이고, 사寺는 의지하는(能依) 사물인 경우를 말한다. '산사'를 의주석인 경우에는 '산에 있는 절'이라고 해석한다. 또한 '왕신王臣'을 '왕의 신하'라고 해석한다. 참고로 말하면, 이 경우는 협의狹義의 의주석이며, 광의廣義의 의주석은 지업석과 대수석을 포함하여, 모두 전절前節의 말에 의해서 후절後節의 말의 의미를 제한하는 복합사를 의주석이라 한다.

[3] '천인사天人師'를 '하늘사람과 인간의 스승'이라 할 경우, 천인天人은 사師의 소유 의미가 아니므로 의주석이 아니라 의반석이라는 주장이다. 이 힐난에 대해 원효는 **해**에서 하늘사람·인간 등이 스승(師)에 속해 있기 때문에, 의반석이 아니라 유재석有財釋에 포함된다고 회통하였다.

[4] 유재석有財釋(S bahu-vrīhi) : 다재석多財釋이라고도 한다. 복합어 전체가 형용사의 작용을 하는 경우로, 앞에 말한 복합어는 모두 유재석으로 해석할 수 있다. 예를 들면 '장수長袖'가 '긴 소매'를 의미하는 것으로 하면 지업석에 속하지만, '긴 소매인', '긴 소매를 입고 있는 사람'으로 해석하면 유재석이 된다.

子) 등과 같다.⁵

인근석隣近釋⁶에 상대하면 소원석疎遠釋이 있어야 한다. 하늘의 부채(天扇) 등과 같다.⁷

상위석相違釋⁸에 상대하면 순속석順屬釋이 있어야 한다. 스승을 따르는 무리(師之徒) 등과 같다.⁹

만약 대수석帶數釋¹⁰이 있다면 어찌 대시석帶時釋이 없겠는가? 아침에 피는 꽃(朝華) 등과 같다.¹¹

만약 이와 같다면 마땅히 더 많은 해석이 있어야 하는데, 어찌 오직 여섯 가지만 있다고 하는가?

---

5 '궁자窮子'를 '가난한 아들'이라 하면 지업석이 된다. 또한 '가난한 아들인 사람'이라 하면 유재석이 된다. 원효는 해에서 '궁자'의 경우는 가난함의 원인이 업이 되기 때문에 지업석에 포함된다고 하였다.

6 인근석隣近釋(S avyayī-bhāva) : 범어로는 복합어에서 앞의 단어가 부사·관계사 등의 격변화가 없는 불변화사가 있는 경우이다. 예를 들면 yathā(如)-vidhi(法)가 '법과 같이' '법을 좇아서'로 해석되는 것과 같다. 그런데 중국에 전하는 전통적인 해석으로는, 실제로는 그것이 아닌데도 가까운 것에 따라서 이름하는 것을 인근석이라 한다. 예를 들면 '사념처四念處'는 혜慧를 체體로 하지만 염念에 가깝기 때문에 '사념처'라고 이름 붙이는 것과 같다.

7 '천선天扇'을 '하늘의 부채'라고 할 경우, 실제로 하늘에 있는 부채는 아니지만 마치 하늘을 날 수 있는 (地上의) 부채이므로 인근석隣近釋은 아니고 소원석疎遠釋이 될 수 있다는 주장이다. 이런 힐난에 대하여 원효는 해에서 '천선'의 경우, 천天이 주主가 되므로 의주석이라 하였다.

8 상위석相違釋(S dvandva) : 2개 이상의 명사를 대등對等한 관계에서 독립적으로 열거하는 경우이다. 예를 들면 '산천초목山川草木'을 '山과 川과 草와 木'으로 해석하고, '왕신王臣'을 '왕과 신하'로 풀이하며, '산사山寺'를 '산과 사찰'이라 해석하는 것이다.

9 '사지도師之徒' 즉 '스승을 따르는 무리'는 독립적인 열거(相違釋)가 아니라 '스승에 속한, 따르는' 것을 의미하므로 순속석順屬釋이라는 것이다.

10 대수석帶數釋(S dvigu) : 복합어에서 앞의 단어는 숫자이고, 뒤의 단어는 명사인 경우를 말한다. 예를 들면 '삼계三界'는 '세 가지 세계'를 의미하고, '사방四方'은 '네 가지 방위'를 뜻하고, '오온五蘊'은 '다섯 가지 온蘊'을 의미한다.

11 '조화朝華' 즉 '아침에 피는 꽃'은 '아침'이라는 때(時)를 나타내므로 대시석帶時釋이 있을 수 있다는 것이다. 이에 대하여 원효는 해에서 대시석은 대수석에 포함되므로 별도로 건립할 필요가 없다고 회통하였다.

해 모든 의반석依伴釋의 명칭은 유재석에 들어간다. (천인사天人師에서) 그 하늘사람·인간 등이 스승에 속해 있기 때문이다.

근본을 좇아서 명칭을 세우는 것은 지업석에 들어간다. 자체는 의지처로써 그 업을 삼기 때문이다.

무재석無財釋이라는 명칭은 역시 지업석이다. (궁자窮子에서) 가난함의 원인이 업이 되므로, 별도의 가난함이란 없기 때문이다.

소원석疎遠釋이란 명칭은 의주석이다. (천선天扇에서) 천天이 주主가 됨으로써 그런 명칭을 얻기 때문이다.

대시석帶時釋이란 모두 제6 대수석帶數釋에 포함된다. '띠게 된 것(所帶)'의 종류는 다르지만, '띤다(帶)'는 의미는 같다.

많이 거론되는 숫자에 따라서 겸하여 그 밖의 종류를 포함한다. 이런 까닭에 오직 여섯 가지 해석법뿐이며, 더해지는 해석법이란 없다.

이러한 문답의 자세한 내용은 저곳에서 설한 것과 같다.[12]

曉法師深密經疏中。亦有此難。故彼問云。旣有持業。何無持體。如自體分等。若對依主。應有依伴。如天人師等。對有財釋。有無財釋。如窮子等。對隣近釋。有疎遠釋。如天扇等。對相違釋。有順屬釋。如師之徒等。苦[1)]有帶數。何無帶時釋。如朝華等。若此等者。應有多釋。何唯云六。解云。諸依伴名。入有財釋。其天人等。師所有故。從體立名。入持業釋。體以所依爲其業故。無財之名。亦持業釋。窮困爲業。無別貧故。疎違之名。是依主釋。以天爲主得彼名故。帶時之釋。皆入第六。所帶類異而帶義同。從多擧數兼攝餘類。所以唯六無所增也。此等問答廣如彼說。[2)]

---

12 선주善珠, 『唯識義燈增明記』 제2권(T65, 352b); 기변基弁, 『大乘法苑義林章獅子吼鈔』 제5권(T71, 572b).

1) ㉎ '苦'는 '若'의 오기인 듯하다. 2) ㉎ 『大乘法苑義林章獅子吼鈔』(T71, 572b)에 '此等問答廣如彼說'은 '已上元曉深密經疏'로 되어 있다.

산일문 2

원효 법사가 지은 『해심밀경소』의 게송 문장에서 다음과 같이 말했다.

신자身子[13]·겁빈나劫賓那[14]【의주석依主釋】[15]
장식藏識[16]·말나식末那識[17] 등【지업석持業釋[18]】[19]

---

[13] 신자身子 : 부처님의 십대제자 중의 지혜제일인 사리불舍利弗(⑤ Śāriputra)을 의역意譯한 이름이다. 사리舍利(śāri)는 신身·신골身骨의 뜻이 있으며, 불弗(putra)은 아들(子)이란 뜻이므로 신자身子라고 한다. 여기서 사리는 신골의 뜻이면서, 또한 어머니의 이름이었는데 '사리(라는 여인)의 아들'의 의미이므로 의주석依主釋이 된다. 또한 참고로 말하면, 사리불을 취자鷲子라고도 하는데, 사리에 취로鷲鷺라는 검은 색 새의 뜻이 있으며, 그 새는 사람처럼 말을 한다고 한다.

[14] 겁빈나劫賓那 : 천문과 역수에 능통하여 부처님 제자 중에서 지성수知星宿 제일이라 일컫는다. ⑤ Kapphiṇa의 음역어로서 겁비나劫賓那 등이라고도 하고, 방성房星·방숙房宿이라 의역된다. 방성이라 함은, 부모가 방성(이십팔수 중에서 넷째 별로서 말의 수호신이라 함)에 빌어서 태어났다고 해서이다. 방숙이라 함은, 어느 날 부처님께 가려다가 비가 많이 와서 못 가고 도사陶師의 집에서 머물 때 부처님께서 늙은 비구로 화현하여 함께 묵으면서 교화했다고 해서이다.

[15] 신자身子와 겁빈나劫賓那가 의주석依主釋에 해당되는 이유는 다음과 같다. 신자는 '사리(라는 여인)의 아들'이란 뜻이므로, 신身 즉 사리舍利(⑤ śāri)가 주主가 되어 의주석이다. 겁빈나는 그의 부모가 겁빈나라는 방숙房宿 별에 빌어서 태어났기 때문에 방성이 주가 되고 '사리(라는 여인)의 아들'의 의미이므로 의주석이 된다. 부모가 방성房星(劫賓那, ⑤ kapphiṇa)에 빌어서 태어났으므로, 방성이 주가 되어 광의의 의주석이 된다.

[16] 장식藏識(⑤ ālaya-vijñāna) : 음역은 아뢰야식阿賴耶識이고 장식은 의역이다. 유식학에서 제8식을 말한다. ālaya에 저장·집착·무몰無沒 등의 뜻이 있어서 몇 가지 용어로 번역된다. 현장玄奘 삼장은 '저장'에 구체적으로 능장能藏·소장所藏·집장執藏의 의미가 있으므로 장식이라 번역했다. 진제眞諦 삼장은 제8식이 중생의 근본심식으로서 없어지지 않는다는 뜻으로 무몰식無沒識이라 하였다.

[17] 말나식末那識 : 말나末那는 ⑤ manas의 음역으로서 의意라 의역하며, 사량思量의 뜻을 갖는다. 유식학에서 말나식은 제7식으로서 사량을 본질로 하는 식이다. 제6 의식意識(⑤ mano-vijñāna)과의 혼동을 피하기 위해서 일반적으로 말나식이라는 음역 명칭을 사용한다. 이 식은 아치·아견·아만·아애의 사번뇌와 상응하여, 제8 아뢰야식의 견분을 항상 심사尋思하여 '아我·아소我所'라고 집착하는 항심사량恒審思量의 특성을 띤다.

[18] 지업석持業釋(⑤ karma-dhāraya) : 복합어에서 전절前節의 말이 후절後節의 말에 대해서

윤왕輪王・복장자福長者【유재석有財釋】[20]
가야伽耶[21]・나제那提[22] 등【인근석隣近釋】[23]
대사 및 따르는 무리(大師及與徒)【상위석相違釋】
이제二諦・삼성三性 등【대수석帶數釋】[24]
의주석・지업석・유재석・인근석・상위석・대수석을 순서대로 해석하였다.【운운】[25]

형용사・부사 또는 동격의 명사인 관계를 갖는 경우이다. 따라서 후절의 단어는 항상 명사 또는 형용사이다. 예를 들면 '고산高山'은 '높은 산'을 의미하고, '극원極遠'은 '지극히 먼 것'을 의미한다. 지업석은 체體가 용用을 간직하고 있음을 의미한다. 예를 들면 장식藏識에서 '간직한다'는 의미의 '장藏'은 용이고 '식識'은 체이다. 장식을 의주석으로 해석하면, 장藏의 식識이 되어 '간직하고 있는 식'의 의미가 된다. 지업석으로 해석하면 '장즉식藏卽識'의 의미가 된다. 광의廣義의 의주석은 지업석과 대수석을 포함한다.

19 장식藏識과 말나식末那識이 지업석持業釋에 해당되는 이유는 다음과 같다. 제8식을 장식이라 부르는 이유는, 저장 기능 즉 능장能藏・소장所藏・집장執藏의 작용이 주主가 되기 때문에, 곧 '장즉식藏卽識'의 개념이기 때문이다. 그래서 지업석이 된다. 제7식을 말나식이라 부르는 이유는, 이 식이 manas(意) 즉 사량思量 작용이 강해서 식識이 곧 의意이기 때문이다. '의즉식意卽識'의 개념이기 때문에 지업석이 된다. 참고로 말하면, 제6식을 의식意識이라고 하는 것은 '의意에 의지하는 식'의 개념이고, 안식 등은 '안근 등에 의지하는 식'의 개념이므로 의주석依主釋이 된다.

20 '윤왕輪王'은 전륜성왕轉輪聖王의 줄임말로서 '(하늘로부터 하사받은) 바퀴를 지닌 왕' '바퀴를 굴리는 왕'이란 의미이다. '복장자福長者'는 '복이 있는 장자'라는 뜻이다. 그러므로 유재석有財釋이 된다.

21 가야迦耶(Ⓢ gayā) : 소의 한 종류인데 옛날부터 이것을 상象이라 번역했다. 프라크리티 말로는 야耶(ya)와 사闍(ja)는 음이 비슷하므로, 코끼리의 범어 gaja의 뜻으로 해석했기 때문이다.

22 나제那提(Ⓢ nadi) : 강江・하河라고 번역된다. 또는 강의 이름이라고 한다.

23 '가야迦耶・나제那提'가 인근석隣近釋이 되는 이유는 다음과 같다. 가야가 실제는 소의 한 종류이지만 속어俗語에서 음音이 비슷한 코끼리의 뜻으로 해석하여 상象으로 번역했기 때문이다. 나제는 강江이란 의미인데, 이것이 실제 어느 강의 명칭이 되었기 때문이다.

24 '대사 및 따르는 무리(大師及與徒)'는 단어가 독립적인 열거 형태이므로 상위석相違釋이 된다.

25 장준藏俊, 『大乘法相宗名目』(『佛全』 82, 337a).

解深密經元曉師疏頌文云。身子劫賓那。【依主】藏識末那等。【持業釋】輪王福長者。【有財釋】伽耶那提等。【隣近釋】大師及與徒。【相違釋】二諦三性等。【帶數釋】主。持。財。隣近。違。數。如次釋。【云云】

집일 삼론현의
| 三論玄義 |

원효 元曉
백진순 옮김

집일 삼론현의三論玄義 해제

백 진 순
동국대학교 불교학술원 조교수

원효(617~686)의 『삼론현의三論玄義』가 언급되는 문헌은 일본의 승려 진해珍海(1091~1152)가 지은 『삼론현소문의요三論玄疏文義要』이다. 이 문헌을 제외하면 원효에게 『삼론현의』라는 저술이 있었다고 전하는 곳은 없다. 고려 의천의 『신편제종교장총록』 권3(T55, 1177a3)에 따르면, "三論宗要一卷(中百門是) 元曉述"이라고 하여, 원효에게 『삼론종요』 1권이 있었다고 전한다. 여기서 삼론이란 『중론』·『백론』·『십이문론』의 세 가지 논서를 가리키는 것이므로, 현존하지 않는 원효의 『삼론종요』는 아마 이 세 가지 논서의 '종요', 곧 핵심이 무엇인지를 정리한 저술로 생각된다. 한편 『삼론현의』라는 제명의 문헌은 고래로 중국 삼론종의 대성자 길장吉藏(549~623)의 저술로 알려져 있고, 이에 대한 주석서 역시 다수 존재한다.

다만 명칭만 가지고서는 원효의 『삼론현의』라는 문헌의 성격을 이해할 수 없으므로, 진해의 글에 인용되어 있는 원효의 문장과 인용 전후의 맥락을 살펴보고자 한다. 먼저 진해의 『삼론현소문의요』는 현재 일본의 『대정신수대장경』 제70권에 수록되어 있다. 총 10권으로 구성되어 있으며, 1131~1136년 사이에 저술되었다. 이 책은 길장이 지은 『중론소』·『십이

문론소』・『백론소』에 의거하여, 필요한 교의명목敎義名目을 거론한 다음, 그것을 고증하여 해석하는 내용이다. 제1권에는 대의大意, 곧 무득정관종無得正觀宗 등을 비롯한 14조를 거론하고 있고, 제2권에는 조론연기造論緣起, 사론삼론칭四論三論稱 등의 27조를 거론하는데,[1] 원효의『삼론현의』인용문은 바로 이 제2권 가운데 '독공獨空'이라는 항목에 등장한다. '독공'이란『대품반야경』에 나오는 용어로서 모든 법이 조건을 따라 일어나므로 자성이 없음을 나타나는 용어이다. 가령 색과 심, 의보와 정보 등이 천차만별로 구분되지만, 그것은 모두 '공'이라고 하는 점에서는 동일하다. 이 공의 이치는 유일무이하므로 이를 '일공一空' 혹은 '독공'이라고 칭한다.

　진해의 '독공' 항목은 길장의『중관론서中觀論序』가운데「중론서소中論序疏」의 문장, 곧 "문 독공獨空과 절대중絶待中은 어떻게 다른가?……(中論序疏云. 問. 獨空與絶待中何異.)"라는 내용을 인용하면서 시작된다. 이어 여러 경론에 근거하여 '공'과 관련된 논의가 전개되는데, 원효의 인용문과 관련된 맥락을 살펴보면, 특히 '공의 의미는 세속제에 변계소집성이 없는 것을 공이라고 설하는 것이지, 의타기성이 공무空無하다는 것을 말하는 것은 아니다.'라는 점을 드러내는 데 강조점이 있다. 이는 변계소집성의 법이 공하다는 점과 의타기성의 법이 '공'하다고 말할 때의 함의는 완전히 다름을 강조하는 맥락이다. 왜냐하면 변계소집성은 그 자체가 존재하지 않는다는 점에서 '공'이라고 한 반면, 의타기성은 인과 연의 조합으로 발생하는 법이므로, 실체가 아니라는 점에서 '공'이라고 강조하기 때문이다. 이런 맥락에 따라 진해는 원효의『삼론현의』를 인용하여 '진공眞空'의 두 가지 의미를 보충 설명하는데, 원효는 첫째 허공꽃과 같이 궁극적으로 없는 존재를 '공'이라고 설할 수도 있지만, 둘째 환화幻化와 같이 그 자체로 존

1　이상『三論玄疏文義要』에 대한 내용은『佛書解說大辭典』제4卷(東京: 大東出版社, 1968년 重版本) p.131에 의거하였다.

재하는 실체가 아니라는 점에서 '공'이라고 설할 수 있다고 하였으며, 특히 의타기의 공은 그가 말한 둘째 의미에 의거한 것이라고 강조하였다.

　이상 원효의 짧은 인용문이 등장하는 맥락을 간략히 살펴보았다. 『삼론현의』의 내용으로 인용된 원효의 문장은 매우 간략하지만, 유식학의 삼성설에서 말하는 변계소집성의 공과 의타기성의 공의 함의를 정확히 구분해서 설명해 주고 있다. '공'에 대한 이해는 불교의 학파마다 조금씩 달라지는 측면이 있는데, 원효 역시 그의 저술에서 중관학파나 유식학파 등의 공 이해의 특징을 매우 잘 정리하고 있었던 것으로 보인다. 또한 인용문의 내용으로 보아 원효의 『삼론현의』는 길장의 『삼론현의』와 다른 내용으로 추정되며, 아마도 의천이 말한 『삼론종요』와 동일한 문헌일 가능성도 있다고 생각된다.

차례

집일 삼론현의三論玄義 해제 / 297

일러두기 / 301

집일 삼론현의三論玄義 302

일러두기

1 '한글본 한국불교전서'는 문화체육관광부의 지원을 받아 동국대학교 불교학술원에서 수행하고 있는 '불교기록문화유산아카이브(ABC)사업'의 결과물을 출간한 것이다.

2 이 책은 원효의 『삼론현의三論玄義』 산일문을 번역한 것으로, 전거는 福士慈稔, 『日本佛敎各宗の新羅·高麗·李朝佛敎認識に關する硏究』(身延山大學東アジア佛敎硏究室, 2013)에 의거하였다. 또한 산일문의 구체적인 전거는 번역문 아래 각주로 밝혔다.

3 번역문에 이어 원문을 병기하고 간단한 표점 부호를 삽입하였다.

4 약물은 다음과 같다.
　『　』: 서명

5 역주에서 소개한 출전은 약호로 표기하였다. T는 『대정신수대장경大正新脩大藏經』의 약자이다.

또 느지막이 원효 대사의 『삼론현의三論玄義』를 보았는데, 다음과 같이 말했다.

진공眞空의 뜻을 설하면 또한 두 종류가 있다. 첫째는 필경무畢竟無에 의거하여 공이라고 설하는 것이니, 마치 공화空華 등과 같다. 둘째는 비유非有의 의미에 의거하여 공이라고 설하는 것이니, 마치 환화幻化 등과 같다. 만약 첫째 공의 의미를 통해 의타공依他空을 설한다면, 이는 손감損減의 비방이 되므로 악취공惡取空에 떨어진다. 만약 뒤의 공의 의미를 통해 의타공을 설한다면, 손감의 비방이 아니므로 선취공善取空이라고 한다.[1,2]

又晩見元曉大師三論玄義云。說眞空意。亦有二種。一就畢竟無。說名爲空。如空華等。二者約非有義。說名爲空。如幻化等。若將初空義。說依他空。是損減謗。墮惡取空。將後空義。說依他空。非損減謗。名善取空。【云云】

---

[1] 여기서 원효는 공의 의미를 두 가지 측면에서 설명하는데, 이는 유식 삼성설三性說에서 '변계소집성遍計所執性의 공'과 '의타기성依他起性의 공'을 설명하는 것과 맥락이 동일하다. 삼성설에 따르면, 변계소집성은 그 자체가 존재하지 않는다는 점에서 '공'이라고 설하는 것에 반해, 의타기성은 인연조합으로 이루어지는 사태에는 고정불변의 실체가 존재하지 않는다는 점에서 '공'이라고 설한다. 원효의 첫째 견해 가운데 나오는 공화空華, 즉 허공꽃은 실제로는 존재하지 않는 것이지만 마치 존재하는 것처럼 보이는 것을 뜻한다. 그러므로 이는 필경무, 즉 궁극적으로는 아무것도 없는 비실재의 존재를 가리킨다. 만약 이 필경무를 의타기의 공으로 간주할 경우 손감의 비방이 발생하게 된다. 손감의 비방이란, 인연조합으로 존재하는 것을 전혀 없다고 부정하는 견해이므로, 공을 잘못 이해한 악취공에 떨어지게 된다. 따라서 인연조합에 의해 존재하는 환화幻化와 같은 것을 공이라고 보는 관점을 '의타기의 공'으로 이해해야 공을 정확히 이해하는 선취공이 된다.

[2] 진해珍海, 『三論玄疏文義要』 권2(T70, 233b), 福士慈稔, 『日本佛敎各宗の新羅・高麗・李朝佛敎認識に關する硏究』 第2卷 上, 「日本三論宗・法相宗にみられる海東佛敎認識 —三論宗の部」(身延山大學東アジア佛敎硏究室, 2013) p.110 참조.

집일 대승기신론요간
| 大乘起信論料簡 |

원효元曉
은정희 옮김

집일 대승기신론요간大乘起信論料簡 해제

은정희
전 서울교대 윤리교육과 교수

원효元曉『대승기신론요간大乘起信論料簡』(이하『요간』)의 산일문은 응연凝然이『오교장통로기五教章通路記』권42(T72)에서 종교終教의 이종생사二種生死 가운데 변역생사變易生死의 체體를 설명하는 단락에서 보인다. 먼저『요간』산일문의 해석과 연관된『오교장통로기』의 맥락을 간략히 정리하면 다음과 같다.[1]

종교에서 말하는 변역생사는 아리야식阿梨耶識을 체로 삼는다. 이때 아리야식은 그 소의所依인 말나식末那識과 항상 상응하기 때문에 따로 언급하지 않더라도 이미 말나식을 포함하고 있다. 또한 말나식은 육염六染 가운데 분별지상응염分別智相應染으로, '추麤 중의 세細'에 해당하기 때문에 추식麤識에 포함되지 않는다. 반면에 변역생사는 분단생사分段生死의 거친 괴로움(麤苦)을 여읜 것이기 때문에 추식, 즉 분별사식分別事識을 포함하지 않는다.

---

[1]『五教章通路記』권42(T72, 543b~544c).

한편 지상智相과 상속상相續相은 분별사식에 속하는데, 이 두 가지 상은 법집法執의 체로 지장智障을 반연하여 변역생사를 받게 한다. 그러므로 변역생사에 분별사식도 포함되어야 한다.

이러한 두 가지 견해에 대해 아리야식만을 변역생사의 체로 삼는다는 것은 총보總報와 팔지八地 이상의 지위에서의 변역생사를 설명한 것이고, 반면에 변역생사에 분별사식도 포함된다는 것은 별보別報와 칠지七地까지의 지위에서의 변역생사를 말하는 것이니, 칠지까지는 아직 남아 있는 법집에 의해 분별사식을 완전히 제거하지 못했기 때문에 변역생사에도 추식이 있다고 말할 수 있다.

원효에 대한 언급이 이어지는 문답에서 "만일 그렇다면(若爾)"이라고 한 것은 이상의 인용문의 내용을 가리킨다. 『요간』에서 "달리 추식은 없다.(非餘麁識)"라고 한 것에 대해서, 『기신론』에 나오는 육추六麁(智相·相續相·執取相·計名字相·起業相·業繫苦相)의 혹품惑品은 모두 분별사식인데, 이 육추와 상응하는 인집人執과 법집에 따라 추와 세를 구분하면, 지상과 상속상은 법집과 상응하는 것이어서 분별사식 중에서도 미세한 것이고, 집취상과 계명자상은 인집과 상응하는 것이어서 거친 것이기 때문에, 『요간』의 뜻은 육추 가운데 거친 집취상과 계명자상을 가리킨 것이지, 미세한 지상과 상속상은 해당되지 않는다고 할 수 있다. 이는 칠지까지의 변역생사에 대한 설명으로 팔지 이상에서는 추·세의 분별사식을 완전히 여의게 되므로, 두 가지 주장, 즉 변역생사는 체의 아리야식일 뿐 달리 추식은 없다는 주장과 변역생사의 체는 추식도 포함한다는 주장이 서로 충돌하지 않음을 말한다.

응연의 『오교장통로기』 권42에는 『요간』의 산일문과 유사한 내용을 엿볼 수 있는 원효 저술의 인용문이 두 개 더 등장한다. 하나는 "원효의 『승만경소』 권상에서 '이 (성문·연각·보살의) 세 사람이 받는 생사는 오직 이숙아뢰야식체이며, 달리 추식과 추색근이 없다. 그러므로 의생신이라고 한다.'"² 고 한 것이고, 다른 하나는 "『해동』에서 이미 이숙아뢰야식만 있을 뿐, 다른 추식은 없다고 말하였다."³ 라고 한 것이다. 후자는 문헌명을 분명히 밝히지 않고 『해동』이라고만 하였으나, 문맥으로 볼 때 앞에 인용한 『승만경소』를 가리킨다고 볼 수 있을 것이다.

현존하는 원효의 『대승기신론소기회본』을 참조해 보면, 『요간』 산일문과 정확히 일치하는 문장을 찾을 수는 없다. 다만 이것이 『오교장통로기』의 문맥과 다른 두 개의 인용문을 참조해 볼 때, 『기신론』에서 망심훈습妄心熏習 중 업식근본훈습業識根本熏習에 대해 "업식근본훈습은 아라한과 벽지불과 일체보살의 생멸고를 받을 수 있다."⁴ 라고 하고, 원효가 이 구절을 해석하면서 『별기』에서 "업식근본훈습이란 이 업식으로 무명을 훈습하여 상이 없는 것임을 잘 모르고 전상·현상을 일으켜 상속하는 것이니, 저 삼승인이 삼계를 벗어날 때에 비록 분별사식의 분단추고는 여의었지만 아직 변역의 아리야행고를 받기 때문에 또 삼승의 '생멸고를 받는다'고 말한다."⁵ 라고 한 단락에 일부 연관된 것으로 추측할 수 있을 것이다.

---

2 『五敎章通路記』 권42(T72, 543c), "故丘龍元曉勝鬘疏上云。如是三人。所受生死。唯有異熟阿賴耶識。無餘麁識及麁色根。是故名爲意生身也。"
3 『五敎章通路記』 권42(T72, 544a), "海東旣言唯有異熟阿賴耶識。無餘麁識。"
4 『大乘起信論』(T32, 578b), "業識根本熏習。能受阿羅漢辟支佛一切菩薩生滅苦故。"
5 『大乘起信論疏記會本』 권4(H1, 768c), "言業識根本熏習者。以此業識熏習無明迷於無相故。起能見及境界相。見相相續生死不絶。此見及相。在梨耶識。彼三乘人雖離分別事識分段繋業麁苦。猶受梨耶微細行苦。故言三乘生滅苦也。"

차례

집일 대승기신론요간大乘起信論料簡 해제 / 305

일러두기 / 309

집일 대승기신론요간大乘起信論料簡 310

일러두기

1 '한글본 한국불교전서'는 문화체육관광부의 지원을 받아 동국대학교 불교학술원에서 수행하고 있는 '불교기록문화유산아카이브(ABC)사업'의 결과물을 출간한 것이다.

2 이 책은 원효의 『기신론요간起信論料簡』 산일문 1종을 번역한 것으로, 전거는 福士慈稔, 『日本佛敎各宗の新羅高麗李朝佛敎認識に關する硏究』(身延山大學東アジア佛敎硏究室, 2013)에 의거하였다. 또한 산일문의 구체적인 전거는 번역문 아래 각주로 밝혔다.

3 번역문에 이어 원문을 병기하고 간단한 표점 부호를 삽입하였다.

4 약물은 다음과 같다.
　『　』: 서명

5 역주에서 소개한 출전은 약호로 표기하였다. T는 『대정신수대장경大正新脩大藏經』의 약자이다.

🈷 만일 그렇다면 『해동요간』에서 "달리 추식은 없다."라고 한 것은 어떻게 회통하겠는가?[1]

問。若爾。何故海東簡云。非餘麁識。豈有通耶。

---

1 『五敎章通路記』 권42(T72, 544c).

집일 인명입정리론기
| 因明入正理論記[*] |

원효元曉
김성철 옮김

* ㉯ 본서에서는 일본의 학승 선주善珠(723~797)의 『因明論疏明燈抄』, 정경貞慶(1155~1213) 의 『明本抄』에서 인용하는 문장 가운데 원효의 『因明入正理論記』로 추정되는 문장 13 가지를 취합하여 번역하였다. 『因明論疏明燈抄』는 『因明大疏』라고도 불리는 규기窺基 (632~682)의 『因明入正理論疏』에 대한 주석인데, 『因明入正理論疏』는 상갈라주商羯羅主(S Śaṅkarasvāmin)의 『因明入正理論』을 주석한 것이기에 『因明論疏明燈抄』는 『因明入正理論』에 대한 복주複註다. 독자의 이해를 돕기 위해 『因明論疏明燈抄』의 인용문 각각에서 소재로 삼 았던 『因明入正理論』의 한역문과 산스끄리뜨 원문 그리고 그에 대한 우리말 번역을 앞에 제 시한다. 『明本抄』에서 정경은 『因明入正理論』에서 거론하는 법자상상위인法自相相違因, 법 차별상위인法差別相違因, 유법자상상위인有法自相相違因, 유법차별상위인有法差別相違因 의 네 가지 사인似因에 대해 상세하게 설명하는데, 이 가운데 법자상상위인에 대해 설명하면 서 원효의 『因明入正理論記』를 한 차례 인용한다. 이 인용문과 우리말 번역은 말미의 '13. 사 인似因 가운데 법자상상위인法自相相違因의 예시'에 추가했다.

집일 인명입정리론기因明入正理論記 해제[1]

김 성 철

동국대학교 경주캠퍼스 불교학부 교수

1. 출처와 내용 개관

　현장이 불교인식논리학 개론서인 『인명입정리론因明入正理論』을 역출하자 동아시아 불교계에서는 인명학 연구가 활성화되면서 그에 대한 많은 주석서들이 산출되었다. 원측圓測(613~696), 규기窺基(632~682), 문궤文軌, 문비文備, 정매靖邁, 현응玄應, 벽공璧公 등은 모두 제각각 『인명입정리론소』라는 이름의 주석서를 남겼는데, 가장 대표적인 것이 『인명대소因明大疏』라고도 불리는 규기의 주석이었다. 원효元曉(618~686) 역시 이 흐름에 동참하였고 과거 고려와 일본에서 저술된 불전목록집에 원효의 저작으로 『인명입정리론소』(이하 소)와 『인명입정리론기』(이하 기)라는 두 가지 서명書名이 수록되어 있다. 그러나 이 두 문헌 모두 현재 전하지 않으며 일본 추소사秋篠寺의 승정僧正이었던 선주善珠(723~797)가 저술한 『인명론소명등

---

[1] 본 해제는 필자의 논문 「원효의 『인명입정리론』 주석과 그 특징」(『불교학보』 제85집, 동국대학교 불교문화연구원, 2018.12)을 축약한 것이다.

초因明論疏明燈抄』(이하 『명등초』)에 인용된 모습으로 그 편린을 엿볼 수 있다. 또 일본 법상종 소속의 정경貞慶(1155~1213)이 저술한 『명본초明本抄』에서 『인명입정리론』에서 열거하는 상위인相違因 가운데 하나인 법자상상위인 法自相相違因의 의미에 대해 논의하면서 원효의 주석을 한 차례 인용한 바 있다.

선주의 『명등초』에는 원효의 주석으로 총 12가지 단편이 실려 있고 정경의 『명본초』에 실린 주석까지 합하여 총 13가지 단편이 현존하는데 각 단편에서 다루는 주제를 열거하면 다음과 같다.

선주의 『명등초』에 실린 단편
① 유오타唯悟他와 유자오唯自悟의 의미 분석
② 삼매三昧의 마음은 현량現量인가?
③ 삼지작법三支作法 추론식의 주장(宗)에 대한 정의
④ '불의 뜨거움'에 대한 추론이 상부극성相符極成의 오류를 범하지 않는 이유
⑤ 『인명정리문론』의 제4 게송에 대한 풀이
⑥ '인因의 삼상三相'을 충족하는 추론식의 예시
⑦ 실례를 유喩라고 번역한 이유
⑧ 삼지작법의 추론식에서 이유(因)를 종법宗法이라고 부르는 까닭
⑨ 삼지작법의 추론식의 실례(喩)에서 동질적 주제에 대한 진술
⑩ 삼지작법의 추론식의 실례에서 배제관계에 대한 진술
⑪ 사인似因 가운데 세간상위世間相違의 오류
⑫ 사인 가운데 여섯 가지 부정인不定因

정경의 『명본초』에 실린 단편
⑬ 사인似因 가운데 법자상상위인法自相相違因의 예시

『명등초』는 『인명입정리론』을 주석한 규기의 『인명대소』를 다시 주석한 복주複註인데 선주가 인용하는 원효의 주석에는 대부분 규기의 주석과 상반되거나, 그 누구의 주석에서도 볼 수 없는 독창적인 내용이 실려 있다. 『명등초』와 『명본초』에 인용된 원효의 주석 13가지는 그 성격에 따라서 다음과 같이 다섯 가지로 묶을 수 있다.

1) 조어造語의 독창성 : ①, ③, ⑤
2) 자은 규기慈恩窺基의 이론에 대한 비판 : ②
3) 삼지작법에서 실례의 창의적 고안 : ④, ⑪
4) 인명학 이론의 체계적인 정리 : ⑧, ⑫, ⑬
5) 술어術語의 의미에 대한 명료한 해석 : ⑥, ⑦, ⑨, ⑩

이 가운데 원효적 주석의 특징이 잘 드러나 있는 단편 두 가지를 선별하여 본 해제의 '3. 『인명입정리론기』에서 보이는 원효적 주석의 특징'에서 그 내용에 대해 분석해 보겠다. 이는 '1) 조어造語의 독창성' 가운데 '① 유오타唯悟他와 유자오唯自悟의 의미 분석'과 '3) 삼지작법에서 실례의 창의적 고안' 가운데 '⑪ 사인似因 가운데 세간상위世間相違의 오류'이다.

2. 원효의 주석이 『인명입정리론기』인 이유

선주는 『명등초』에서 먼저 '논論'이라는 말로 『인명입정리론』의 문장을 기술한 후, 이어서 '술왈述曰'이라는 어구로 『인명대소』에 실린 규기의 해설을 한 단락씩 제시하고, 뒤이어 '문文'이라고 표기하면서 그에 대한 자신의 견해를 피력하는데, '문' 가운데에서 간혹 '효운曉云'이나 '효법사운曉法師云' 또는 '효사운曉師云'이라는 말로 원효의 주석 일부를 그대로 인용한다. 그리고 이런 문장들이 『인명입정리론』에 대한 원효의 기나 소에서 발췌한 것으로 추정된다. 『명등초』에는 원효의 『판비량론』도 인용되어 있지만, 그때 선주는 '효법사 판비량중曉法師 判比量中'이나 '판비량운判比量云'이라는 어구로 출처를 특정特定하기에, 『인명입정리론』에 대한 원효의 주석과 명확히 구별된다. 그런데 고려와 일본에서 저술된 불전목록집을 조사해 보면, 원효의 이런 주석들은 소가 아니라 기에서 유래했을 것으로 짐작되며, 그 이유는 다음과 같다.

『인명입정리론』에 대한 원효의 주석서인 기나 소의 제명題名을 수록한 불전목록집은 총 네 가지인데 그 저자와 함께 등재 맥락은 다음과 같이 정리된다.

A. 영초永超(1014~1096), 『동역전등목록東域傳燈目錄』: "因明入正理論三卷【基】"이라고 기술한 후 『인명입정리론』의 주석서를 나열하다가 원효의 주석으로 "同論記一卷【元曉神泰靖邁明覺三德造疏皆三藏時也云云】"이라고 쓴다.

B. 의천義天(1055~1101), 『신편제종교장총록新編諸宗敎藏總錄』: "因明論疏三卷 窺基述"이라고 기술한 후 『인명입정리론』의 주석서를 나열하다가 원효의 주석으로 "疏一卷 判比量論一卷 已上 元曉述"이라고 쓴다.

C. 장준藏俊(1104~1180), 『주진법상종장소注進法相宗章疏』: "因明入正理論疏三卷【在序】大乘基撰"이라고 기술한 후 『인명입정리론』의 주석서를 나열하다가 원효의 주석으로 "同論記一卷 元曉"라고 쓰고 있다.

D. 흥륭興隆(1691~1769), 『불전소초목록佛典疏鈔目錄』: "因明入正理論疏鈔目錄"이라는 항목 아래 주석서를 나열하다가 "疏一卷 元曉述"이라고 쓰고 있다.

이 가운데 의천의 『신편제종교장총록』(이하 의천록)과 흥륭의 『불전소초목록』(이하 흥륭록)에는 『인명입정리론』에 대한 원효의 주석으로 『인명입정리론소』(이하 소)만 등재되어 있고, 장준의『주진법상종장소』(이하 장준록)와 영초의『동역전등목록』(이하 영초록)에는『인명입정론기』(이하 기)만 등재되어 있다. 그런데 흥륭록에서『인명입정리론』의 주석서들이 열거되어 있는 부분의 전반은 원효의 소가 수록된 의천록과 서명과 순서 모두에서 거의 동일하다. 그에 덧붙여 후반부에 당과 신라 그리고 일본 승려들의 저술 100여 권이 추가되어 있다. 따라서 흥륭록에서 원효의 소가 수록된 부분은 의천록의 단순한 복사로 추정된다.

또, 의천록에는『인명입정리론』의 주석으로 24명의 저술 27가지의 서명이 수록되어 있지만, 일본에서 저술된 영초록과 장준록에서는 규기의『인명대소』, 원효의『판비량론』, 문궤의 소, 정매의 소, 태현의『고적기古迹記』의 다섯 가지만 보일 뿐인데, 그로부터 600여 년이 지나 저술된 흥륭록에는 의천록의 주석서 대부분이 수록되어 있다. 의천록에 수록된 주석서들 가운데 영초록과 장준록의 제작 시기인 11~12세기에 일본에 존재하지 않았던 22가지 문헌들이 18세기에 일거에 나타나서 흥륭록에 등재된 것일 수는 없으리라. 이 점 역시 흥륭록에 수록된 원효의 소가 흥륭이 목격한 것이 아니라 의천록에서 그 제명만 옮겨 쓴 것이라는 점을 뒷받침한다.

『인명대소초』의 저자이기도 한 장준은 영초록에 실린『인명입정리론』의 주석서 목록을 자신이 저술한『주진법상종장소』에 그대로 옮겨 적었지만, 그 외에 정안淨眼의『인명입정리론소』와 수원修圓의『삼의전집초三義箋集抄』, 그리고 저자 미상의『이공량집二空量集』의 세 가지 문헌을 추가하였다. 영초록에는 없지만 그 존재를 알고 있거나 보았던 문헌들이리라. 만일 장준의 시대에 일본에서 원효의 소가 유통되고 있었다면, 선주의『명등초』를 표준으로 삼아『인명대소초』를 저술했던 장준이 이를 주석서 목록에 포함시키지 않았을 리가 없다. 그러나 장준록에도 원효의 기만 수록되어 있다.

일본에서 11세기에 저술된 영초의 목록집에 기만 수록되어 있었다는 점, 인명학에 정통한 장준이 12세기에 저술한 목록집에서도 기만 수록한다는 점, 18세기에 흥륭이 저술한 『불전소초목록』에 소의 이름이 보이긴 하지만, 이는 의천록을 그대로 옮겨 쓴 것이기에 일본에 소가 유통되고 있었다는 증거일 수는 없다는 점 등에 근거할 때, 일본에서는 원효의 소가 유통되지 않았던 것이 확실하며, 『명등초』에 인용된 원효의 주석을 『인명입정리론기』라고 특정特定할 수 있다.

3. 『인명입정리론기』에서 보이는 원효적 주석의 특징

선주의 『명등초』와 정경의 『명본초』에 인용된 『인명입정리론기』의 단편 13가지는 그 성격에 따라 '1) 조어造語의 독창성, 2) 자은 규기慈恩窺基의 이론에 대한 비판, 3) 삼지작법에서 실례의 창의적 고안, 4) 인명학 이론의 체계적인 정리, 5) 술어術語의 의미에 대한 명료한 해석'의 다섯 가지로 다시 묶을 수 있다. 본 해제의 서두에서 분류했듯이 1)에 해당하는 단편은 ①·③·⑤이고, 2)에는 ②, 3)에는 ④·⑪, 4)에는 ⑧·⑫·⑬, 5)에는 ⑥·⑦·⑨·⑩의 단편이 해당하는데, 이 가운데 가장 창의적이고 논리적인 단편 1)-①과 3)-⑪의 내용을 분석하여 원효적 주석의 특징을 조명해 보겠다.

1) 조어造語의 독창성 – ① 유오타唯悟他와 유자오唯自悟의 의미 분석

『인명입정리론』의 서두는 다음과 같은 문장으로 시작한다.

능립能立과 능파能破 및 잘못된 (능립과 능파는) 오직 다른 이를 알게

하는 것(唯悟他)이며, 현량現量과 비량比量 및 잘못된 (현량과 비량은) 오직 스스로의 앎을 위한 것(유자오)이다. 이와 같은 것이 (앞으로 벌일) 여러 논의들의 핵심을 모두 포괄한다.

여기서 『인명입정리론』의 저자 샹까라스와민(S Śaṅkarasvāmin, 商羯羅主)은 이 문장을 통해 앞으로 다룰 내용을 개관하는데, 이를 표로 정리하면 다음과 같다.

〈표〉 『인명입정리론』의 소재

爲自, 爲他 \ 眞量, 似量	참(眞) 용어	의미	잘못(似) 용어	의미
A. 유오타(오직 다른 이를 알게 하는 것)	ⓐ 능립	올바른 추론식	ⓒ 사능립	잘못된 추론식
	ⓑ 능파	잘못된 추론식	ⓓ 사능파	잘못된 논파
B. 유자오(오직 스스로의 앎을 위한 것)	ⓔ 현량	올바른 현량	ⓔ 사현량	잘못된 현량
	ⓕ 비량	올바른 현량	ⓕ 사비량	잘못된 비량

선주는 이 가운데 ⓓ 사능파에 대한 규기의 해석을 설명하면서 원효의 주석을 인용한다. 원효는 A. 유오타를 ① 유타唯他와 ② 유오唯悟로 분석하고, B. 유자오를 ③ 유자唯自와 ④ 유오唯悟로 분석하면서 그 의미를 설명하는데, 이를 정리하면 다음과 같다.

A. 유오타 : 오직 다른 이를 알게 하는 것.(즉, 남을 설득하기 위한 앎인 위타비량爲他比量)
① 유타 : '논적(他)이 있을 때'만 추론식을 제시한다는 점을 의미한다.
② 유오 : 추론식의 제시는 '알리기(悟) 위한 것'이기에 타당성 여부와 무관하다는 점을 의미한다.

B. 유자오 : 오직 스스로의 앎을 위한 것.(즉, 자신이 파악하기 위한 앎인 현량現量과 위자비량爲自比量).

③ 유자 : 홀로(自) 있을 때 스스로 어떤 이치를 추구할 때 현량과 비량에 의지한다는 점을 의미한다.

④ 유오 : 말이 끊어진 이치를 자각할 때가 아니라, 오직 미혹에서 벗어나 무엇을 알려고(悟) 할 때에만, 현량과 비량을 사용한다는 점을 의미한다.

위타비량의 삼지작법은 논적인 '타인에 대해서'만(唯) 작성한다는 점에서 '① 유타'이고, 능립과 능파는 물론이고 이치에 어긋난 사능립과 사능파도 포함되기에 '타당성' 여부가 아니라 '앎'만(唯)을 의미한다는 점에서 '② 유오'다. 위자량爲自量인 현량과 위자비량의 경우 홀로 있으면서(唯) 무엇을 알고자 할 때 작동하기 때문에 '③ 유자'이고, 미혹에서 벗어나려고 할 때에만(唯) 사용하기에 '④ 유오'이다. 유오타와 유자오의 '유'에서 한정限定의 의미를 드러내어 이렇게 네 가지로 분석하고 조어하여 해설하는 것은 규기의 『인명대소』는 물론이고 다른 어떤 주석서에서도 볼 수 없는 독특하고 창의적인 방식으로 이를 통해 유오타와 유자오의 의미가 더욱 정교하게 드러난다.

3) 삼지작법에서 실례의 창의적 고안 – ⑪ 사인 가운데 세간상위世間相違의 오류

『인명입정리론』에서는 추론식에 실린 주장의 오류로 ① 현량상위現量相違, ② 비량상위比量相違, ③ 자교상위自教相違, ④ 세간상위世間相違, ⑤ 자어상위自語相違, ⑥ 능별불극성能別不極成, ⑦ 소별불극성所別不極成, ⑧ 구불극성俱不極成, ⑨ 상부극성相符極成의 아홉 가지를 든다. 이 가운데 '일반

인들의 상식에 어긋난 주장'을 담고 있을 때 발생하는 ④ 세간상위의 오류에 대해 『인명입정리론』에서는 다음과 같이 설명한다.

세간상위란 것은 예를 들어서 "'회토懷兔'는 '달'이 아니다. 존재이기 때문에"와 같은 것이다. 또 "사람의 정골頂骨은 청정하다. 생명체의 일부분이기 때문에. 마치 자개와 같이."라고 설하는 것과 같다.(世間相違者。如說懷兔非月有故。又如說言。人頂骨淨。衆生分故。猶如螺貝。)

이 설명에는 두 가지 추론식이 실려 있는데, 뒤의 추론식에는 삼지작법의 주장·이유·실례가 모두 담겨 있지만, 앞의 추론식에는 주장과 이유만 제시되어 있을 뿐 실례가 누락되어 있다. 회토의 산스끄리뜨 원어는 śaśin으로 '토끼(śaśa)를 품은 것(懷兔)'이라는 의미다. 인명학 용어에서 법法인 dharma에 대해 dharmin을 유법有法이라고 번역하듯이 śaśin을 '토끼(śaśa)를 갖는 것(有兔)'이라고 번역할 수도 있으리라. 회토는 달(candra)과 이음동의어異音同義語다. 우리나라에서도 그렇듯이 달에서 토끼의 모습이 보이기에 인도의 일반인들이 달에 대해 붙인 제2의 이름이 회토다. 그런데 어떤 논사가 그 의미를 오해하여 "회토는 달이 아니다."라는 주장을 내세울 때 이는 세간상위의 오류를 범하게 된다. 원효는 『인명입정리론기』에서 이런 주장명제에 대해 다음과 같이 분석하고 설명한다.

원효 스님은 (다음과 같이) 말했다.

'회토'는 유법有法이다. "달이 아니다."라는 법法이다. 법과 유법이 결합함으로써 주장(宗)이 된다. '존재이기 때문에'라고 말한 것은 이유(因)다. 그는 동유同喩를 설하여 "마치 창문(窓牖)과 같다."라고 말한다. 이 논사論師의 생각을 말하면 다음과 같다. 달은 하늘의 구멍으로 허공이 없는 곳인데, '회토'는 그런 구멍에 그림을 그린 곳이기 때문에, "회토는 달이 아니다. 존재이기 때문에"라고 말한다. 그러나 세간에서는 모두들 "회토는 달이며, 달 그 자체는 허공이 아니다."라고 말한다. 따라서 (세간)상위(의 오류)인 것이다.

먼저 원효는 '유법'과 '법', '주장(宗)'과 '이유(因)' 등과 같은 인명학 술어 述語(technical term)가 추론식의 어느 어구語句에 해당하는지 지목한다. 그 다음에 동유同喩(같은 경우의 실례)로서 "마치 창문과 같다."라는 문장을 제시하는데, 이는 『인명정리문론』은 물론이고 다른 주석서에서 볼 수 없는 원효의 창안이었다.

원효의 설명에 의하면, "회토는 달이 아니다."라는 잘못된 주장을 하는 논사論師는 허공이 실체이고 달은 하늘에 있는 구멍으로 본다. 벽에 뚫린 창문에 비유하면 벽은 하늘에 해당하고, 창문은 달에 해당한다. 그런데 여기서 말하는 창문(窓牖)은 현대의 투명한 유리창이 아니라, 한지韓紙를 바른 창일 것이다. 과거에는 한지를 바른 창에 사군자와 같은 갖가지 그림을 그려 놓기도 했다. 달에서 옥토끼가 떡방아를 찧는다는 전설적 묘사에서 보듯이, 달에서 토끼를 품은(懷兎) 모습이 보인다. 회토 역시 한지 창문의 그림과 마찬가지로 달이라는 구멍에 그려진 그림이다. 그런데 회토가 달이 아닌 것은 한지로 된 창문에 그려진 그림이 창문이 아닌 것과 같다. 이렇게 해석할 때 '존재이기 때문에'라는 이유의 의미도 분명해진다. '하늘에 뚫어진 구멍으로서의 달'에 그려진 '실체로서의 그림'이 회토이기에 이는 창문이 아니라 별개의 존재인 것이다. 마치 한지 창문에 그려진 그림이 창문이 아니라 별도의 존재이듯이……. 입론자가 설혹 세간상위의 오류에 빠진 주장을 내세운다고 하더라도 원효는 그런 입론자의 관점·생각·세계관을 추적해 들어가서 '창문'이라는 실례를 제시하였다.

한편 원효와 달리 규기는 '마치 해와 별 등과 같이'를 실례의 문장으로 제시하였다. 이를 풀이하면 "해와 별이 존재이기 때문에 달이 아니듯이, 회토 역시 존재이기 때문에 달이 아니다."라는 의미가 되는데, 이런 해석으로는 그 입론자가 회토를 어째서 존재로 보았는지 해명이 되지 않는다. 규기가 제시한 해와 달뿐만 아니라 존재하는 다른 모든 사물들을 실례로 들 수 있기 때문이다. 원효가 창안한 '창문'의 실례와 그에 대한 원효의 설명을 통해, 우리는 그 입론자가 어째서 '존재이기 때문에'를 이유로서 제시했는지 이해할 수 있다. '창문'의 실례는 입론자의 추론식이 나름대로의 논리성을 갖도록 보완하는 참으로 기발한 역지사지易地思之의 창안이었다.

4. 문헌의 가치

인명학 이론에 대한 규기의 견해에 대해 비판적이었다는 점과 다른 주석서 그 어디에서도 볼 수 없는 창의적인 조어와 논리적인 고안을 통해 인명학 이론을 보다 명료하게 했다는 점 등이 『명등초』와 『명본초』에 인용된 『인명입정리론기』에서 보이는 원효적 주석의 특징이다. 일반적으로 원효를 화쟁과 회통의 사상가라고 평한다. 그러나 『판비량론』에 대한 심도 있는 연구로 인해, 원효가 현장의 학문과 신역新譯 불전 그리고 그 제자 규기의 학문에 대해 비판적인 논쟁의 사상가였다는 점을 알게 되었는데, 선주의 『명등초』와 정경의 『명본초』에 인용된 『인명입정리론기』의 단편들에서도 이 점을 다시 확인할 수 있다. 또 삼지작법의 실례의 고안에서 다른 인명가들의 주석에서는 보이지 않는 원효만의 독창적 사유를 엿볼 수 있다. 『인명입정리론기』는 그동안 '화쟁가'로서의 면모에 가려져 있었던 '논쟁가' 원효의 창의적 사유를 읽을 수 있는 귀중한 자료가 아닐 수 없다.

5. 참고 자료

김성철, 「원효의 『인명입정리론』 주석과 그 특징」, 『불교학보』 제85집, 동국대학교 불교문화연구원, 2018.

福士慈稔, 「日本三論宗·法相宗にみられる海東佛敎認識—法相宗の部—」, 『日本佛敎各宗の新羅·高麗·李朝佛敎認識に関する研究』 第2卷 下, 身延山大學 東アジア佛敎研究室, 2012.

차례

집일 인명입정리론기因明入正理論記 해제 / 313
일러두기 / 326

『인명입정리론』 개요 327
   산일문 1. '유오타唯悟他'와 '유자오唯自悟'의 의미 327
   산일문 2. 삼매三昧의 마음은 현량現量인가? 330
산일문 3. 삼지작법 추론식의 주장(宗)에 대한 정의 332
이유(因)의 세 가지 조건(三相) 336
   산일문 4. '불의 뜨거움'에 대한 추론이 상부극성의 오류를 범하지 않는 이유
   336
   산일문 5. 『인명정리문론因明正理門論』의 제4 게송에 대한 풀이 338
   산일문 6. '인因의 삼상三相'을 충족하는 추론식의 예시 339
산일문 7. 실례를 유因明正理門論라고 번역한 이유 341
산일문 8. 삼지작법의 추론식에서 이유(因)를 종법宗法이라고 부르는 까닭 342
산일문 9. 삼지작법의 추론식의 실례(喩)에서 동질적 주제에 대한 진술 344
산일문 10. 삼지작법의 추론식의 실례에서 배제관계에 대한 진술 346
산일문 11. 사인似因 가운데 세간상위世間相違의 오류 349
산일문 12. 사인 가운데 여섯 가지 부정인不定因 351
산일문 13. 사인 가운데 법자상상위인法自相相違因의 예시 354

일러두기

1 '한글본 한국불교전서'는 문화체육관광부의 지원을 받아 동국대학교 불교학술원에서 수행하고 있는 '불교기록문화유산아카이브(ABC)사업'의 결과물을 출간한 것이다.

2 이 책은 원효의 『인명입정리론기因明入正理論記』 산일문을 집일하여 번역한 것으로, 전거는 福士慈稔, 『日本佛敎各宗の新羅高麗李朝佛敎認識に關する硏究』(身延山大學東アジア佛敎硏究室, 2013)에 의거하였다. 또한 산일문의 구체적인 전거는 번역문 아래 각주로 밝혔다.

3 원효 주석의 대상이 되는 『인명입정리론』의 산스크리뜨본과 한문본을 함께 한글로 번역하여 수록하였다. ㉲은 『인명입정리론』, ㉞는 원효의 『인명입정리론기』를 나타낸다.

4 번역문에 이어 원문을 병기하고 간단한 표점 부호를 삽입하였다.

5 원문의 교감 사항은 번역문의 각주와 별도로 원문 아래 부분에 제시하였다.
㉭은 번역자가 교감한 내용이다.

6 약물은 다음과 같다.
「　」: 서명
「　」: 편명, 산문 작품

7 역주에서 소개한 출전은 약호로 표기하였다. T는 『대정신수대장경大正新脩大藏經』의 약자이다.

『인명입정리론』 개요

논 산스끄리뜨 : 논증이나 논박이란 것은 잘못(된 논증이나 논박)과 함께 타인의 앎을 위한 것이지만, 현량이나 비량은 잘못(된 현량이나 비량)과 함께 자신의 앎을 위한 것이다. 이상이 (본) 논서의 목적에 대한 개요概要다.

> sādhanaṃ dūṣaṇaṃ caiva sābhāsaṃ parasaṃvide/ pratyakṣam anumānaṃ ca sābhāsaṃ tv ātmasaṃvide// iti śāstrārthasaṃgrahaḥ//

한역 : 능립과 능파 및 사(능립과 사능파)는 '오직 다른 이를 알게 하는 것'이며, 현량과 비량 및 사(현량과 사비량)은 '오직 스스로의 앎'이다. 이와 같은 것이 여러 논의들의 요점을 모두 포괄한다.[1]

能立與能破。及似唯悟他。現量與比量。及似唯自悟。如是。總攝諸論要義。

산일문 1. '유오타唯悟他'와 '유자오唯自悟'의 의미

기 원효는 (다음과 같이) 말했다.

'오직 다른 이를 알게 하는 것'(이라는 말)은 두 가지 의미를 담고 있다. 첫째는 '오직 다른 이'(라는 의미)이고, 둘째는 '오직 알게 하는 것'(이라는 의미)다.

---

1 『因明入正理論』 권1(T32, 11a).

'오직 다른 이'라고 말한 것(의 의미는 다음과 같다). (능립과 능파는) 무릇 주장하든 논파하든, 참이든 거짓이든 오직 논적의 이론을 대할 때 제시하는 것이지, 홀로 있는 곳에서 내세우는 것이 아니기에 '오직 다른 이'라고 말하는 것이다.

'오직 알게 하는 것'이라고 말한 것(의 의미는 다음과 같다). 능립이나 능파에서 참이나 거짓 여부는 그 까닭이 있는데, 오직 '앎이 있는 것'을 '참(眞)'이라고 말하고 '앎이 없는 것'을 '거짓(似)'이라고 말하는 것이지, '이치에 합당함'이나 '이치에 어긋남'을 의미하는 것이 아니다. 그런 까닭(은 다음과 같다). '거짓'이라고 해서 반드시 어긋난 것만은 아니고, '참'이라고 해서 반드시 합당한 것만은 아니다.

예를 들어서 불제자가 승론사[2]에 대해서 "소리는 무상하다."라고 말하는 것은, 상부극성相符極成[3]의 오류를 범하여 사립종似立宗[4]이지만 이치에는 합당한데, 무상의 도리는 대승과 소승에 공통되기 때문이다. 또 불제자가 성론사[5]에 대해서 "소리는 생멸한다."라고 내세우는 경우 여기서 사용한 법法[6]과 유법有法[7]은 '양측 모두 인정하는 것(極成)'이라서 오류가 없지만, 이치에는 어긋나서 소승에서는 통하지 않는다. 짐작컨대, '말에 집착하는 무리들이 참된 소립을 설한다고 들으면 "실제로 소립이 있다."라고 말하다가, 거짓된 소립을 보면 다시 "소립이 아예 없다."라

---

2 승론사勝論師 : 바이세시카(S Vaiśeṣika) 외도.
3 상부극성相符極成 : 『因明入正理論』의 오류론에서 말하는 '주장(宗)의 오류' 가운데 하나. 토론하는 양측 모두 인정하는, 너무나 당연한 주장을 내세우는 오류. 예를 들어서 "소리는 귀에 들린다."와 같은 주장. 『因明入正理論』 권1(T32, 11c), "相符極成者. 如說聲是所聞."
4 사립종似立宗 : 주장의 오류. 『因明入正理論』에서는 '주장(宗)·이유(因)·실례(喩)'로 구성된 불교논리학의 삼지작법三支作法 추론식에서 주장의 오류 아홉 가지, 이유의 오류 열네 가지, 실례의 오류 열 가지 등, 추론식이 범할 수 있는 총 33가지의 오류를 거론한다.
5 성론사聲論師 : 미맘사(S Mīmāṃsā) 외도.
6 법法 : S dharma. (성질) 주장명제(宗)의 술어로, 여기서는 '생멸함'.
7 유법有法 : S dharmin. (성질을 가진 것) 주장명제(宗)의 주어로, 여기서는 '소리'.

고 말하는 것'을 논파하기에 '오직 알게 하는 것'이라는 말이 증익과 손감의 집착 양쪽 모두를 제거한다고 설하는 것이다. '말이 끊어진 이치'에는 구분이 있을 수 없겠지만 '말에 집착하는 미혹'에는 경중輕重이 있기 때문이다.

'오직 스스로의 앎'이란 것도 역시 두 가지 의미를 갖는다. '오직 스스로'라는 것(의 의미는 다음과 같다). 오직 홀로 있는 곳에서 스스로 의미를 찾을 때 (현량과 비량이라는) 이 두 가지 인식방법에 의지하여 옳고 그름을 가린다. 그다음에 다른 이를 (알게 하기) 위하여 '주장 · 이유 · 실례'(로 이루어진 추론식)을 세우는 것이지, 논적의 이론을 대하여 바야흐로 두 가지 인식을 생각하는 것이 아니기 때문에 '오직 스스로'라고 말한다.

'오직 앎'이란 것(의 의미는 다음과 같다). 오직 미혹한 단계로부터 비로소 알려고 할 때에만, 이러한 (현량과 비량의) 두 가지 인식방법에 의지하여 중重한 미혹에서 벗어날 수 있다. '말이 끊어진 이치'가 아닌 것은 이와 같이 오직 두 가지 인식방법의 인식대상이다. 따라서 '오직 앎'이라고 말한다.[8]

> 曉云。唯悟他者。即含二義。一者唯他。二者唯悟。言唯他者。夫立破之來。若眞若似。唯對敵論時申[1]) 非爲獨處所設。故曰唯他。言唯悟者。能立能破。眞似所由。唯有悟曰眞。無悟曰似。非是當理乖理之義。所以爾者。似未必乖。眞不必當。如佛弟子。對勝論師。云聲無常。即相符過。是似立宗。而於理當。無常道理通大小故。又佛弟子。對聲論師。立聲生滅。是法有法。極成無過。而於理乖。不通小乘。恐破。執言之徒。聞說眞立。即謂。實有所立。見似立又。即謂。空無所立。故說。唯悟之言。雙遣增減執也。絶言之理。無有分濟。執言之迷。有輕重故。唯自悟者。亦有二義。唯自者。唯於獨處。自

---

[8] 『因明論疏明燈抄』 권1(T68, 221b~c).

尋義時。依此二量。簡釋是非。然後爲他立宗因喻。非對敵論。方思二量。故
曰唯自。言唯悟者。唯從迷位。始欲悟時。依此二量。得離重迷。非絶言理。
唯如二量之所量也。故言唯悟。

1) ㉑『因明論疏明燈抄』의 갑본에는 '申'이 '用'으로 되어 있다.

산일문 2. 삼매三昧의 마음은 현량現量인가?

기 문 삼매에 들어간 의식은 모두 현량인가, 현량 아닌 것이 있는가?
답 원효 법사는 (다음과 같이) 말했다.

모든 삼매의 마음이 다 현량이라는 것(에 대해 설명해 보겠다). 이런 뜻은 옳지 않다. (이를) 알 수 있는 까닭(은 다음과 같다). (이는) 『유가사지론』에서 삼매의 대상을 밝히면서 (다음과 같이) 말하는 것과 같다. 첫째는 '분별이 있는 영상'을 대상으로 삼고, 둘째는 '분별이 없는 영상'을 대상으로 삼으며, 나중에[9] 드디어 할 일을 다 하면[10·11] 영상을 초월하여 '앞의

---

9 『瑜伽論記』에서 둔륜遁倫이 주석하듯이 이는 무학도無學道에 들어갔을 때를 의미한다.
둔륜, 『瑜伽論記』권6(T42, 445b), "이제 무학도에 이르러 할 일을 다 하고 나면 전의를
얻어서 원만한 무루를 증득하며 영상을 초월하니 이는 곧 무루심이고 무영상이다.(今至
無學。所作成辨(辦)。得轉依。證圓無漏。超過影像。則無漏心。無影像也。)"
10 여기서 원효는 『瑜伽師地論』을 인용한다고 기술하는데, 원문의 '所作成就'는 다음에서
보듯이 『大乘阿毘達磨集論』의 한역어이며, 『瑜伽師地論』에서는 이를 '소작성판'이라
고 한역한다. 무착無着, 『大乘阿毘達磨集論』권6(T31, 686c) 또는 안혜安慧, 『大乘阿
毘達磨雜集論』권11(T31, 744c), "遍滿所緣復有四種。謂有分別影像所緣。無分別影
像所緣。事邊際所緣。所作成就所緣。"; 『瑜伽師地論』권26(T30, 427a), "云何遍滿所緣
境事。謂復四種。一有分別影像。二無分別影像。三事邊際性。四所作成辦。"
11 이는 아라한의 다음과 같은 오도송悟道頌 가운데 소작이판所作已辦 또는 소작이작所
作已作을 의미하는 듯하다. 『中阿含經』권22(T1, 570c), "我生已盡。梵行已立。所作已
辦。不更受有。"; 『雜阿含經』권1(T2, 1a), "我生已盡。梵行已立。所作已作。自知不受
後有。"

대상들'¹² 중의 유와 무의 분별에 대해서 현량의 지견이 생긴다.¹³·¹⁴ 이 문장으로 말미암아, "비록 삼매의 마음에 들어가도 앞의 유분별영상 등은 현량이 아니고, 영상을 초월하면 비로소 현량의 지견知見이 된다."라는 점을 안다.¹⁵

問。入定意識。皆是現量。爲有非現¹⁾耶。答。曉法師云。一切定心。皆現量者。此義不然。所以得知。如²⁾瑜伽論。明三摩地所緣中云。一者緣有分別影像。二者緣無分別影像。後方所作成就。超過影像。所知事中。有無分別。現量知見生。由此文知。³⁾雖入定心。而前有分別影等。非是現量。超過影像。方爲現量知見。

1) ㉡『因明論疏明燈抄』의 갑본에는 '現' 뒤에 '量'이 있다. 2) ㉡『因明論疏明燈抄』의 갑본에는 '如'가 없다. 3) ㉢ 福士慈稔, 「日本三論宗・法相宗にみられる海東佛敎認識—法相宗の部一」, 『日本佛敎各宗の新羅・高麗・李朝佛敎認識に関する研究』(日本: 身延山大學 東アジア佛敎研究室, 2012)에서는 여기까지만 원효의 주석으로 본다.

---

12 『瑜伽師地論』권26(T30, 427b), "所知事者。謂或不淨。或慈愍。或緣性緣起。或界差別。或阿那波那念。或蘊善巧。或界善巧。或處善巧。或緣起善巧。或處非處善巧。或下地麁性上地靜性。或苦諦集諦。滅諦道諦。是名所知事。"
13 『瑜伽師地論』권26(T30, 427a~c), "云何。遍滿所緣境事。謂復四種。一有分別影像。二無分別影像。三事邊際性。四所作成辦。……云何所作成辦。謂修觀行者。於奢摩他毘鉢舍那。若修若習若多修習爲因緣故。諸緣影像所有作意皆得圓滿。此圓滿故便得轉依。一切麁重悉皆息滅。得轉依故超過影像。即於所知事有無分別。現量智見生。"
14 『因明論疏明燈抄』권1(T68, 221c~222a).
15 『因明論疏明燈抄』권1(T68, 221c~222a).

산일문 3. 삼지작법 추론식의 주장(宗)에 대한 정의

논 산스끄리뜨 : 그중에서 주장이란, 일반적으로 인정되는 주제(Ⓢ dharmin, 有法)가 일반적으로 인정되는 한정자(Ⓢ viśeṣaṇa, dharma, 法)에 의해 한정됨으로써, 스스로 소증성으로서 추구되는 것이다. 이와 같은 것이 주장이다. 그것은 예를 들어, "소리는 무상하다."라고 하는 것과 같다.

tatra pakṣaḥ prasiddho dharmī prasiddhaviśeṣaṇaviśiṣṭayā svayaṃ sādhyatvenepsitaḥ/ iti pakṣaḥ/ tadyathā/ anityaḥ śabda iti//

한역 : 이 가운데 주장(宗)이란 것은 양측 모두 인정하는[16] 유법有法을 양측 모두 인정하는 능별能別이 차별差別함을 속성으로 하며, 스스로 희구함에 따라서 성립되는 것(所成立)이다. 이를 주장이라고 이름한다. 예를 들면 "소리는 무상하다."가 성립하는 것과 같다.[17]

此中宗者。謂。極成有法。極成能別。差別爲性。[1)] 隨自樂爲所成立性。是名爲宗。如有成立聲是無常。

1) ⑳ 『因明入正理論疏』 권1(T44, 100a)에는 '差別爲性'이 '差別性故'로 되어 있다.

기 이미 '스스로를 따름'이 성립하고 또한 '희구함으로 성립되는 성질'의 것(에 대해 설명하면 다음과 같다). 원효는 (다음과 같이) 말했다.

스스로 희구함에 따라서 '성립되는 것(所成立)'은 두 가지 의미를 갖는다.

---

16 『因明入正理論疏』 권1(T44, 98a), "極者至也。成者就也。至極成就。故名極成。"
17 『因明入正理論』 권1(T32, 11b).

첫째는 '성립하게 하는 것(能成立)'과 다르다는 점을 드러내고, 둘째는 '성립하지 않음(不成立)'이 아니라는 점을 밝힌다. 첫 번째 의미(는 다음과 같다). (주장(宗)·이유(因)·실례(喩)의 삼지작법에서) 이유(因)가 '성립하게 하는 것(能成立)'이기 때문에 주장(宗)은 '성립되는 것(所成立)'이 된다.

그리고 '희구함에 따라서(隨樂)'라고 말한 것(의 의미는 다음과 같다).

만일 "소리는 무상하다."라는 것을 '성립되는 것(所(成)立)'인 주장(宗)으로 삼아서 말한다면, '만들어진 것이라는 점'은 '성립하게 하는 것(能成立)'이다.

만일 "소리는 만들어진다."라는 것을 '성립되는 것(所(成)立)'인 주장(宗)으로 삼아서 말한다면, '무상하다는 점'은 '성립하게 하는 것(能成立)'이다.

'성립되는 것'이 정해져 있지 않기 때문에 '희구함에 따라서(隨樂)'라고 말한다.

두 번째 의미(는 다음과 같다). 비록 '성립하게 하는 것(能(成)立)'과 다르더라도 '성립되는 것'이 될 수 있다. 만일 '비량 작성'(의 원리)에 위배되면 '주장(宗)'이 성립하지 못한다. 먼저 그 자체가 증성도리證成道理[18]에서 '성립되는 것'이 될 필요가 있다. (그래야) 비로소 주장이 성립할 수 있기에 '성립되는 것(所成立)'이라고 말한다. 증성도리란 것은 인식을 세움이다. '희구함에 따라서(隨樂)'라고 말한 것은 "소리는 무상하다."라는 등을 성립시키고자 하거나, "색성은 공하다."라는 등을 성립시키고자 하는 것이다. 성립되는 것(所成立인 주장의 종류)이 무량하기에 '희구함에 따라서(隨樂)'라고 말한다.

'스스로 희구함(自樂)'이라고 말한 것은 '남과 다름(異他)'이라는 의미를 드

---

[18] 증성도리證成道理 : 『解深密經』 권5(T16, 709b)에서는 "증성도리란, 인因이나 연緣으로 능히 내세우는 것·설하는 것·표방하는 것의 의미로 하여금 성립할 수 있게 만들어서 바르게 깨닫고 알게 하는 것을 말한다.(證成道理者。謂若因若緣。能令所立。所說。所標。義得成立。令正覺悟。如是名爲證成道理。)"라고 하였다.

러낸다. 말하건대, 만일 남의 주장(宗)을 설한다면, (이에 대해) "주장을 내세웠다."라고 말하지 않는다. '스스로 희구하는 바'를 설하면 비로소 주장을 내세운 것이기에 '스스로 희구함'이라고 말한다.

(『인명입정리론』에서 주장에 대해 정의하는) 앞의 두 가지 문구[19]는 아홉 가지 오류[20]에서 벗어나 있다는 점을 드러낸다. 왜 그런가? '양측 모두 인정함(極成)'을 두 번 설하여 네 가지 불성(不極成)[21]의 오류에서 벗어난다. '성립되는 것(所成立)'이라고 설하여 다섯 가지 상위의 과실[22]에서 벗어난다.

위에서 설명한 것처럼[23] 네 가지 뜻이 있어서 두 가지 '양측 모두 인정함(極成)'의 뜻을 갖추고 네 가지 오류에서 벗어 '세 가지 인식수단(三量)'[24]에 미혹하지 않는다. (주장(宗)에 대해 정의하는) 한마디 말 속에 이런 여러 가지 뜻이 담겨 있다.

이와 같은 말이 비로소 참된 주장이 되기에 『인명입정리론』에서) "이를 주장이라고 이름한다."라고 말하는 것이다.[25]

---

19 앞의 두 가지 문구: "極成有法。極成能別。差別爲性。／隨自樂爲所成立性。是名爲宗."
20 아홉 가지 오류: 『因明入正理論』에 실린 주장의 오류 아홉 가지를 말한다. "名似立宗。謂現量相違。比量相違。自敎相違。世間相違。自語相違。能別不極成。所別不極成。俱不極成。相符極成."『因明入正理論』 권1(T32, 11b) 참조.
21 네 가지 불성(不極成): 『因明入正理論』에서 거론하는 아홉 가지 '주장의 오류(似立宗)' 가운데 能別不極成・所別不極成・俱不極成・相符極成의 네 가지 오류에서 벗어난다는 것.
22 다섯 가지 상위의 과실: 나머지 다섯 가지인 현량상위現量相違・비량상위比量相違・자교상위自敎相違・세간상위世間相違・자어상위自語相違의 오류에서 벗어난다는 것.
23 이하의 내용은 부연 설명이기에, 원효의『因明入正理論記』가 아니라 이를 인용한 선주의『因明論疏明燈抄』의 문장일 수 있다.
24 세 가지 인식수단(三量): 세 가지 인식수단은 현량과 비량 그리고 성언聖言이라고도 한역하는 지교량이다. "云何名爲證成道理。謂一切蘊皆是無常。衆緣所生苦空無我。由三量故如實觀察。謂由至敎量故由現量故。由比量故。由此三量證驗道理."『瑜伽師地論』권25(T30, 419b) 참조.
25 『因明論疏明燈抄』 권2(T68, 253b~c).

旣成隨自亦是樂爲所成立性者。曉云。隨自樂爲所成立者。卽有二義。一顯
異能成立。二明非不成立。初義者。因是能成立故。宗爲所成立也。而言隨
樂者。若言以聲無常。爲所立宗。卽所作性。是能成立。若言以聲所作性。爲
所立宗。卽無常性是能成立。所成不定。故言隨樂。第二義者。雖異能立。得
爲所立。若違立量。卽不成宗。要先自爲證成道理之所成立。方得成宗。故
言爲所成立。證成道理者。卽立量是也。言隨樂者。有欲立聲無常等。[1] 有欲
立色性空等。所成無量。故曰隨樂。言自樂者。顯異他義。謂若說他宗。不名
立宗。說自所樂。方是立宗。故言自樂。上來二句。顯離九過。何者。說二極
成。卽離四不成過。說所成立。卽離五相違失。如上所說。有四種義。具二極
成。遠離四過。不迷三量。一[2]言之內。含此衆義。如是言說。方爲眞宗。故
曰是名爲宗。

---

1) ⓐ『因明論疏明燈抄』의 갑본에는 '等' 뒤에 '者'가 있다.　2) ⓐ『因明論疏明燈抄』
의 저본의 주에서는 "一은 三인 듯하다."고 하였고, 갑본에서는 "一은 二이다."라고
하였다.

이유(因)의 세 가지 조건(三相)

논 산스끄리뜨 : 이유에는 세 가지 조건이 있다. 그러면 세 가지 조건이란 무엇인가? ① 주제에 소속된 성질인 점과, ② 동질적 주제에 존재하는 점과, ③ 이질적 주제에는 결코 존재하지 않는 점이다.

hetus trirūpaḥ/ kiṃ punas trairūpyam/ pakṣadharmatvaṃ sapakṣe sattvaṃ vipakṣe cāsattvam eva//

한역 : 이유(因)는 세 가지 특징을 갖는다. 무엇이 세 가지인가? 말하건대 ① 변시종법성, ② 동품정유성, ③ 이품변무성이다.[26]

因有三相。何等爲三。謂。遍是宗法性。同品定有性。異品遍無性。

산일문 4. '불의 뜨거움'에 대한 추론이 상부극성의 오류를 범하지 않는 이유

기 원효는 (다음과 같이) 말했다.

문 누군가가 추론식을 세워서 다음과 같이 말한다.

(주장) 연기가 있는 이곳에 불이 있다.
(이유) 연기가 나타나기 때문에

---

26 『因明入正理論』 권1(T32, 11b).

(실례) 마치 다른 '불이 있는 곳'처럼

(주장) 불이 있는 이곳에 (뜨거운) 촉감이 있다.
(이유) 불이기 때문에
(실례) 마치 다른 불처럼

이는 '('연기가 있는 곳'과 '불이 있는 곳'이라는) 두 곳에 있는 '불'이나 '(뜨거운) 촉감'의 상응물(인 '산'이나 '화덕')이 주장이 된다는 점'을 드러내는 것이지, 불이나 (뜨거운) 촉감 또는 이러한 불이나 (뜨거운) 촉감의 존재성을 성립시키는 것이 아니다.[27] 만일 그렇다면 ('불'과 '(뜨거운) 촉감'이) 유리遊離되어 있지 않다는 점을 (입론자와 적론자가) 함께 인정하는 것인데 어찌 상부(극성의 오류)가 아니겠는가?

답 멀리서 '연기' 등을 보거나 '마술사 주변의 불'을 본 것이 앎(量)이 되기 때문이다. 예를 들어서 마술사가 불 속을 밟고 다니더라도 그 발이 타지 않는데 누군가가 이를 보고서 "불에는 뜨거움이 없다."(라고 생각할 수 있다.) 또 밥 짓는 (아궁이) 불 속의 쥐를 보고서 "불 속에 뜨거움이 없다."(라고 생각할 수 있다.) 이제 이런 것 등을 (시정하기) 위하여 추론식

---

[27] 이상은 진나가 『因明正理門論本』(T32, 1c)에서 설명하는 다음과 같은 문장의 요약인 듯하다. "연기에 의해서 불을 성립시키고, 불에 의해서 (뜨거운) 촉감을 성립시키는 예에서 보듯이, 만일 유법有法에 의해서 다른 유법을 성립시키거나, 그에 해당하는 법을 성립시킨다면, 이런 이치는 어떻게 설명해야 할까? 이제 여기서는 그렇게 해서 불이나 (뜨거운) 촉감을 주장이 되도록 성립시키는 것이 아니다. 단지 이런 불이나 (뜨거운) 촉감과 상응하는 것(인 산이나 화덕)을 성립시키기 위한 것이다. 만일 그렇지 않다면 연기에 의해서 불이 성립하고, 불에 의해서 (뜨거운) 촉감이 성립하니 주장에 담긴 뜻 가운데 일부분만 이유로서 성립해야 할 것이다. 또 여기서 불이나 (뜨거운) 촉감의 존재성을 성립시키려고 하는 게 아니다. 누구나 그 존재를 알기 때문이다.(若以有法立餘有法。或立其法。如以烟立火。或以火立觸。其義云何。今於此中非以成立火觸爲宗。但爲成立此相應物。若不爾者。依烟立火依火立觸。應成宗義一分爲因。又於此中非欲成立火觸有性。共知有故。)"

(比量)을 세워서 "불이 있는 곳에는 반드시 뜨거운 촉감이 있어야 한다(宗)"라는 등(因, 喩)을 말한다. 따라서 상부극성의 오류는 없다.[28]

曉云。問。有立量云。此烟處有火。以現烟故。如餘火處。此火處中有觸。以火故。猶如餘火。此顯二處火觸相應爲宗。非立火觸是火觸性。若爾。共許不離。豈不相符。答。遠見烟等。及見術師邊火爲量故。如幻術人。雖踏火中。不燒其足。有人見之。火中無熱。又見㵎火鼠。火中無熱。今[1]爲此等。立比量云。火處應有熱觸等。故無相符。

1) ㉑『因明論疏明燈抄』의 갑본에는 '今'이 '令'으로 되어 있다.

산일문 5. 『인명정리문론』의 제4 게송에 대한 풀이

기 원효는 (다음과 같이) 말했다.

(『인명정리문론본』의 게송[29] 가운데) 제2구의 세 가지 주장[30]은 첫째 '항상 머묾(恒住)'이고, 둘째 '견고함(堅)'이고, 셋째 '굳건함(牢性)'이다.[31] 이 세 가지가 모두 "소리는 상주한다."라는 주장이다. (제3구의 세 가지 주장인) '의지적 노력이 아님(非勤)'과, '흘러감(遷)'과 '변치 않음(不變)'은 (『인명정리문론본』의 게송에서) 제3구의 세 가지 주장[32]을 노래한다. 첫째인 '노력이

---

28 『因明論疏明燈抄』권2(T68, 262b).
29 『因明正理門論本』권1(T32, 2a), "常無常勤勇。恒住堅牢性。非勤遷不變。由所量等九。"
30 제2구의 세 가지 주장: "恒住, 堅, 牢性"
31 원효는 '恒住堅牢性'을 위와 같이 '恒住, 堅, 牢性'으로 구분했지만, 선주에 의하면 규기와 원측圓測(613~696)은 '恒, 住, 堅牢性'으로 구분하였다고 하며, 신태神泰의 『理門論述記』권1(T44, 87a)과 둔륜遁倫(도륜道倫)의 『瑜伽論記』권13(T42, 597a)에서도 규기나 원측과 같이 '항'과 '주'를 구분하고 '견뢰성'을 하나의 단어로 취급하였다.
32 제3구의 세 가지 주장: "非勤, 遷, 不變"

아님(非勤)'과 둘째인 '흘러감(遷)'은 무상無常의 다른 이름이며, 셋째인 '변치 않음(不變)'은 상주常住의 다른 이름이다.[33]

> 曉云。第二句三宗者。一恒住。二堅。三牢性。此三竝是聲常之宗。非勤遷不變者。頌。第三句之三宗也。一非勤。二遷。是無常之異名。三不變。是常住之異名也。

산일문 6. '인因의 삼상三相'을 충족하는 추론식의 예시

🔲 논 산스끄리뜨 : 그중에서 주제에 소속된 성질인 '만들어진 것이라는 점'이나 '노력과 직결되어 있다는 점'은, 동질적 주제에만 존재하고 이질적 주제에는 결코 존재하지 않는다.

> tatra kṛtakatvaṃ prayatnānantarītakatvaṃ vā pakṣadharmaḥ sapakṣa evāsti vipakṣe nāsty eva/ ity anityādau hetuḥ//

한역 : 이 가운데 '지어진 것이라는 점' 또는 '의지적 노력과 간극 없이 일어난 것이라는 점'은 변시종법성이며 동품정유성이고 이품변무성으로 "⋯⋯은 무상하다."라는 등(의 주장)에 대한 이유因다.[34]

> 此中。所作性。或。勤勇無間所發性。遍是宗法性。同品定有性。異品遍無

---

[33] 『因明論疏明燈抄』 권2(T68, 270c).
[34] 『因明入正理論』 권1(T32, 11b).

性。是無常等因。

기 원효는 (다음과 같이) 말한다.

'일어난 것'이란 '발동함'의 뜻이다. 상주하는 법의 경우, '발동함'이 없기 때문에 '의지적 노력과 직결되어 일어난 것'이 아니다.[35]

曉云。所發者。發動義。以常住法無發動故。非是勤勇無間所發。

---

35 『因明論疏明燈抄』권2(T68, 271c).

산일문 7. 실례를 유喩라고 번역한 이유

🔲논 산스끄리뜨 : 실례는 두 가지이다. 동질성에 의하는 것과 이질성에 의하는 것이다.

dṛṣṭānto dvividhaḥ/ sādharmyeṇa vaidharmyeṇa ca//

한역 : 실례(喩)에는 두 가지 종류가 있다. 첫째는 동법同法이고 둘째는 이법異法이다.[36]

喩有二種。一者同法。二者異法。

🔲기 원효 법사는 (다음과 같이) 말했다.

여기서 '실례(喩)'라는 이름은 그 말이 비록 딱 들어맞는 것이 아니지만,[37] 그 뜻이 어긋나지 않기에 '실례'라는 이름을 그대로 놔두었다.[38]

曉法師云。此間喩名。語雖非當。而義不乖。故存喩名。

---

36 『因明入正理論』 권1(T32, 11b).
37 규기는 『因明入正理論疏』 권2(T44, 109a)에서 실례(喩)에 대해 다음과 같이 설명한다. "(실례를) 산스끄리뜨어로 '달리슬치안다達利瑟致案多(⑤ dṛṣṭānta)'라고 말한다. '달리슬치'는 '견見'을 말하고, '안다'는 '변邊'을 말한다. 이 비유比喩로 말미암아 주장(宗)이 궁극적으로 성립하기에 '변'이라고 말한다.(梵云達利瑟致案多。達利瑟致云見。案多云邊。由此比況。令宗成立究竟名邊。)"
38 『因明論疏明燈抄』 권3(T68, 285b~c).

산일문 8. 삼지작법의 추론식에서 이유(因)를 종법 宗法이라고 부르는 까닭

논 산스끄리뜨 : (이상으로 주장 등이 설명되었다. 이런 진술들은 타인을 납득시킬 때에 논증이 된다. 그것은 다음과 같다. '소리는 무상하다'라는 것은 주장적 진술이고,) '만들어진 것이기 때문에'라는 것은 주제의 성질에 대한 진술이다.

(uktāḥ pakṣādayaḥ// eṣāṃ vacanāni parapratyāyanakāle sādhanam/ tadyathā/ anityaḥ śabda iti pakṣavacanam/) kṛtakatvād iti pakṣadharmavacanam/

한역 : 지금까지 주장(宗) 등[39]에 대해 설명하였다. 이와 같은 여러 언구 言句들은 다른 이에게 앎을 열어 줄 때 능립能立이라고 이름 붙여 말한다. 예를 들어 "소리는 무상하다."라고 설하는 것, 이것은 주장(宗)을 제시하는 언구다. "지어진 것이기 때문에"라는 것, 이것은 종법宗法의 언구다.[40]

已說宗等。如是多言。開悟他時。說名能立。如說聲無常者。是立宗言。所作性故者。是宗法言。

기 그러므로 원효 법사는 (다음과 같이) 말했다.

"이것은 종법宗法의 언구言句다."라고 말한 것(의 의미는 다음과 같다). 여기에서 '이유(因)'의 경우 종법이라고 이름이 바뀐다. 그 까닭은 무엇인

---

39 주장(宗) 등 : 삼지작법 추론식의 구성요소인 주장(宗)·이유(因)·실례(喩).
40 『因明入正理論』 권1(T32, 11b).

가? 만약 (주장·이유·실례로 이루어진 삼지작법에서) 직접 '주장(宗)' 속으로 들어가면 (능별能別(述語, 法, ⓢ dharma)과 소별所別(主語, 有法, ⓢ dharmin)의) 두 가지 뜻이 마주 대하고 있는데, '능별'을 법이라고 이름하고 '소별'은 법이 아니다. 만일 (삼지작법 중의) '주장(宗)'으로 '이유(因)'를 대하면 '이유'가 법이라는 이름을 받게 되고, '주장'은 법이라고 이름하지 않는다. (삼지작법 중에서) '주장(宗)'은 자기 스스로 드러내지 못하며 그에 대한 '이유(因)'에 의존해야 비로소 이해가 발생하기 때문이다. 이제 이러한 '이유(因)'는 앞을 대하면 '주장'에 대한 이해를 이치에 맞게 발생시키고, 뒤를 대하면 '실례(喩)'의 언구言句가 생기도록 모색한다. 논적의 이론을 상대할 때에는 (이렇게) 이치에 맞추면서 또 모색도 하여 능히 '주장(宗)'을 성립시킨다. 따라서 (이유(因)를) '종법宗法'이라고 이름하는 것이다. 이런 의미 때문에 '주장'과 그 종류가 같은 것 및 다른 것에 대해서 직접 동품同品, 이품異品이라고 말하며, '이유'와 그 종류가 같은 것 및 다른 것에 대해서는 동법同法 및 이법異法이라고 부르는 것이다. 이것이 바로 인명학의 종지宗旨에서 변치 않는 법칙이다.[41]

故曉師云。言是宗法言者。此中就因。轉名宗法。其故何耶。若直就宗內。二義相望。能別名法。所別非法。若以宗望因。因受法名。宗不名法。宗不自顯。要待其因。方生解故。今此因者。望前卽軌生宗解。望後卽摸起喩言。對敵論時。軌而且摸。能成於宗。故名宗法。由是義故。於宗同類異類。直云同品異品。於因同類異類。乃號同法異法。此是因明之宗不易之法。

---

41 『因明論疏明燈抄』 권3(T68, 303a). 福士慈稔의 연구서(앞의 책, p.94)에서는 이에 이어지는 "顯立因法必須言故者。對敵說因。必須言故。不爾便非顯宗所以。前者欲顯同品定有等者。前指法中擧二因者。顯遍不遍皆有正因。三相異故。別顯二因。"이라는 문장을 원효의 주석에 포함시키지만, 이 문장은 규기의 『因明入正理論疏』 권2(T44, 113a)의 문구 가운데 '顯立因法必須言故'에 대해 선주가 설명하는 문장으로 『因明入正理論記』의 일문逸文이 아니다.

산일문 9. 삼지작법의 추론식의 실례(喩)에서 동질적 주제에 대한 진술

논 산스끄리뜨 : "만들어진 것은 무엇이건 무상함이 목도된다. 예를 들어 항아리 등과 같이."라고 하는 것은 동질적 주제에 해당되는 진술이다.

yat kṛtakaṃ tad anityaṃ dṛṣṭaṃ yathā ghaṭādir iti sapakṣānugamavacanam/

한역 : "만일 만들어진 것이라면 그것의 무상함을 본다. 마치 항아리 등과 같이."라는 것은 동품同品에 따르는 언구다.[42]

若是所作。見彼無常。如瓶等者。是隨同品言。

기 원효 법사는 (다음과 같이) 말했다.

'같은 경우의 실례(同喩)'에 (대해 설명하면)서 '동품同品에 따르는 언구'라고 말한 것(의 의미는 다음과 같다). '따름'이라는 언구는 '벗어남에서 벗어나지 않지 않음', 즉 '결합'인데, 능립能立인 '이유(因)'를 제시하고[43] (그런 이유가) '주장(宗)'과의 동품同品[44]을 따라 결합하여 벗어나지 않게 한다.[45] 벗어나지 않기 때문에 비로소 주장을 드러낼 수 있다. 만일 어떤 때

---

[42] 『因明入正理論』 권1(T32, 11b).
[43] 예를 들면 "(주장) 저 산에 불이 있다. (이유) 연기가 있기 때문에. (실례) 연기가 있는 곳에는 반드시 불이 있다. 마치 아궁이와 같이."라는 추론식의 (실례)에서 '연기가 있는 곳에는……'이라고 말하면서, 이유에서 거론한 '연기'를 제시하는 것.
[44] 위의 추론식의 주장에서 말하듯이 '불이 있는 곳'.
[45] 위의 추론식의 (실례)에서 "연기가 있는 곳에는 불이 있다."라고 말하면서, (이유)에서

에는 결합하지만 다른 때에는 벗어나기도 한다면, 이것으로 인해서 저것을 드러낼 수가 없다. 예를 들어서 비가 결코 구름에서 벗어나지 않기 때문에 비를 보면 구름이 있다는 점을 확실히 알지만, 구름이 반드시 비와 결합한 것은 아니기에 구름을 본 것이 비가 내린다고 아는 일을 확정하지는 않는 것과 같다. 여기서 말하는 '이유(因)'도 역시 이와 마찬가지라서 '따르는 것'이 반드시 필요하다.[46]

> 曉師云。同喩中言。隨同品言者。隨言不不離離。卽合擧能立因。隨宗同品。合令不離。由不離故。方得顯宗。若有時合。而有離者。不能因此。而顯彼也。如雨必不離雲。故見雨定知有雲。雲未必合雨。故望雲不定知雨。此因亦爾。故必須隨。

거론한 '연기'는 주장에서 거론한 '불'과 항상 결합해 있으며 벗어나지 않는다는 점을 제시하는 것. 즉, '긍정적 수반'으로서의 변충遍充(⑤ vyāpti, 또는 주연관계周延關係)에 대한 설명이다.

[46] 『因明論疏明燈抄』 권3(T68, 303c).

산일문 10. 삼지작법의 추론식의 실례(喩)에서 배제 관계에 대한 진술

논 산스끄리뜨 : "상주하는 것은 무엇이건 만들어진 것이 아님이 목도된다. 예를 들어 허공과 같이."라고 하는 것은 배제관계에 대한 진술이다.

yan nityaṃ tad akṛtakaṃ dṛṣṭam yathākāśam iti vyatirekavacanam//

한역 : 만일 어떤 것이 상주한다면, 만들어진 것이 아님을 본다. 마치 허공과 같이. 이것은 '멀리 벗어남(遠離)'의 언구言句다.[47]

若是其常。見非所作。如虛空者。是遠離言。

기 원효 법사는 (다음과 같이) 말했다.

'다른 경우의 실례(異喩)' 중에서 '멀리 벗어남(遠離)'이라는 언구(의 의미는 다음과 같다). "잠시라도 결합함이 없다."라는 의미에서 '멀리 벗어남'이라고 말한다. 이는 '이유(因)'에서 멀리 벗어난 이품異品을 억제하면서, '이유'와 언제나 결합하는 동품同品을 현양하게 된다. 만일 이품에서 멀리 벗어나는 것이 아니라면, 동품에서 아마 언제나 결합하는 것(만)은 아닐 것이다. 언제나 결합하는 것이 아니기 때문에 '주장'이 기울고 만다. 예를 들어서 "불들이 언제나 연기를 생하지 않기 때문에, 푸른 연기는 반드시 불에서 생기는 것을 안다."라는 것과 같다. 만일 그런 연기가 물과

---

47 『因明入正理論』 권1(T32, 11b).

결합한다면 누가 연기를 보고서 불이라고 확실히 알 수 있겠는가? 또 응당 (다음과 같은 사실을) 알아야 한다. 이러한 결합함과 벗어남의 문구들이 정해진 대로 고告해야 하는 하나의 언사言辭를 농락하면 갖가지 잘못을 생하게 된다. 결합의 문장[48]에서는 이유(因)로 하여금 동품에 결합하게 하고[49] 동품이 이유에 결합하게 해서는 안 되며,[50] 벗어남의 문장[51]에서는 이품으로 하여금 이유에서 벗어나게 하고[52] 이유로 하여금 이품에서 벗어나게 해서는 안 되는 것[53]과 같다. 왜 그런가? '문장의 뜻이 순응하게 만들려고 하기 때문'이다. 이를테면, '벗어남의 뜻'이 이미 '결합의 뜻'과 서로 모순되었기에, '벗어남의 문장'은 '결합의 문장'과 서로 반대되어야 한다. 이것이 '문장의 뜻이 서로 순응하(게 만들려고 하)기 때문'이라고 하는 까닭이다.[54]

曉師云。異喩中言。遠離言者。無暫合義。故言遠離。是抑異品與因遠離。卽揚同品與因永合。若於異品非遠離者。卽於同品恐非永合。非永合故。宗卽傾矣。如似諸火永不生烟。故知靑烟必生於火。設使彼烟亦合於水。誰能望烟定知火乎。又應知。是合離文言。調揩定告之一言。卽生衆過。如合文中。令因合於同品。不令同品合因。離文之中。使異品離於因。非使因離異品。

---

48 결합의 문장 : 같은 경우의 실례를 드는 문장. 즉 동법유同法喩.
49 예를 들어서 "주장(宗): 저 산에 불이 있다. 이유(因): 연기가 있기 때문에……"로 시작하는 추론식에서 '아궁이와 같은 실례(同喩)'를 들면서 "연기(이유, 因)가 있는 곳에는 반드시 불이 있다.(同品)"라고 말하는 것.
50 예를 들어서 위의 추론식에서 "불(同品)이 있는 곳에는 반드시 연기(이유, 因)가 있다."라고 말해서는 안 되는 것.
51 벗어남의 문장 : 다른 경우의 실례를 드는 문장. 즉 이법유異法喩.
52 예를 들어서 앞의 추론식에서 '호수와 같은 다른 경우의 실례(異喩)'를 들면서 "불이 없는(異品) 곳에는 결코 연기(이유, 因)가 없다."라고 말하는 것.
53 예를 들어서 앞의 추론식에서 "연기(이유, 因)가 없는 곳에는 결코 불이 없다.(異品)"라고 말하지 않는 것.
54 『因明論疏明燈抄』권3(T68, 303c~304a).

何以故。欲令文義隨順故。謂。離義旣與合義相違。離文宜與合文相倒。[1] 是謂文義相順故也。

---

1) ㉑『因明論疏明燈抄』의 원본 주에서 "倒는 例인 듯하다."고 하였다.

산일문 11. 사인似因 가운데 세간상위世間相違의 오류

논 산스끄리뜨 : 세간에 모순되는 것은 예를 들어 "회토는 달이 아니다.(주장, 宗) 존재이기 때문이다.(이유, 因)"라고 하는 것과 같으며, "남자의 두개골은 청정하다.(주장, 宗) 생명의 일부분이기 때문에.(이유, 因) 자개와 같이.(실례, 喩)"라고 하는 것과 같다.

lokaviruddho yathācandraḥ śaśī bhāvād iti/ śuci naraśiraḥkapālaṃ prāṇyaṅgatvāc chaṅkaśuktivad iti//

한역 : 세간상위란 것은 예를 들어서 "'회토懷兎'[55]는 '달'이 아니다. 존재이기 때문에"와 같은 것이다. 또 "사람의 정골頂骨은 청정하다. 생명체의 일부분이기 때문에. 마치 자개와 같이."와 같은 것이다.[56]

世間相違者。如說懷兔非月有故。又如說言。人頂骨淨。衆生分故。猶如螺貝。

기 원효 법사는 (다음과 같이) 말했다.

"회토懷兎"[57]는 유법有法이다. "달이 아니다."라는 법法이다. 법과 유법

---

55 회토懷兎 : 인도에서는 '달(月, ⓢ candra)'을 '토끼를 품은 것(懷兎, ⓢ śaśin)'이라고도 불렀다. 금성을 샛별이라고 부르는 것과 같이 달과 회토는 이음동의어異音同義다. 그런데 위의 논의를 보면 원효는 회토를 원래의 의미인 '토끼를 품은 것'이 아니라 한자적漢字的 의미 중 하나인 '(달이) 품은 토끼'로 이해한 듯하다.
56 『因明入正理論』 권1(T32, 11c).
57 우리나라에서도 달에서 "옥토끼가 떡방아를 찧는다."라고 하듯이 토끼의 모습이 보이기에 붙은 이름이다.

이 결합함으로써 주장(宗)이 된다. '존재이기 때문에'라고 말한 것은 이유 (因)다. 그는 동유同喩를 설하여 "마치 창문과 같다."[58]라고 말한다. 이 논사論師의 생각을 말하면 다음과 같다. 달은 하늘의 구멍으로 허공이 없는 곳인데, '회토'는 그런 구멍에 그림을 그린 곳이기 때문에, "회토는 달이 아니다. 존재이기 때문에"라고 말한다. 그러나 세간에서는 모두들 "회토는 달이며, 달 그 자체는 허공이 아니다."라고 말한다. 따라서 (세간)상위 (의 오류)인 것이다.[59·60]

曉法師云。如說懷兔者。是有法。非月者是法。法與有法。合以爲宗。言有故者。是因。彼說同瑜。言猶如窓牖。是師意言。月是天孔中空之無。懷兔是圖孔之處故。言。懷兔非月。是有故。而諸世間。皆謂懷兔是月。月體非空。故相違也。

---

[58] 여기서 말하는 창문은 현대와 같은 투명한 유리창이 아니라, 한지韓紙를 바른 창일 것이다. 과거에는 한지를 바른 창에 사군자와 같은 갖가지 그림을 그려 놓기도 했다. 달에서 옥토끼가 떡방아를 찧는다는 전설적 묘사에서 보듯이, 달에서 토끼를 품은(懷兔) 모습이 보인다. 회토 역시 한지 창문의 그림과 마찬가지로 달에 그려진 그림이다. 논사는 한지로 된 창문에 그려진 그림이 창문이 아닌 것과 같이 달에서 보이는 회토는 달이 아니라고 생각하는 것이다.

[59] 규기窺基의 『因明入正理論疏』 권2(T44, 115b)에서는 "토끼를 품은 것은 달이 아니다. 실체를 갖기 때문에. 마치 해와 별 등처럼. 비록 이유(因)와 실례(喩)가 올바르지만 주장(宗)이 세간(의 상식)과 위배되므로 오류라고 이름한다.(懷兔非月。有體故。如日星等。雖因喩正。宗違世間。故名爲過。"라고 해설한다.

[60] 『因明論疏明燈抄』 권3(T68, 313a).

산일문 12. 사인似因 가운데 여섯 가지 부정인不定因

🔲 산스끄리뜨 : 불확정적인 것은 여섯 가지이다. 그것은 다음과 같다. (1) 공통된 것과, (2) 공통되지 않은 것과, (3) 동질적 주제의 일부분에 해당(轉)되고 이질적 주제의 전체에 해당되는 것과, (4) 이질적 주제의 일부분에 해당되고 동질적 주제의 전체에 해당되는 것과, (5) 양측의 주제의 일부분에 해당되는 것과, (6) 모순이 확정적인 것이다.

anaikāntikaḥ ṣaṭprakāraḥ/ tadyathā/ (1) sādhāraṇaḥ, (2) asādhāraṇaḥ, (3) sapakṣaikadeśavṛttir vipakṣavyāpī, (4) vipakṣaikadeśavṛttiḥ sapakṣavyāpī, (5) ubhayapakṣaikadeśavṛttiḥ, (6) viruddhāvyabhicārī ceti//

한역 : 부정인不定因에는 여섯 가지가 있다. (1) 첫째는 공共(부정인), (2) 둘째는 불공不共(부정인), (3) 셋째는 동품의 일부에 해당(轉)하고 이품에는 모두 해당함(의 부정인), (4) 넷째는 이품의 일부에 해당하고 동품에는 모두 해당함(의 부정인), (5) 다섯째는 (동품과 이품의) 양쪽에서 일부만 해당함(의 부정인), (6) 여섯째는 상위결정(의 부정인)이다.[61]

不定有六。一共。二不共。三同品一分轉異品遍轉。四異品一分轉同品遍轉。五俱品一分轉。六相違決定。

🔲 원효는 (다음과 같이) 말했다.

🔲 '해당함(轉)'이(라는 문구가) 있는 세 구절[62]에 의지하여 다른 구절들

---

61 『因明入正理論』 권1(T32, 11c).

이 있어야 하리라. (그것들은) 무엇인가? 첫 번째의 '해당함'(③)에 의지하여 다시 두 가지 구절이 생긴다. 첫째는 ① 동품의 일부에 해당하고 이품에는 모두 해당하지 않는 것이고, 둘째는 ② 동품에는 모두 해당하고 이품에는 모두 해당하지 않는 것이다. 두 번째의 '해당함'(④)에 의지해서도 두 가지 구절이 있다. 첫째는 ③ 이품에는 일부만 해당하고 동품에는 모두 해당하지 않는 것이고, 둘째는 ④ 이품에는 모두 해당하고 동품에는 모두 해당하지 않는 것이다. 세 번째의 '해당함'(⑤)에 의지해서도 두 가지 구절이 있다. 첫째는 ⑤ (동품과 이품의) 양쪽에서 모두 해당하는 것이고, 둘째는 ⑥ 양쪽에서 모두 해당하지 않는 것이다. 이와 같이 추구하면 모두 합하여 아홉 가지 구절이 있게 된다. (그런데) 여기서 어째서 (이러한) 여섯 구절들을 도입하지 않았는가?

답 처음의 두 가지 구절(①·②)은 오류가 없는 이유(因)로, 앞의 두 가지 '참된 이유(眞因)'[63]에 이미 수록되어 있다. 중간의 두 가지 구절(③·④)은 '상위인相違因'인데, 나중(에 거론하는) 네 종류의 상위인에 들어가기 때문에 저 네 구절은 이 (부정인의) 부문에 도입하지 않았다. 나중의 두 가지 구절(⑤·⑥)은 앞에서 이미 도입했는데 '해당함'이라는 명칭 때문에 그대가 알아채지 못한 것이다. (동품과 이품의) 양쪽에서 모두 해당하는 것(⑤)의 경우 '공통됨(共)'으로 명칭이 바뀌어서 첫 번째의 (부정)인에 수록되어 있고((1)), 양쪽에서 모두 해당하지 않는 것(⑥)의 경우 '공통되지 않음(不共)'으로 명칭을 바꾼 것으로 두 번째 구절이다((2)). 어째서 이름을 바꾼 것인가? 번잡한 문장을 감내堪耐하지 못하기 때문이다. 따라서 모든 것을 끝까지 찾아보니 버린 것이 없음을 안다.[64]

---

62 『因明入正理論』에서 열거하는 여섯 가지 부정인 가운데 제3, 제4, 제5의 세 가지 부정인.
63 참된 이유(眞因) : 정인正因을 의미한다.
64 『因明論疏明燈抄』권4(T68, 355a~b).

曉云。問。依三轉句。應有餘句。何者。依第一¹⁾轉更生二句。一同品一分轉異品遍不轉。二同品遍轉異品遍不轉。依第二轉亦有二句。一異品²⁾一分轉同品遍不轉。二異品遍轉同品遍不轉。依第三轉亦有二句。一俱品遍轉。二俱品遍不轉。如是推求。合有九句。此中何故。六句不來。答。初二句者。是無過因。已³⁾在於前二種眞因也。中間二⁴⁾句。是相違因。及入於後四種相違。故彼四句。不來此門。後二句者。先來已入。而轉名故。汝不識了。俱品遍轉者。轉名爲共。在第一因。俱品遍不轉者。轉名不共。是第二句。何以轉名者。不耐煩文故。故知。究尋一切。無所遣⁵⁾也。

---

1) ㉑『因明論疏明燈抄』의 갑본에는 '一'이 '二'로 되어 있다. 2) ㉑ '一分…品'의 29자는 『因明論疏明燈抄』의 갑본에는 누락되어 있다. 3) ㉑『因明論疏明燈抄』의 갑본에는 '已'가 '也'로 되어 있다. 4) ㉑『因明論疏明燈抄』의 갑본에는 '二'가 '三'으로 되어 있다. 5) ㉑『因明論疏明燈抄』의 갑본에는 '遣'이 '遺'로 되어 있다.

산일문 13. 사인似因 가운데 법자상상위인法自相相違因의 예시[65]

(3) 모순적(viruddha) 사인似因

논 산스끄리뜨 : 모순된 것은 네 가지이다. 그것은 다음과 같다. ① 법 그 자체의 성질과 상반된 능증과, ② 법의 특질과 상반된 능증과, ③ 유법有法 그 자체의 성질과 상반된 능증과, ④ 유법의 특질과 상반된 능증이다.

그중에서 ① 법 그 자체의 성질과 상반된 능증이란 예를 들어 '말은 상주한다. 만들어진 것이기 때문에. 또는 노력과 직결되어 있기 때문에'라고 하는 것과 같다. 이런 이유는 이질적인 주제에만 존재하기 때문에 모순된 것이다.

viruddhaś catuḥprakāraḥ/ tadyathā/ dharmasvarūpaviparītasādhanaḥ, dharmaviśeṣaviparītasādhanaḥ, dharmisvarūpaviparītasādhanaḥ, dharmiviśeṣaviparītasādhanaś ceti//

tatra dharmasvarūpaviparītasādhano yathā nityaḥ śabdaḥ kṛtakatvāt prayatnānantarīyakatvād veti/ ayaṃ hetur vipakṣa eva bhāvād viruddhaḥ//

---

[65] 앞의 주석에서 설명했듯이, 이 단편은 정경의 『明本抄』에 인용된 문장이다. 후쿠시 지닌(福士慈稔)은 이 인용문의 출처가 원효의 『廣百論』 관련 주석일 것으로 추정한다. 여기서 거론하는 '육구의六句義'와 '동이성同異性'에 대한 설명이 호법護法의 『大乘廣百論釋論』에 실려 있으며, 원효의 저술 가운데 『廣百論宗要』나 『廣百論旨歸』 등이 있었다고 하지만, 『明本抄』가 『因明入正理論』의 주석이며, 위에서 보듯이 '원효 스님의 주석에서는 다음과 같이 말했다(元曉師釋云)'라고 표현하고 있기에, 이는 『因明入正理論記』의 인용이라고 보아야 할 것이다.

한역 : 상위인에는 네 가지가 있다. 말하자면 ① 법자상상위인, ② 법차별상위인, ③ 유법자상상위인, ④ 유법차별상위인 등이다.

이 가운데 ① 법자상상위인은 다음과 같다. 예를 들어서 '소리는 상주한다(주장), 만들어진 것이기 때문에. 또는 의지적 노력과 간극 없이 발생하는 것이기 때문에(이유)'라고 설하는 것과 같다. 이런 '이유'는 오직 이품에만 존재한다. 그러므로 상위인이다.[66]

相違有四。謂法自性[1]相違因。法差別相違因。有法自相相違因。有法差別相違因等。此中法自相相違因者。如說聲常。所作性故。或勤勇無間所發性故。此因唯[2]於異品中有。是故相違。

1) ㉘ '性'은 송宋, 원元, 명明, 궁본宮本 및 고려대장경에는 '相'으로 되어 있다. 2) ㉘ '唯'는 송, 원, 명, 궁본에는 '惟'로 되어 있다.

기 원효 법사의 주석에서는 다음과 같이 말했다.

저 승론사勝論師의 육구의六句義[67] 가운데 동이성同異性이 있다.……이런 삿된 이치로 말미암아 '소리는 무상하다'는 주장을 파괴시킨다.[68·69]

---

66 『因明入正理論』 권1(T32, 11b).
67 육구의六句義([S] padāthta) : 승론勝論 또는 위세사衛世師라고 한역하는 바이셰시카([S] Vaiśeṣka) 학파에서 주장하는 근본 원리로, 실체(實, [S] dravya)·속성(德, [S] guṇa)·운동(業, [S] karma)·보편(同性, [S] sāmānya)·특수(異性, [S] viśeṣa)·내속內屬(和合, [S] samavāya)의 여섯이다.
68 『明本抄』 제2(T69, 427c).
69 인용문의 중간 부분이 '내지乃至'라는 말로 생략되어 있긴 하지만, 짐작컨대 원효는 승론학파에서 "말(聲, [S] śabda)은 무상하다.(종宗, 주장) 귀에 들리기 때문에.(인因, 이유) 마치 성성聲性과 같이.(유喩, 실례)"라는 추론식을 제시할 경우 이 추론식에 사용된 인因은 법자상상위의 오류를 범한다는 점을 지적했던 것 같다. 승론학파에서는 "말(聲, [S] śabda)은 무상하다.(종宗, 주장) 만들어진 것이기 때문에. 마치 물단지와 같이."라는 추론을 수용하면서, 이와 함께 육구의六句義 가운데 보편(同性, [S] sāmānya)이나 특수(異性, [S] viśeṣa) 모두 현량現量의 대상이라고 주장한다.("如勝論執。同異性等。是現量

元曉師釋云。彼勝論師六句義內。有同異性。乃至。由是邪義故。令聲無常宗壞也。

境.",『大乘廣百論釋論』, T30, 217b) 어떤 단어를 듣고 그 의미를 이해할 때, 그 의미는 서양철학에서 말하는 보편(Universal), 일반자(General), 개념(Concept), 또는 이데아(Idea) 등에 다름 아닌데, 이를 인도논리학에서는 '성성聲性(śabdatva)'이라고 부른다. 그런데 승론학파에서는 누군가가 말을 할 때 '특수(異性)인 그 소리(聲)'만 현량의 대상인 것이 아니라, 그 의미인 '보편(同性)으로서의 성성' 역시 현량의 대상으로 귀에 직접 들린다고 주장하는 것이다. (참고로, 불교적 인식논리학인 디그나가(S Dignāga)의 인명학에서는 '말소리의 의미'인 성성은 비량比量의 대상이라고 주장한다.) 그렇다면 "말(聲)은 무상하다.(宗) 귀에 들리기 때문에.(因) 마치 성성聲性과 같이.(喩)"라는 추론식 역시 타당해야 한다. 그러나 '보편인 성성'은 '상주常住'하기에, 그것이 귀에 직접 들린다는 인因을 제시할 경우, "말은 무상하다."라는 주장명제에서 그 술어述語인 '무상함'이라는 법을 훼손하는 인, 즉 '법 그 자체의 성질(法自相)과 상반된(相違) 인'을 갖는 잘못된 추론이 되고 만다.

찾아보기

집일 승만경소

가상嘉祥 / 101
견도見道 / 116
견일처주지見一處住地 / 93
견일처주지번뇌見一處住地煩惱 / 101
결정취적決定趣寂 / 129
과상번뇌果上煩惱 / 118
관상번뇌觀上煩惱 / 118
근본 번뇌根本煩惱 / 36
근본지根本智 / 108
금강심金剛心 / 115
금강지金剛智 / 96
기번뇌起煩惱 / 93
기별記別 / 88

『내전록內典錄』 / 64
『능가경楞伽經』 / 149

단나바라밀 / 47

대력大力 / 85
『대법론對法論』 / 106, 141
『대승기신론大乘起信論』 / 98
대승도大乘道 / 173
『대지도론大智度論』 / 115
득상번뇌得上煩惱 / 118

마정설법摩頂說法 / 83
『묘법연화경妙法蓮華經』 / 57
무간도無間道 / 104, 116
무공용無功用 / 83
무량계장無量界藏 / 43
무루업상無漏業相 / 109
무명주지번뇌無明住地煩惱 / 93, 97, 105
『무상의경無上依經』 / 108, 109
무생법인無生法忍 / 83
무여열반無餘涅槃 / 74, 127, 128
무외상번뇌無畏上煩惱 / 118
무제無諦 / 155
무학無學 / 59
『문수문경文殊問經』 / 64

바라밀波羅蜜 / 47, 53
바라제목차波羅提木叉 / 60
방편상번뇌方便上煩惱 / 118
번뇌심소 / 87
『법고경法鼓經』 / 83
법공法空 / 102
법아집法我執 / 87
『법화경法華經』 / 64, 158
『법화론法華論』 / 84, 130
벽지불辟支佛 / 83
변역생사變易生死 / 84, 112
변행 심소 / 87
『보굴寶窟』 / 39, 101, 108, 167
보리지菩提智 / 105, 108
『보살영락본업경菩薩瓔珞本業經』 / 78, 83, 96, 98
부정종성不定種姓 / 132
분단생사分段生死 / 83, 84
분별기혹分別起惑 / 97
불상응不相應 / 87
불요의설不了義說 / 77
불지佛地 / 115
불환과不還果 / 88, 127
비니毗尼 / 66
비리야바라밀 / 48
『비바사론毘婆沙論』 / 88

사섭법四攝法 / 33
사위국舍衛國 / 178

살바다薩婆多 / 145
살바야薩婆若 / 135
『살차니경薩遮尼經』 / 79
삼장三藏 / 61
삼취정계三聚淨戒 / 36
상번뇌上煩惱 / 93, 118
상혹相惑 / 110
색애주지色愛住地 / 93
생공生空 / 102
선상번뇌禪上煩惱 / 118
선정바라밀 / 48
섭률의계攝律儀戒 / 36
섭선법계攝善法戒 / 36
섭수攝受 / 41
섭중생계攝衆生戒 / 36
성문승聲聞乘 / 132
성실종成實宗 / 145
세제일법世第一法 / 116
소분 열반少分涅槃 / 105
소승종小乘宗 / 145
수다원須陀洹 / 130
수면隨眠 / 119
수번뇌隨煩惱 / 36
순결택분順決擇分 / 59, 175
순해탈분順解脫分 / 59, 175
승만勝鬘 / 27
『승만경勝鬘經』 / 57, 153
『승만경의소勝鬘經義疏』 / 167, 175
승만부인사자후경勝鬘夫人師子吼經 / 180
승복僧馥 / 153
시라바라밀 / 47
『신론新論』 / 104
심상번뇌心上煩惱 / 118
십육심十六心 / 142

아나함과阿那含果 / 127
아난阿難 / 179
아뇩阿耨 / 55
아뇩다라삼먁삼보리阿耨多羅三藐三菩提 / 124
아라한阿羅漢 / 66, 83
아라한과阿羅漢果 / 127
아뢰야식阿賴耶識 / 93
아유도阿踰闍 / 28
아집我執 / 158
여래장如來藏 / 151, 166
여량지如量智 / 53
여리지如理智 / 53
역상번뇌力上煩惱 / 118
연각승緣覺乘 / 132
『열반경涅槃經』 / 130
욕애주지欲愛住地 / 93
욕애주지번뇌欲愛住地煩惱 / 101
『유가론瑜伽論』 / 43
『유가사지론瑜伽師地論』 / 74, 88, 129, 142
유애주지有愛住地 / 93
유애주지번뇌有愛住地煩惱 / 114
유여 공덕有餘功德 / 105
유여열반 / 128
유여의有餘依 / 74
유여의 고제 / 105
유여의 도제 / 105
유여의 멸제 / 105
유여의열반有餘依涅槃 / 129
유여의 집제 / 105
유여 청정有餘清淨 / 105

유여 해탈有餘解脫 / 105
유위법有爲法 / 166
유제有諦 / 155
유학有學 / 59
육처六處 / 61
응화성문應化聲聞 / 130
의생신意生身 / 81, 85, 86, 93, 112
이염爾焰 / 29
인공人空 / 146
『인왕경仁王經』 / 135
인집人執 / 158
일불승一佛乘 / 57
일향취적성문一向趣寂聲聞 / 130

작득주지번뇌作得住地煩惱 / 146
전식轉識 / 97
전제라旃提羅 / 27
정법正法 / 41
정수상번뇌正受上煩惱 / 118
정영 법사淨影法師 / 54
정체지正體知 / 41
제일의승第一義乘 / 134
제일의제第一義諦 / 96, 155
주지번뇌住地煩惱 / 93, 97, 114, 140
증상심학增上心學 / 64
지계持戒 / 35
지상번뇌智上煩惱 / 118
지상번뇌止上煩惱 / 118
진견도眞見道 / 97
진여계眞如界 / 41

찾아보기 • 359

찬제바라밀 / 48
천제석天帝釋 / 179
출생出生 / 58

『탐현기探玄記』/ 64
퇴보리심성문退菩提心聲聞 / 130

파순波旬 / 94
팔만사천법문八萬四千法門 / 42

항사번뇌恒沙煩惱 / 97
해탈도解脫道 / 116
향상香象 / 64
허위중생虛僞衆生 / 82
『현겁경賢劫經』/ 43
현관現觀 / 141
현식現識 / 87
후득지後得智 / 108
후유後有 / 82, 127

88가지 사使 / 101

집일 능가경소

관찰선觀察禪 / 193
구생아견俱生我見 / 196

무여열반無餘涅槃 / 195

분별아견分別我見 / 196

『승만부인경勝鬘夫人經』/ 191

여래선如來禪 / 193
우치선愚癡禪 / 193
『유가사지론瑜伽師地論』 / 197
의생신意生身 / 191
의성법신意成法身 / 189, 190

자성법신自性法身 / 189, 190
진여선眞如禪 / 193

집일 능가경종요

구경일승究竟一乘 / 217
『기신론起信論』 / 210

『능가경楞伽經』 / 206

『대승기신론大乘起信論』 / 211
대원경지大圓鏡智 / 205

무부무기無覆無記 / 205

미란迷亂 / 209
미집迷執 / 209

법집法執 / 205
『보성론요간寶性論料簡』 / 220
불지佛智 / 215

『섭대승론攝大乘論』 / 207, 211, 216
『십문화쟁론十門和諍論』 / 219

연기문緣起門 / 213

『유가사지론瑜伽師地論』 / 205, 211
의지문依持門 / 213
이숙과異熟果 / 209
이숙법異熟法 / 205

『중변분별론中邊分別論』 / 207
진심眞心 / 210

장식藏識 / 205, 210

『해심밀경解深密經』 / 206

집일 겁장

『겁파장劫波章』 / 229
『구사론俱舍論』 / 229, 236

『대지도론大智度論』 / 235

상호업相好業 / 228
성문장聲聞藏 / 236

염부제閻浮提 / 233

정량부正量部 / 228

향취산香醉山 / 233

집일 보살영락본업경소 상권

ㄱ

공공空空의 문門 / 250
과승천果勝天 / 261
권교문權敎門 / 259
『기신론起信論』 / 259

ㄷ

『대법론對法論』 / 257
『대비경大悲經』 / 251
대정천大靜天 / 261
대치지對治支 / 257
도종성道種姓 / 248, 254
등각성等覺性 / 255

ㅁ

마혜수라천摩醯首羅天 / 261
묘각성妙覺性 / 255
무구지無垢地 / 255

ㅂ

『범망경소梵網經疏』 / 262
법선 율사法洗律師 / 262
『보살계본지범요기菩薩戒本持犯要記』 / 256

보인報因 / 251
복과천福果天 / 261
『본업경本業經』 / 262

ㅅ

생득선生得善 / 251
「석의품釋義品」 / 259
성종성性種姓 / 248, 254
성종성聖種姓 / 254
숙명宿命 / 253
습종성習種性 / 248, 254
십지十地 / 254
십회향十回向 / 254

ㅇ

여래지如來地 / 255
연인緣因 / 251
오정거천五淨居天 / 261
『유가사지론瑜伽師地論』 / 254
의주석依主釋 / 248
이익지利益支 / 257
일지경계一地境界 / 255

ㅈ

작득선作得善 / 251

찾아보기 • 363

정인正因 / 251
제2정려 / 257
제3정려 / 257
제4정려 / 258
종성種姓 / 248
중현문重玄門 / 250
증상연增上緣 / 251
지업석持業釋 / 248
『지지론地持論』 / 254
진실의眞實義 / 259

천안天眼 / 253
천태天台 / 262
초정려初靜慮 / 257

『화엄경華嚴經』 / 259
화엄종華嚴宗 / 253

집일 인왕경소

도종성道種姓 / 271

무생無生 / 269

법공관法空觀 / 271
본각本覺 / 270

분별사分別事 / 270
분별사식分別事識 / 270

성종성性種姓 / 271
습종성習種姓 / 271

『유가사지론瑜伽師地論』 / 271

제8식 / 270
『지지론地持論』 / 271

평등공平等空 / 271

집일 일도의

『기신론起信論』 / 280

집일 해심밀경소

가야伽耶 / 293
겁빈나劫賓那 / 292

대수석帶數釋 / 289, 293
대시석帶時釋 / 289, 290

나제那提 / 293

말나식末那識 / 292
무재석無財釋 / 288, 290

복장자福長者 / 293

삼성三性 / 293
상위석相違釋 / 289, 293
소원석疎遠釋 / 289, 290
순속석順屬釋 / 289
신자身子 / 292

유재석有財釋 / 288, 293

윤왕輪王 / 293
의반석依伴釋 / 288, 290
의주석依主釋 / 288, 292
이제二諦 / 293
인근석隣近釋 / 289, 293

장식藏識 / 292
지업석持業釋 / 288, 292
지체석持體釋 / 288

집일 삼론현의

공화空華 / 302

『삼론현의三論玄義』 / 302
선취공善取空 / 302
손감損減 / 302

악취공惡取空 / 302
의타공依他空 / 302

진공眞空 / 302

필경무畢竟無 / 302

환화幻化 / 302

집일 대승기신론요간

『해동요간海東料簡』/ 310

집일 인명입정리론기

네 가지 불성 / 334
능립能立 / 327
능별能別 / 343
능파能破 / 327

다섯 가지 상위의 과실 / 334
동품정유성同品定有性 / 336, 339

법法 / 328
법자상상위인法自相相違因 / 354, 355
법차별상위인法差別相違因 / 355
변시종법성遍是宗法性 / 336, 339
부정인不定因 / 351
불제자 / 328
비량比量 / 327

사립종似立宗 / 328

삼매三昧 / 330
상부극성相符極成 / 328, 338
상위인相違因 / 352
성론사聲論師 / 328
소별所別 / 343
승론사勝論師 / 328

이품변무성異品遍無性 / 336, 339
『인명정리문론因明正理門論』 / 338

정골頂骨 / 349
종법宗法 / 342

유법有法 / 328
유법자상상위인有法自相相違因 / 355
유법차별상위인有法差別相違因 / 355
유분별영상有分別影像 / 331

현량現量 / 327, 330
회토懷兎 / 349

한글본 한국불교전서

신·라·출·간·본

신라1 인왕경소
원측 | 백진순 옮김 | 신국판 | 800쪽 | 35,000원

신라2 범망경술기
승장 | 한명숙 옮김 | 신국판 | 620쪽 | 28,000원

신라3 대승기신론내의약탐기
태현 | 박인석 옮김 | 신국판 | 248쪽 | 15,000원

신라4 해심밀경소 제1 서품
원측 | 백진순 옮김 | 신국판 | 448쪽 | 24,000원

신라5 해심밀경소 제2 승의제상품
원측 | 백진순 옮김 | 신국판 | 508쪽 | 26,000원

신라6 해심밀경소 제3 심의식상품 제4 일체법상품
원측 | 백진순 옮김 | 신국판 | 332쪽 | 20,000원

신라7 해심밀경소 제5 무자성상품
원측 | 백진순 옮김 | 신국판 | 536쪽 | 27,000원

신라8 해심밀경소 제6 분별유가품 상
원측 | 백진순 옮김 | 신국판 | 480쪽 | 25,000원

신라9 해심밀경소 제6 분별유가품 하
원측 | 백진순 옮김 | 신국판 | 340쪽 | 20,000원

신라10 해심밀경소 제7 지바라밀다품
원측 | 백진순 옮김 | 신국판 | 568쪽 | 28,000원

신라11 해심밀경소 제8 여래성소작사품
원측 | 백진순 옮김 | 신국판 | 434쪽 | 24,000원

신라12 무량수경연의술문찬
경흥 | 한명숙 옮김 | 신국판 | 800쪽 | 35,000원

신라13 범망경보살계본사기 상권
원효 | 한명숙 옮김 | 신국판 | 272쪽 | 17,000원

신라14 화엄일승성불묘의
견등 | 김천학 옮김 | 신국판 | 264쪽 | 15,000원

신라15 범망경고적기
태현 | 한명숙 옮김 | 신국판 | 612쪽 | 28,000원

신라16 금강삼매경론
원효 | 김호귀 옮김 | 신국판 | 666쪽 | 32,000원

신라17 대승기신론소기회본
원효 | 은정희 옮김 | 신국판 | 536쪽 | 27,000원

신라18 미륵상생경종요 외
원효 | 성재헌 외 옮김 | 신국판 | 420쪽 | 22,000원

신라19 대혜도경종요 외
원효 | 성재헌 외 옮김 | 신국판 | 256쪽 | 15,000원

신라20 열반종요
원효 | 이평래 옮김 | 신국판 | 272쪽 | 16,000원

신라21 이장의
원효 | 안성두 옮김 | 신국판 | 256쪽 | 15,000원

신라22 본업경소 하권 외
원효 | 최원섭·이정희 옮김 | 신국판 | 368쪽 | 22,000원

신라23 중변분별론소 제3권 외
원효 | 박인성 외 옮김 | 신국판 | 288쪽 | 17,000원

신라24 지범요기조람집
원효·진원 | 한명숙 옮김 | 신국판 | 310쪽 | 19,000원

신라25 집일 금광명경소
원효 | 한명숙 옮김 | 신국판 | 636쪽 | 31,000원

신라26 복원본 무량수경술의기
의적 | 한명숙 옮김 | 신국판 | 500쪽 | 25,000원

신라27 보살계본소
의적 | 한명숙 옮김 | 신국판 | 534쪽 | 27,000원

고·려·출·간·본

고려1 일승법계도원통기
균여 | 최연식 옮김 | 신국판 | 216쪽 | 12,000원

고려2 원감국사집
충지 | 이상현 옮김 | 신국판 | 480쪽 | 25,000원

고려3 자비도량참법집해
조구 | 성재헌 옮김 | 신국판 | 696쪽 | 30,000원

고려4 천태사교의
제관 | 최기표 옮김 | 4X6판 | 168쪽 | 10,000원

고려5 대각국사집
의천 | 이상현 옮김 | 신국판 | 752쪽 | 32,000원

고려6 법계도기총수록
저자 미상 | 해주 옮김 | 신국판 | 628쪽 | 30,000원

고려7 보제존자삼종가
고봉 법장 | 하혜정 옮김 | 4X6판 | 216쪽 | 12,000원

고려8 석가여래행적송·천태말학운묵화상경책
운묵 무기 | 김성욱·박인석 옮김 | 신국판 | 424쪽 | 24,000원

고려9 법화영험전
요원 | 오지연 옮김 | 신국판 | 264쪽 | 17,000원

고려10 남명천화상송증도가사실
□련 | 성재헌 옮김 | 신국판 | 418쪽 | 23,000원

고려11 백운화상어록
백운 경한 | 조영미 옮김 | 신국판 | 348쪽 | 21,000원

고려12 선문염송 염송설화 회본 1
혜심·각운 | 김영욱 옮김 | 신국판 | 724쪽 | 33,000원

고려13 선문염송 염송설화 회본 2
혜심·각운 | 김영욱 옮김 | 신국판 | 670쪽 | 32,000원

조·선·출·간·본

조선1 작법귀감
백파 긍선 | 김두재 옮김 | 신국판 | 336쪽 | 18,000원

조선2 정토보서
백암 성총 | 김종진 옮김 | 4X6판 | 224쪽 | 12,000원

조선3 백암정토찬
백암 성총 | 김종진 옮김 | 4X6판 | 156쪽 | 9,000원

조선4 일본표해록
풍계 현정 | 김상현 옮김 | 4X6판 | 180쪽 | 10,000원

조선5 기암집
기암 법견 | 이상현 옮김 | 신국판 | 320쪽 | 18,000원

조선6 운봉선사심성론
운봉 대지 | 이종수 옮김 | 4X6판 | 200쪽 | 12,000원

조선7 추파집·추파수간
추파 홍유 | 하혜정 옮김 | 신국판 | 340쪽 | 20,000원

조선8 침굉집
침굉 현변 | 이상현 옮김 | 신국판 | 300쪽 | 17,000원

조선9 염불보권문
명연 | 정우영·김종진 옮김 | 신국판 | 224쪽 | 13,000원

조선10 천지명양수륙재의범음산보집
해동사문 지환 | 김두재 옮김 | 신국판 | 636쪽 | 28,000원

조선11 삼봉집
화악 지탁 | 김재희 옮김 | 신국판 | 260쪽 | 15,000원

조선12 선문수경
백파 긍선 | 신규탁 옮김 | 신국판 | 180쪽 | 12,000원

조선13 선문사변만어
초의 의순 | 김영욱 옮김 | 4X6판 | 192쪽 | 11,000원

조선14 부휴당대사집
부휴 선수 | 이상현 옮김 | 신국판 | 376쪽 | 22,000원

조선15 무경집
무경 자수 | 김재희 옮김 | 신국판 | 516쪽 | 26,000원

| 조선 16 | 무경실중어록
무경 자수 | 성재헌 옮김 | 신국판 | 340쪽 | 20,000원

| 조선 17 | 불조진심선격초
무경 자수 | 성재헌 옮김 | 신국판 | 168쪽 | 11,000원

| 조선 18 | 선학입문
김대현 | 성재헌 옮김 | 신국판 | 240쪽 | 14,000원

| 조선 19 | 사명당대사집
사명 유정 | 이상현 옮김 | 신국판 | 508쪽 | 26,000원

| 조선 20 | 송운대사분충서난록
신유한 엮음 | 이상현 옮김 | 신국판 | 324쪽 | 20,000원

| 조선 21 | 의룡집
의룡 체훈 | 김석군 옮김 | 신국판 | 296쪽 | 17,000원

| 조선 22 | 응운공여대사유망록
응운 공여 | 이대형 옮김 | 신국판 | 350쪽 | 20,000원

| 조선 23 | 사경지험기
백암 성총 | 성재헌 옮김 | 신국판 | 248쪽 | 15,000원

| 조선 24 | 무용당유고
무용 수연 | 이상현 옮김 | 신국판 | 292쪽 | 17,000원

| 조선 25 | 설담집
설담 자우 | 윤찬호 옮김 | 신국판 | 200쪽 | 13,000원

| 조선 26 | 동사열전
범해 각안 | 김두재 옮김 | 신국판 | 652쪽 | 30,000원

| 조선 27 | 청허당집
청허 휴정 | 이상현 옮김 | 신국판 | 964쪽 | 47,000원

| 조선 28 | 대각등계집
백곡 처능 | 임재완 옮김 | 신국판 | 408쪽 | 23,000원

| 조선 29 | 반야바라밀다심경략소연주기회편
석실 명안 엮음 | 강찬국 옮김 | 신국판 | 296쪽 | 17,000원

| 조선 30 | 허정집
허정 법종 | 성재헌 옮김 | 신국판 | 488쪽 | 25,000원

| 조선 31 | 호은집
호은 유기 | 김종진 옮김 | 신국판 | 264쪽 | 16,000원

| 조선 32 | 월성집
월성 비은 | 이대형 옮김 | 4X6판 | 172쪽 | 11,000원

| 조선 33 | 아암유집
아암 혜장 | 김두재 옮김 | 신국판 | 208쪽 | 13,000원

| 조선 34 | 경허집
경허 성우 | 이상하 옮김 | 신국판 | 572쪽 | 28,000원

| 조선 35 | 송계대선사문집 · 상월대사시집
송계 나식 · 상월 새봉 | 김종진 · 박재금 옮김 | 신국판 | 440쪽 | 24,000원

| 조선 36 | 선문오종강요 · 환성시집
환성 지안 | 성재헌 옮김 | 신국판 | 296쪽 | 17,000원

| 조선 37 | 역산집
영허 선영 | 공근식 옮김 | 신국판 | 368쪽 | 22,000원

| 조선 38 | 함허당득통화상어록
득통 기화 | 박해당 옮김 | 신국판 | 300쪽 | 18,000원

| 조선 39 | 가산고
월하 계오 | 성재헌 옮김 | 신국판 | 446쪽 | 24,000원

| 조선 40 | 선원제전집도서과평
설암 추붕 | 이정희 옮김 | 신국판 | 338쪽 | 20,000원

| 조선 41 | 함홍당집
함홍 치능 | 성재헌 옮김 | 신국판 | 348쪽 | 21,000원

| 조선 42 | 백암집
백암 성총 | 유호선 옮김 | 신국판 | 544쪽 | 27,000원

| 조선 43 | 동계집
동계 경일 | 김승호 옮김 | 신국판 | 380쪽 | 22,000원

| 조선 44 | 용암당유고 · 괄허집
용암 체조 · 괄허 취여 | 김종진 옮김 | 신국판 | 404쪽 | 23,000원

| 조선 45 | 운곡집 · 허백집
운곡 충휘 · 허백 명조 | 김재희 · 김두재 옮김 | 신국판 | 514쪽 | 26,000원

| 조선 46 | 용담집 · 극암집
용담 조관 · 극암 사성 | 성재헌 · 이대형 옮김 | 신국판 | 520쪽 | 26,000원

| 조선 47 | 경암집
경암 응윤 | 김재희 옮김 | 신국판 | 300쪽 | 18,000원

| 조선48 | 석문상의초 외
벽암 각성 외 | 김두재 옮김 | 신국판 | 338쪽 | 20,000원

| 조선49 | 월파집·해봉집
월파 태율·해봉 전령 | 이상현·김두재 옮김 | 신국판 | 562쪽 | 28,000원

| 조선50 | 몽암대사문집
몽암 기영 | 이상현 옮김 | 신국판 | 348쪽 | 21,000원

| 조선51 | 징월대사시집
징월 정훈 | 김재희 옮김 | 신국판 | 272쪽 | 16,000원

| 조선52 | 통록촬요
엮은이 미상 | 성재헌 옮김 | 신국판 | 508쪽 | 26,000원

| 조선53 | 충허대사유집
충허 지책 | 성재헌 옮김 | 신국판 | 296쪽 | 18,000원

| 조선54 | 백열록
금명 보정 | 김종진 옮김 | 신국판 | 364쪽 | 22,000원

| 조선55 | 조계고승전
금명 보정 | 김용태·김호귀 옮김 | 신국판 | 384쪽 | 22,000원

| 조선56 | 범해선사시집
범해 각안 | 김재희 옮김 | 신국판 | 402쪽 | 23,000원

| 조선57 | 범해선사문집
범해 각안 | 김재희 옮김 | 신국판 | 208쪽 | 13,000원

| 조선58 | 연담대사임하록
연담 유일 | 하혜정 옮김 | 신국판 | 772쪽 | 34,000원

| 조선59 | 풍계집
풍계 명찰 | 김두재 옮김 | 신국판 | 438쪽 | 24,000원

| 조선60 | 혼원집·초엄유고
혼원 세환·초엄 복초 | 윤찬호 옮김 | 신국판 | 332쪽 | 20,000원

| 조선61 | 청주집
환공 치조 | 성재헌 옮김 | 신국판 | 416쪽 | 23,000원

| 조선62 | 대동영선
금명 보정 | 이상하 옮김 | 신국판 | 556쪽 | 28,000원

| 조선63 | 현정론·유석질의론
득통 기화·지은이 미상 | 박해당 옮김 | 신국판 | 288쪽 | 17,000원

| 조선64 | 월봉집
월봉 책헌 | 이종수 옮김 | 신국판 | 232쪽 | 14,000원

| 조선65 | 정토감주
허주 덕진 | 김석군 옮김 | 신국판 | 382쪽 | 22,000원

| 조선66 | 다송문고
금명 보정 | 이대형 옮김 | 신국판 | 874쪽 | 41,000원

| 조선67 | 소요당집·취미대사시집
소요 태능·취미 수초 | 이상현 옮김 | 신국판 | 500쪽 | 25,000원

| 조선68 | 선원소류·선문재정록
설두 유형·진하 축원 | 조영미 옮김 | 신국판 | 284쪽 | 17,000원

| 조선69 | 치문경훈주 상권
백암 성총 | 선암 옮김 | 신국판 | 348쪽 | 21,000원

| 조선70 | 치문경훈주 중권
백암 성총 | 선암 옮김 | 신국판 | 304쪽 | 19,000원

| 조선71 | 치문경훈주 하권
백암 성총 | 선암 옮김 | 신국판 | 322쪽 | 20,000원

| 조선72 | 월저당대사집
월저 도안 | 김두재 옮김 | 신국판 | 504쪽 | 26,000원

※ 한글본 한국불교전서는 계속 출간됩니다.

원효元曉
(617~686)

원효는 신라 진평왕 39년(617)에 경상북도 압량군押梁郡에서 태어났고 속성은 설薛씨이다. 대략 15세 전후에 출가한 것으로 전해진다. 특정 스승에게 의탁하지 않고 낭지朗智·혜공惠空·보덕普德 등의 여러 스승에게서 두루 배웠다. 학문적 성향도 또한 그러하여, 특정 경론이나 사상에 경도되지 않고 다양한 사상과 경론을 두루 학습하고 연구했다. 34세에 의상義湘과 함께, 현장玄奘에게 유식학을 배우기 위해 당나라로 떠났지만, 상황이 여의치 않아 중간에 되돌아왔다. 45세에 재시도를 감행했으나, 도중에 "마음이 모든 것의 근본이며 마음 밖에 어떤 법도 있지 않다."는 깨달음을 얻고 되돌아왔다. 이후 저술 활동에 전념하여 80여 부 200여 권의 저술이 있었던 것으로 전해지며, 현재 이 가운데 22부가 전해진다. 원효는 오롯이 출가자로서의 삶에 갇혀 있지 않고, 세간을 두루 돌아다니면서 대중과 하나가 되어 불교를 전파하면서, 그들을 교화하는 데 힘을 기울였다. 그의 삶과 사상은 진속일여眞俗一如·염정무이染淨無二·화쟁和諍 등으로 집약할 수 있다. 신문왕 6년(686) 혈사穴寺에서 입적하였다. 고려 숙종이 화쟁국사和諍國師라는 시호諡號를 내렸다.

| 집일 승만경소 | · | 집일 능가경소 | · | 집일 능가경종요 | · | 집일 겁장 | · | 집일 보살영락본업경소 상권 | · | 집일 인왕경소 | · | 집일 일도의 |

옮긴이 원과

동국대학교 불교학부를 졸업하고 동 대학원에서 「十二緣起 전개과정 연구: 解脫智 기술을 중심으로」라는 논문으로 박사학위를 받았다. 현재는 동국대학교 외래 강사, 삼선불학승가대학원(대한불교 조계종) 교수로 재직 중이다. 「왜 반야바라밀을 수습하는가?」 등 수편의 논문이 있다.

| 집일 해심밀경소 |

옮긴이 묘주

동국대학교 불교학과를 졸업하고, 동 대학원에서 「유식학의 심식설에서 본 아동 성격심리의 논리적 고찰」로 박사학위를 받았다. 동국대학교 정각원장을 역임하였다. 저술로 『유식

사상』 등이 있으며, 번역서로 『성유식론 외』 등이 있다.

| 집일 삼론현의 |

옮긴이 백진순

이화여자대학교 사회학과와 동대학원 철학과 석사과정을 거쳐, 연세대학교 대학원 철학과에서 「『성유식론成唯識論』의 가설假說(upacāra)에 대한 연구」로 박사학위를 받았다. 현재 동국대학교 불교학술원 조교수로 재직 중이다. 번역서로 원측의 『인왕경소』, 『해심밀경소 제1 서품』 등이 있다.

| 집일 대승기신론요간 |

옮긴이 은정희

고려대학교 법학과를 졸업하고, 동대학원 철학과에서 「起信論疏·別記에 나타난 元曉의 一心思想」이라는 논문으로 박사학위를 받았다. 민족문화추진회(현 한국고전번역원) 상임연구원과 서울교대 윤리교육과 교수를 지냈다. 번역서로 『대승기신론소기회본』, 『이장의』 등이 있다.

| 집일 인명입정리론기 |

옮긴이 김성철

서울대학교 치의학과를 졸업하고, 동국대학교 대학원에서 「용수의 중관논리의 기원」으로 박사학위를 받았다. 현재 동국대학교 경주캠퍼스 불교학부 교수로 재직 중이다. 저술로 『원효의 판비량론 기초 연구』 등이 있고, 번역서로 『중론』 등이 있다.

증의
김치온(대한불교진각종 진각대학 교수)
선암(동국대학교 불교학술원 전임연구원)
박인석(동국대학교 불교학술원 조교수)